기독교문서선교회 (Christian Literature Center: 약칭 CLC)는 1941년 영국 콜체스터에서 켄 아담스에 의해 시작되었으며 국제 본부는 미국 필라델피아에 있습니다. 국제 CLC는 약 650여 명의 선교사들이 59개 나라에서 180개의 서점을 운영하며 이동 도서 차량 40대를 이용하여 문서 보급에 힘쓰고 있으며 이메일 주문을 통해 130여 국으로 책을 공급하고 있는 국제적 문서선교 기관입니다.

추천사 1

김 인 허 박사

사우스웨스턴침례신학교 조직신학 교수, 한국어 목회학 박사 프로그램 디렉터

로마가톨릭의 뛰어난 학자인 한스 큉(Hans Küng)은 교회 역사 이천년을 시대별 패러다임으로 나누고 가능한 모든 형태의 기독교를 연구하여, 기독교가 되기 위해 뺄 수 없는 본질을 찾아 기독교를 정의합니다.

방대한 연구 끝에, 그는 기독교의 본질은 "어떤 영원한 이념"이나 "어떤 도그마" 혹은 "어떤 세계관"을 주장하는 것이 아니라, "구체적 인간 예수 그리스도"라는 놀랍도록 올바른 결론을 제시합니다.

기독교를 "유대교뿐 아니라 다른 모든 종교 및 인본주의와 구별해 주는 것"은 이념이나 개념화된 예수 또는 그리스도가 아니라, "십자가에 처형당했으나 그런데도 살아 있는 그리스도 자신"이란 것입니다.

이어서 사람들이 그리스도인이 되는 이유에 관하여는 "인간적이고 사회적이고 종교적이기 때문이 아니라, 그가 자신의 인간성, 사회성, 종교성을 이 그리스도라는 척도와 그 영의 이끄심을 따라, 형편이 좋든 나쁘든 성실하고 정직하게 살아내고자 노력하기 때문"이라는 답을 제시합니다.

십자가는 처음부터 그리스도인의 삶의 형태와 정체성을 결정짓는 "그리스도교의 궁극적 식별 표지"가 되어 왔습니다.

현대에 이르러 예수 그리스도까지도 자기들의 사상에 맞춰 이념화하고 개념화할 뿐만 아니라, "궁극적 식별 표지"인 십자가에 대한 왜곡은 더욱 심합니다. 십자가는 "십자가 처형"이란 끔찍한 죄의 대가 치름을 통한 구속적 죽음을 벗어 버리고, 칼이 되고 미적 장식이 되고 반짝이는 장식물이 되어 버리고, 기독교는 십자가에 담긴 자기 부인, 자기 비움, 자기 희생, 순종으로 증명하는 삶 등의 의미를 벗어 버린 듯합니다.

어떤 교회에서는 십자가 삶에 참여 없는 제자도, 십자가 희생 없는 구원도 가능해진 것 같습니다. 혹자는 십자가는 시대착오적인 가치이기에, 이제는 부활에서 오는 혜택을 누리는 기독교도 가능해졌다고 선전합니다.

십자가 없는 기독교, 이것이 바로 기독교의 세속화, 무속화, 우상화된 타락입니다. 이렇게 어두워져만 가는 세상에서, 저자는 마이클 고먼이 십자가(Cross)와 "무엇에 자신을 동질화한다"는 의미의 'conformity'를 합하여 주조한 'Cruciformity', 직역하면 "십자가에 동질화"지만, "십자가를 본받는 삶"이라고 번역한, 모든 크리스천과 교회가 당연한 삶의 형태로 가져야 할 가치의 횃불을 높여, "예수 그리스도, 곧 십자가에 처형되신 그분"이란 기독교의 본질로 돌아가자고 외칩니다.

이 본질을 벗어나서는 탐욕과 거짓, 허상과 실패, 허무와 절망만 있기 때문에, 이 책을 펴서 읽게 되는 분들은 시대를 깨우고자 외치는 소리를 들으시게 될겁니다. 위로, 격려, 칭찬이란 이름 뒤에 숨어서 오는 온갖 속이는 말과 빼앗으려는 말, 허탄한 말에 취하지 말고, 진리와 진실, 생명과 의미가 있는 이 외침을 들어보시기를 간곡히 권합니다.

Fort Worth, Seminary Hill에서 2024년 초겨울

추천사 2

박 영 돈 박사

고려신학대학원 교의학 은퇴교수

> 누구든지 나를 따라오려거든 자기를 부인하고 자기 십자가를 지고 나를 따를 것이니라(마 16:24).

일찍이 종교개혁자 칼빈은 이 말씀을 따라 신자의 삶을 근본적으로 자기를 부인하고 십자가를 지고 주님을 따르는 삶으로 보았습니다. "자기 부인"이 주님의 죽음을 본받는 내적인 측면이라면, "자기 십자가를 지는 것"은 그 외적인 측면이라고 했습니다.

이렇게 그리스도의 십자가를 본받는 것은 우리의 고행적 노력이 아니라 오직 그리스도와의 연합으로 말미암아 우리 안에 거하시는 부활하신 그리스도 능력의 결과라는 것입니다.

오늘날 종교개혁의 전통을 따른다는 교회에서조차 이런 가르침은 무시되고, '오직 믿음으로 구원받는다'라는 말만 무성함으로 심각한 윤리적인 타락과 방종을 불러왔습니다.

이 책은 '십자가를 본받으라'는 고전적 종교개혁의 메시지를 오늘의 현실에 적실한 새로운 버전으로 해석하여 다시 울려 퍼지게 하는 듯합니다.

"자기 십자가를 지고 나를 따르라"는 주님의 말씀과 바울의 십자가 신학에 대한 한층 업그레이드된 성경 신학의 연구 결과를 활용하고 분석하여, 십자가를 본받는 삶이 교회의 영성과 선교의 중심으로 회귀해야 함을 역설합니다. 그것만이 이 사회에서 실추된 한국 교회의 신뢰를 회복하고 진정한 부흥으로 나아가는 길이라는 것입니다.

저자는 그리스도의 십자가에 대한 고전으로 꼽히는 존 스토트와 플레밍 러틀리지뿐만 아니라, 최근 주목받는 마이클 고먼의 『십자가를 본받는 삶』을 중심으로 주장을 펼칩니다.

저자에 따르면, 기독교 신앙의 핵심 가치인 믿음과 사랑과 소망과 능력은 십자가의 삶이라는 관점에서만 제대로 이해할 수 있습니다.

그리스도의 십자가는 구원의 원천일 뿐만 아니라 신자의 삶과 영성, 공동체를 형성하는 형태입니다. 신자가 그리스도와 함께 현재적으로 부활하여 얻은 새 생명은 매일 죽음에 넘겨지는 생명, 그리스도와 함께 못 박히는 생명, 그리스도의 십자가를 본받는 삶의 생명입니다.

이런 삶은 모방이 아니라, 연합을 통하여 신자 안에 거하시는 그리스도의 생명과 삼위 하나님의 역사하심으로 가능합니다. 그리스도의 십자가를 본받는 것은 사적인 영성이 아니라 공동체적 삶의 근본 패턴입니다.

교회는 자아를 우상화하고 자기애로 충만한 현대 개인주의 문화와 세상에 대해 죽고, 그리스도의 십자가가 보여준 자기 부인과 희생을 통한 사랑을 제일 되는 가치로 좇는 대안공동체입니다.

교회가 가진 능력은 세상에서 왕 노릇하는 능력이 아니라 오히려 종 노릇하는 약함의 능력입니다.

이 책은 단순히 이론만이 아니라 실제 적용의 관점에서 쓰였기에 신앙생활과 목회에 큰 유익이 되리라고 봅니다.

그리스도와 함께 죽음은 그와 함께 사는 더 풍성한 생명과 영광으로 인도하는 복된 죽음이라는 진리를 되새기게 합니다.

추천사 3

유 형 재 목사
백향목교회 담임
미국 사우스웨스턴침례신학대학원 목회학 박사 과정 논문 지도 교수

예수님을 믿는 사람으로서 어떻게 바른 삶을 살 수 있는가?
한국 교회는 어떻게 잃어버린 신뢰를 회복할 수 있는가?

이런 질문에 대해, 어스틴사랑의교회 담임목사로 섬기는 탁월한 목회자이자 신학자인 손영호 박사님은 성도 개개인과 교회가 "십자가를 본받는 삶"을 살아야 한다고 제안합니다.

십자가를 본받는 삶은 예수님의 삶과 죽음에 동참하는 참여적인 삶을 의미합니다.

"십자가를 본받는 삶"이란 용어는 프린스턴신학대학원에서 박사학위를 받은 저명한 신약학자인 마이클 고먼이 바울의 칭의와 성화에 관한 연구에서 처음 사용하며 바울신학에 큰 획을 그은 영향력 있는 표현입니다.

저자는 우선 이 표현이 가진 본질적인 의미를 이해하기 쉽게 설명합니다. 다음으로 십자가를 본받는 삶과 삼위일체이신 하나님-예수님-성령님이 어떻게 연결되는지 보여줍니다. 이를 통해, 기독교의 핵심 가치인 믿음,

사랑, 능력, 소망은 결국 십자가를 본받는 삶을 통해 형성되고 드러나야 한다고 강조합니다.

또한, 십자가를 본받는 삶은 개인으로부터 시작해서 공동체로 확장되어, 우리 삶에 구체적으로 적용되어야 한다고 제시합니다.

이 책은 성도로서 바른 삶을 살고 성도의 공동체인 교회가 이 사회 속에서 신뢰를 회복하는 방법을 찾는 분들께 시원한 해답을 제공할 것입니다.

추천사 4

채경락 목사
분당샘물교회 담임

　너무나 익숙한 십자가를 새롭고도 절박하게 바라보게 하는 집요한 책입니다.
　십자가가 너무 많지만 십자가가 없는 한국 교회. 한국 교회를 향한 염려는 새로울 것 없는 주지의 사실이 되었습니다. 복음으로 세상을 새롭게 해야 할 교회가, 오히려 세상의 조롱과 멸시, 심지어 염려의 대상이 되는 수치스러운 형국을 경험하고 있습니다.
　무엇이 문제일까?
　어디서 해결을 찾아야 할까?
　많은 이가 많은 질문을 던지지만, 사실 우리는 이미 무엇이 문제인지 알고 있습니다. 십자가가 없는 삶입니다.
　저자는 우리가 알고 있지만 용기 내어 말하지 않는 십자가를, 학자적인 열심과 목회적인 뜨거움으로 조밀하게 풀어냅니다.
　마이클 고먼이 주창한 십자가를 본받는 삶이 주께서 부르시는 성도의 삶을 간명하게 정초한다면, 저자는 한국 교회의 상황을 배경으로 그 의미를 신학적으로 목회적으로, 개인의 삶에서 공동체 이슈까지, 폭넓고도 실제적으로 선포합니다. 그야말로 십자가 선포입니다.

고대 시대 가장 치욕스러운 고통의 형틀이던 십자가는, 살아 계신 하나님을 대면하는, 피할 수 없는 계시의 통로요 구원 받은 성도의 삶을 이끌어야 할 가장 정당한 길잡이입니다.

저자의 글을 통해 예수님의 십자가가 얼마나 거대한 신학이며, 얼마나 절박한 목양적 자양분인지를 새롭게 깨닫게 됩니다.

십자가의 빛이 들어온 곳에 왜곡된 신학과 거짓 신앙은 힘을 잃습니다. 한국 교회를 병들게 하는 일그러진 구원론은 오직 십자가 앞에서 힘을 잃습니다.

이 책은 성도의 마음을 다시 겸허한 뜨거움으로 인도합니다. 거룩한 숙제를 던지는 책입니다.

어떻게 강단에서 풀어낼 것인가?

어떻게 삶에서 구현해 낼 것인가?

숙제를 받는 마음이 부담스럽지만, 가야 할 길이 분명해진 시원함이 용기를 더해 줍니다. 그래서 새로운 마음으로 다짐하게 됩니다.

> 내게는 우리 주 예수 그리스도의 십자가 외에 결코 자랑할 것이 없으니, 예수 그리스도와 그가 십자가에 못 박히신 것 외에는 아무 것도 알지 아니하기로 작정하였음이라
> (갈 6:14; 고전 2:2).

십자가를 본받는 삶

Cruciformity of Faith, Love and Hope
Written by Young Ho Son
All rights reserved.
Korean Edition Copyright ⓒ 2025 by Christian Literature Center, Seoul, Korea.

십자가를 본받는 삶

2025년 1월 31일 초판 발행

지은이	|	손영호
편집	|	이신영
디자인	|	서민정, 소신애
펴낸곳	|	(사)기독교문서선교회
등록	|	제16-25호(1980.1.18.)
주소	|	서울특별시 동대문구 천호대로71길 39
전화	|	02-586-8761-3(본사) 031-942-8761(영업부)
팩스	|	02-523-0131(본사) 031-942-8763(영업부)
이메일	|	clckor@gmail.com
홈페이지	|	www.clcbook.com
송금계좌	|	기업은행 073-000308-04-020 (사)기독교문서선교회
일련번호	|	2025-9

ISBN 978-89-341-2766-6 (93230)

이 책의 출판권은(사)기독교문서선교회가 소유합니다.
신저작권법에 의하여 한국 내에서 보호 받는 저작물이므로 무단 전재와 무단 복제를 금합니다.

믿음·사랑·소망을 담은

십자가를 본받는 삶

손영호 지음

CLC

목차

추천사 1 **김인허 박사** | 사우스웨스턴침례신학교 조직신학 교수   1

추천사 2 **박영돈 박사** | 고려신학대학원 교의학 은퇴교수   3

추천사 3 **유형재 목사** | 백향목교회 담임   6

추천사 4 **채경락 목사** | 분당샘물교회 담임   8

저자 서문   18

서론
십자가가 없는 한국 교회   24

제1장
십자가가 없는 한국 교회의 변질   27

1. 물질만능과 개인주의적 기독교 신앙   29

2. 무속화된 기독교 신앙   32

3. 실천적 무신론의 기독교 신앙   34

4. 왜곡되고 변질한 칭의론의 기독교 신앙   36

제2장
십자가를 본받는 삶이란 무엇인가 40

1. 십자가를 본받는 삶에 따른 기독교 신앙 43
2. 다시 돌아보는 십자가 44
3. 십자가를 통해 다시 돌아보는 신앙 51
4. 십자가를 본받는 삶을 통해 영성 바로잡기: 실천적·참여적·관계적·변혁적 영성 59
5. 왜 십자가가 기독교의 상징이 되었을까: 십자가를 본받는 삶으로의 결단 64
6. 십자가를 본받는 삶의 동기이자 열매: 믿음, 사랑, 능력, 소망 68

제3장
십자가를 본받는 삶과 우리의 삼위일체 신앙 71

1. 십자가를 통해 경험되는 성부 하나님 73
2. 십자가를 통해 경험되는 성자 예수님 84
3. 십자가를 통해 경험되는 성령 하나님 94
4. 십자가를 통해 계시하시고 십자가를 본받게 하시는 삼위 하나님 109

제4장
십자가를 본받는 삶에 따른 그리스도인의 덕목: 　　111
믿음, 사랑, 능력, 소망

1. 첫 번째 덕목: 십자가를 본받는 삶의 믿음 　　114

2. 두 번째 덕목: 십자가를 본받는 삶의 사랑 　　137

3. 세 번째 덕목: 십자가를 본받는 삶의 능력 　　205

4. 네 번째 덕목: 십자가를 본받는 삶의 소망 　　232

제5장
십자가를 본받는 삶과 공동체 　　268

1. 십자가 공동체 　　270

2. 십자가를 본받는 삶을 살아가는 공동체들 　　279

3. 복음을 증거하는 선교사로서의 교회 　　291

4. 십자가를 본받는 공동체의 결론 　　300

제6장
／십자가를 본받는 삶의 현대적 적용 302

1. 십자가를 본받는 삶은 종이 되는 것이다 303
2. 십자가를 본받는 삶은 그리스도와 함께 죽는 것이다 309
3. 십자가를 본받는 삶은 그리스도와 연합하는 것이다 315
4. 십자가를 본받는 삶은 그리스도를 본받음(닮음)이다 325
5. 십자가를 본받는 삶은 은혜의 응답으로써 열매를 맺는 삶이다 332

결론
／십자가를 본받는 삶으로의 결단 335

참고 문헌 341

저자 서문

손 영 호 박사

어스틴사랑의교회 담임목사

센트럴신학교 교수, 어스틴 디렉터

2018년, 가족과 함께 미국으로 왔습니다. 1998년 신학대학원에 입학, 전도사로 사역을 시작한 지 꼭 20년이 지난 시점이었습니다.

그동안 몇몇 교회에서 전도사, 강도사, 부목사로 어린이·청소년·청년·장년 그리고 교육과 행정 사역에 이르기까지 다양한 목회 사역을 경험하였습니다.

어느덧 40대 중반에 이르러 담임목사 사역을 준비해야겠다는 마음이 들었습니다. 3-4년 정도 공부하며 쉼도 가지고 생각도 정리하며 새롭게 20년을 달려가야겠다는 마음으로 사우스웨스턴침례신학교의 목회학 박사 과정(D. Min.)을 시작하였습니다.

목회자로서 어떻게 공동체를 잘 섬기고 세워야 할지, 논문과 함께 진지한 고민을 하였습니다. 한 사람의 목회자이자 그리스도인으로서, 신뢰를 잃어가는 한국 교회의 안타까운 모습을 보며 그리스도인의 진실한 삶의 고백에 관해 생각하지 않을 수 없었습니다.

이런 생각을 담당 디렉터이신 김인허 교수님께 의논 드렸더니 마이클 고먼의 『삶으로 담아내는 십자가』(Cruciformity)를 소개해 주셨습니다. 고먼이 제시하는 십자가의 의미와 그 십자가를 따르는 삶이 무엇인지 그리고 그것을 어떻게 교회에 가르치고 그리스도인의 삶에 적용할 수 있을까를 정리해 논문으로 담아보면 좋겠다는 의견이었습니다.

저는 『삶으로 담아내는 십자가』를 읽으며 많은 것을 느끼며 깨달았고, 고먼 박사님의 다른 책들도 읽어보았습니다. 연속선상에서 그리스도인의 진실한 삶에 대해 가르치는 『삶으로 담아내는 복음』과 『속죄와 새 언약』을 통해서도 큰 도전을 받았습니다.

이후 십자가와 관련된 여러 책을 찾아보고, 존 바클레이의 『바울과 선물』, 『바울과 은혜의 능력』을 보면서 구원을 베푸시는 하나님의 은혜의 선물에 따른 목적을 깨닫게 되었습니다.

기독교의 유명한 고전인 존 스토트의 『그리스도의 십자가』를 통해 십자가는 하나님께서 죄를 용서하시는 유일하고 충분한 근거일 뿐 아니라, 죄 용서를 받은 하나님의 백성이 죄를 이기는 데 꼭 필요한 것이기도 하다는 가르침을 받았습니다.

그밖에 하나님의 말씀을 통해 플레밍 러틀리지, 알리스터 맥그래스, 차재승 등 여러 학자가 제시하는 십자가의 의미, 예수님께서는 어떻게 삶의 모범을 보여주셨는지, 또 사도 바울과 제자들은 이 모범을 어떻게 따랐으며, 교회에 어떻게 따르라고 가르쳤는지를 보게 됩니다. 그리고 그것이 어떻게 믿음, 사랑, 소망과 그리스도인의 영성으로 이루는지를 보게 됩니다.

성경의 이러한 가르침은 저의 가정과 교회 생활 그리고 모든 결정에 큰 영향을 끼치게 되었습니다. 가장 기본으로 돌아가는 것입니다.

이렇게 "십자가를 본받는 삶"을 논문으로 쓰는 일은 스스로 실천하는 계기가 되었습니다. 이 내용을 설교에 녹여내며 나누었습니다.

제가 십자가의 삶을 실천하고 있는지를 아내에게 물었습니다. 아내는 "많이 성화되었다"라고 대답해 주었습니다.

그런데 한마디를 덧붙였습니다.

"그래도 아직 갈 길이 멀다."

한창 논문을 쓰는 동안 어스틴사랑의교회 담임목사로 부임하게 되었습니다. 저의 계획에는 없던, 막연한 기도에 응답하신 하나님의 은혜였고, 십자가를 본받는 삶을 조금이나마 흉내내 볼 수 있는 현장이었습니다.

처음 미국으로 올 때는 학위를 마치면 곧 한국으로 돌아가 담임 사역을 하겠다는 마음이었습니다. 미국에 온 지 둘째 해 즈음 「크리스찬타임즈」를 통해 저희 학교 조금 아랫동네 어스틴에 우리 교단(고신) 교회가 생겼다는 소식을 들었습니다. 그때 막연히 이런 생각을 했습니다.

> 나에게도 저런 지역에서 사역하는 기회가 주어지면 좋겠다.

그것이 기도였는지는 몰라도, 약 1년 후 어스틴사랑의교회에서 한 해 동안 설교목사로 사역해 달라는 부탁을 받았습니다. 그 부탁을 받았을 때, 신기하다는 생각이 들었습니다. 1년만 설교목사로 사역하고, 학교를 졸업하면 한국으로 돌아가 담임 사역을 해야지 생각하며 설교목사 청빙을 수락했습니다.

매주 세 시간 정도 거리의 교회에 기쁜 마음으로 말씀을 전하기 위해 다녔습니다.

그런데 6개월이 지난 즈음 파병을 가셨던 전임 목사님께서 사임을 결정하셨고, 어스틴사랑의교회는 저를 담임목사로 청빙하셨습니다.

유학을 떠나올 때 하나님께 기도한 것이 있었습니다.

> 하나님, 어느 교회든 제가 이력서를 넣지 않고, 경쟁을 하지 않고 청빙하는 교회가 있다면 그것을 하나님의 뜻으로 알고 수락하겠습니다.

조금은 교만한 마음이었는지 모르겠지만, 유학을 마치면 저를 불러주는 교회가 있을 것이라고 생각했던 것 같습니다. 혹 그렇지 않더라도 이력서를 넣고 교회를 찾으면 될 거라는 마음이었습니다. 그러나 미국에서 사역하는 것, 그것도 교인이 5명뿐인 교회의 부름은 제 계획에 없었습니다.

그런데 하나님은 제가 마음에 소원을 두고 있던 막연한 기도를 들으시고 어스틴사랑의교회의 청빙을 통해 응답해 주셨습니다. 물론, 어느 정도 규모가 되는 교회에서 목회를 할 것이라는 저의 기대와는 다른 응답이었지만 말입니다.

그렇게 청빙 수락을 하고 담임목사 사역을 시작하고 난 이후 꽤 규모가 있고 안정된 교회에서 청빙이 왔지만, 그때 저는 '과연 하나님의 뜻은 무엇인가, 십자가를 본받는 삶에 따른 결정은 무엇인가'에 관해 진지하게 고민했습니다. 그동안의 사역에 대한 반성과 앞으로의 하나님의 말씀을 어떻게 실행할 것인가에 대한 진지한 성찰이 되었습니다.

뒤돌아보니, 하나님의 귀한 섭리, 은총 안에 선하신 계획에 의한 인도하심이었습니다.

그리스도인의 삶에 관한 저의 고민은 논문을 바탕으로 사우스웨스턴침례신학대학원 목회학 박사 과정에서 강의를 하며 더욱 정리가 되었습니다.

이 책은 신학적 논의라기보다는 십자가를 본받는 삶을 통해 그리스도 안에서 함께 성장하기 위한 목회적인 책이라고 할 수 있습니다.

제가 협력하여 사역하는 센트럴신학교에서 영성 수업 강의를 맡으면서 '십자가를 본받는 삶', 그 믿음과 사랑과 능력과 소망을 학생들에게 나누게 되었고, 자연스럽게 출간으로 이어지게 되었습니다.

이 책이 출간된 것은 전적으로 하나님의 은혜입니다. 모든 영광과 존귀와 찬송을 하나님께 올려드립니다.

홀로 삼남매를 키우며 늘 한결같이 기도하시며 신앙으로 길러오신 어머니는 이 부족한 아들을 늘 목사님이라고 부르며 응원하시며 격려해 주셨습니다. 헌신적으로 가족을 돌보며 섬기는 사랑하는 동역자 아내, 기도하며 지원해 주신 장인, 장모님, 든든한 지지자가 되어 준 두 동생에게 감사를 전합니다. 아울러 아빠를 응원하며 함께 교회를 섬기는 사랑하는 두 딸에게도 감사의 마음을 전합니다.

사우스웨스턴침례신학대학원 목회학 박사 과정의 디렉터와 교수로서 논문을 제안해 주시고 지도해 주시며 추천글까지 써 주신 김인허 교수님께 감사드립니다. 고려신학대학원 은사이신 박영돈 교수님, 동기로서 응원해 주신 채경락 목사님, 논문을 함께 지도해 주셨던 유형재 목사님, 추천사로 격려해 주셔서 감사드립니다.

설교목사로 부름을 받았다가 청빙되어 담임목사로 사역하게 된 어스틴 사랑의교회 모든 성도님께 감사드립니다.

미국에서의 학업과 사역을 감당할 수 있도록 기도해 주시고 후원해 주신 성도님들께 깊이 감사드립니다.

텍사스주 어스틴에서

서론

십자가가 없는 한국 교회

한국에서 어딜 가든지 밤중에 창밖을 보면 건물들 사이에서 빨갛게 빛나는 네온사인 십자가를 볼 수 있다. 그만큼 한국 사회에 교회가 많고 보편적이며 그리스도인이 많다는 의미일 것이다.

그뿐만 아니라, 거리를 지나다 보면 수많은 사람의 목과 귀에 걸린 십자가 형상을 볼 수 있다. 기독교 신앙을 가진 사람이 아니라 할지라도, 그만큼 십자가가 전혀 낯설지 않을 정도로 일반적으로 자리 잡고 있는 것이다.

이렇게 쉽게, 가까이서 십자가를 보고 있는데, 오히려 십자가를 걸고 있는 한국 교회를 향한 비판의 목소리는 커진다.

한국 교회에 십자가가 없다.

정작 한국 교회와 그리스도인의 삶에 십자가가 보이지 않는다는 것이다. 예수님은 자기를 따르는 제자들을 향해 말씀하셨다.

> 누구든지 나를 따라오려거든 자기를 부인하고 자기 십자가를 지고 나를 따를 것이니
> 라(마 16:24; 막 8:34; 눅 9:23).

그런데 예수님을 따른다고 말하는 수많은 현대 그리스도인의 삶에는 십자가가 보이지 않는 듯하다. 세상과 별반 다를 바 없이 돈과 권력과 명예와 쾌락을 좇아 살아가는 모습이 나타나고 있다. 이에 세상 사람들은 조롱하며 비아냥거린다.

과연 너희들이 예수를 좇고 있는 것이 맞느냐?

사람들은 한국 교회와 그리스도인들을 신뢰할 수 없다고 말한다. 현재 한국 교회는 통전성(Integrity)을 상실한 것처럼 보인다. 이런 모습으로는 결코 사회적인 신뢰를 얻을 수 없다. 십자가를 달고, 걸고, 붙이고 있지만 정작 십자가는 없는 한국 교회의 안타까운 모습을 본다.

지금의 한국 교회는 하나님의 말씀 원리를 따라 갱신과 신뢰 회복이 절실히 필요하다. 진정한 십자가가 필요하다.

갱신과 신뢰 회복을 위해서는 한국 교회가 통전성과 신뢰를 상실하게 된 원인을 분석하고 이를 통해 나타난 한국 교회의 기존의 잘못된 가르침과 신앙의 모습을 점검해 보아야 한다. 그리고 이를 교정할 수 있는 하나님의 말씀 본연의 가르침, 진정한 십자가의 삶을 아는 것이 필요하다.

이에 필자는 통전성이 무너지고 신뢰를 잃어버린 한국 교회를 갱신하고 신뢰를 회복하게 하려고 하나님의 말씀의 본연의 가르침을 여러모로 찾고 연구하였다.

그중에 마이클 고먼이 제시하는 "십자가를 본받는 삶"을 알게 되었고, 이를 중심으로 교회의 통전성을 회복하고, 신뢰를 다시 세워갈 수 있는 성경적인 가르침을 제시하려고 한다.

십자가를 본받는 삶을 통해 십자가를 알고 십자가를 적용하여 십자가를 본받는 삶을 살아 한국 교회의 신뢰를 회복하고 예수님의 온전한 제자로 성숙되어 가는 성도들이 되기를 소원한다.

제1장

십자가가 없는 한국 교회의 변질

한국 교회는 세계에서 유래를 찾아보기 힘들 정도로 급속히 성장하였다. 필자가 대학생 시절, 당시 한국 교회의 위상을 보고 깜짝 놀랐다. 미국의 「크리스천월드」라는 잡지가 "세계에서 가장 큰 50대 교회"를 조사했는데, 그중 한국 교회가 23개였고, 그뿐만 아니라 1, 2위가 한국 교회라는 것이다.[1]

이렇게 급성장한 한국 교회의 이면에 안타까운 그림자가 있다. 그동안 한국 교회에는 지나치게 확장을 목표로 교인들을 끌어모으는 일에 집중한 나머지, 은혜로 주어진 '믿음으로 의롭게 된다'는 칭의 교리를 십자가를 통한 죄의 회개와 진실된 삶의 고백 없는 값싼 구원으로 만들어 버렸다.

바른 구원, 곧 예수님과 연합하여 교제하는 삶과 상관없이, 믿는다고 하기만 하면 천국 가고, 축복 받는다는 논리로, 이기적이고 개인적인 구원이

---

[1] 온라인 자료 "세계 50대 교회에 한국 23개 … 여의도순복음 신도 60만 명 1위," https://www.hankyung.com/news/article/1993020800751 2022년 6월 24일 접속.

신앙의 목적이 되도록 가르침으로써, 예수님의 말씀에 순종하여 십자가를 본받는 삶을 외면해 왔다.

그 결과, 한국 교회는 괄목할 만한 외형적 성장을 이루었지만, 내부적으로 투명성, 도덕성, 윤리성이 무너졌고 외부적으로 교회의 신뢰성과 성스러움이 땅에 떨어져 버린 것은 물론, 세상으로부터 지탄 받는 현실이 되어 버렸다.

이런 현실은 각종 설문 조사 결과에 여실히 드러나고 있다. 2020년 전 세계를 뒤덮은 Covid-19의 위기 속에서 한국인의 종교를 인식한 조사 결과(엠브레인트렌드모니터)는 큰 충격을 준다. Covid-19 이후 일반 국민의 시선은 '거리를 두고 싶은', '사기꾼 같은', '이중적인', '배타적인', '배려가 없는', '독단적인', '비윤리적인', '부패한'이라는 단어를 통해 기독교인을 평가하고 있었다.

반면, 천주교는 '신중한', '착한', '믿을 수 있는', '합리적인', '가족적인', '원리 원칙적인'이라는 평가를 받았고, 불교는 '온화한', '의지가 강한', '자기 관리가 강한'이라는 평가를 받았다.[2]

사실 이런 결과는 이전부터 감지되었다.

2010년 11월, '기독교윤리실천운동'에 의하면 "한국 교회를 신뢰할 수 있느냐?"라는 항목에서 "신뢰할 수 있다"에 41퍼센트만 답했고, "한국 교회를 매우 신뢰한다"와 "약간 신뢰한다"를 합해 응답한 수는 17.6 퍼센트밖에 되지 않았다. 더 충격적인 것은 응답자의 18.3 퍼센트가 개신교인이었다는 데 있다.

---

2 엠브레인트렌드모니터, 2020년 7월 17일자 설문.

결국, 개신교인들만 교회를 신뢰한다고 답했을 뿐, 나머지 사람은 거의 교회를 신뢰하지 않는다고 답한 것으로 볼 수 있으며, 교회를 신뢰하지 않는 첫 번째 이유를 교인들의 말과 행동의 불일치로 보고 있음을 알 수 있다(15.6 퍼센트).[3]

10년이 지난 2020년 '기독교윤리실천운동'의 "한국 교회의 사회적 신뢰도 조사" 결과를 보면 한국의 대표적 종교인 가톨릭(30%), 불교(26%), 기독교(18%) 순에서 꼴찌를 차지하고 있는 것을 볼 수 있다. 그리고 기독교인들과 비기독교인들 모두에게 기독교 불신의 이유로 가장 높은 비율을 차지한 두 항목은 언행의 불일치와 기독교 내부의 부정부패, 비리였다.[4]

어쩌다 한국 교회가 이 지경까지 왔을까?

1. 물질만능과 개인주의적 기독교 신앙

오늘날 많은 그리스도인은 하나님을 마치 크리스마스의 산타클로스 정도로 생각하는 경향이 있다. 세상에서 복, 선물을 받기 위해서 자기가 원하는 것을 하나님께 기대한다. 착한 일을 하거나 노력을 많이 하면 큰 선물을 주고, 게으르거나 나쁜 일을 하면 선물을 안 준다는 생각으로 자본주의 사회의 경쟁 체제에 하나님을 끌어들인다.

---

3 김지찬, 『데칼로그: 십계명, 어떻게 이해할 것인가』 (서울: 생명의말씀사, 2018), 12-3.
4 온라인 자료 "한국 교회의 사회적 신뢰도 여론 조사 결과 분석," https://cemk.org/15736/ 2021년 8월 18일 접속.

산타클로스가 주는 선물은 행위의 결과에 따라 주기에 상응적이지만, 주고 난 후 다른 기대 없이 잊히기에 비순환적이다. 받을 능력과 자격 있는 수신자들에게 주어지지만, 그것을 받았다고 해서 그것에 맞게 따라야 하는 어떠한 '부대조건'도 없다. 자기 능력껏 벌어서 먹고살기에, 거기에 합당하게 자기를 위할 뿐 다른 누구를 돌아볼 필요가 없다.

이는 오늘날 한국 사회에 주도적인 도덕적 현상과도 어울리는데, 남을 돌아볼 겨를이 없는 개인주의가 그것이다.[5]

이런 문제점은 한국 교회 내에서도 팽배한데 이것은 한국 교회의 잘못된 가르침에 기인한다고 볼 수 있다. 한국 교회의 많은 그리스도인은 '이신칭의', 곧 '예수를 믿으면 구원 받는다'라는 중요한 은혜 복음의 틀을 바르게 이해하지 못해 올바로 적용하지 못하며, 기복적이고 이기주의적으로 잘못 해석함으로써 신앙과 삶이 괴리되는 모습을 보여 왔다.

내가 예수를 믿는 행위에 상응하여 하나님의 선물인 구원을 받았고, 그에 대한 어떠한 조건도 따르지 않기에 하나님께서 원하시는 삶에 대한 반응이나 기대에 전혀 무관심한 것이다.

이는 변형되고 무책임한, 또 다른 모습의 공로 사상이기도 하다. 내가 믿기로 해서 믿었고, 하나님은 내게 구원과 축복을 주시기만 하면 되는 것이다.

기독교 신앙이란 예수님을 따라 사는 제자의 삶이다.

그러나 인지적으로 동의만 하면 충분한 것으로 여길 때 기독교 신앙은 '죽은 믿음'이 되고 만다. 이는 예수님께서 말씀하신 "누구든지 자기 십자

5　Barclay, 『바울과 은혜의 능력』, 김형태 역 (서울: 감은사, 2021), 328.

가를 지고 나를 따르지 않는 자는 나의 제자가 되지 못한다"(눅 14:27)라는 말씀의 의미를 깊이 생각하지 못함에 기인한다고 할 수 있다.

현대 사회는 갈수록 물질만능과 개인주의적인 풍조가 강해져만 간다. 사람들은 무한 경쟁 속에서 더욱 무정하고 탐욕을 정당화하는 삶을 당연한 것으로 여기며 살아가고 있다.

그런데 사람들은 그런 삶의 방식을 바꿀 수도 없고 바꾸기를 원하지 않으면서도, 세상의 가치관을 따르지 않는 사람들을 보길 원한다. 즉, 종교인 등을 통해 자신과 다른 삶을 사는 사람을 보고 싶어 하는 것이다. 그래서 무소유를 주장하는 법정이나 세상의 가치관과 다른 말을 하는 교황 등에 열광하는 모습을 보이기도 한다.

세상 사람들이 기독교에 원하는 것도 같은 맥락이라고 생각할 수 있다. 그들은 자신들과 다른 가치관을 따르는 그리스도인을 보기 원한다. 그리스도인들은 하나님의 말씀에 따른 삶과 도덕적 가치를 중요하게 여기고, 그렇게 살아주기를 기대하는 것이다.

그리스도인들은 매일의 삶을 어떻게 살아야 하는지에 관한 심도 있는 윤리적 고민과 치열한 도덕적 성찰을 해야 한다. 그렇지 않고서는 그리스도인들은 세상의 소금과 빛이 될 수 없고, 세상의 신뢰도 얻을 수 없을 것이다.

인간을 구원하시기를 기뻐하시는 하나님의 성품, 성육신하시고 십자가에서 구속 사역을 완성하신 예수님을 통해 제시되는 기독교는 철저히 이타적이고 관계적인 종교다.

그러나 '구원 받고 천국 간다'에 집중된 한국 교회의 가르침은 자기 구원에만 집중하게 함으로써 이기적인 신앙 형태를 띠게 했고, 예수님께서

가르치신 이타적 사랑에는 관심이 없고, 세상의 축복, 곧 물질주의에 빠진 모습을 보이게 되었다.[6]

예수 그리스도의 사랑을 받았지만, 그 사랑을 베풀 줄 모르는 그리스도인으로 전락해 버린 듯하다. 그런데도 한국 교회는 갱신하기는커녕, 여전히 허우적대고 있다.

2. 무속화된 기독교 신앙

이기적이고 개인주의적인 기독교 신앙은 한국의 무속 신앙과 비슷한 모습을 보이게 됐다. 무속 신앙화된 기독교의 모습은 또한 도덕적 타락의 원인이 됐다고 볼 수 있다.

한국 무속 종교의 고유한 문화 속성은 현세적이고 기복적인 신앙인데, 한국 교회가 무속 신앙을 극복하지 못하고, 오히려 '기독교의 무속화'로 변질한 경향이 나타난다. 그렇기에 한국 교회는 돈, 권력 등 세속적인 것을 복으로 여기는 우를 범하게 되었다.

---

[6] 이런 모습은 비단 한국 교회만의 문제는 아닌 것 같다. 미국 역시 사회적·관계적 측면은 무시하고, 영혼 구원에만 관심을 가지는 것에 대해 지적한다. 미국의 신학교 교수 Michael Gorman은 영혼은 거룩하고 영원하지만 육은 더럽고 소멸할 것이라는 헬라적 이원론 사상을 배격하면서 "우리는 그 본질상 몸(body)을 갖고 있으며, 우리 몸은 우리와 하나님의 관계, 우리와 다른 사람들의 관계가 펼쳐지는 장소다. 지금도 그렇고 하나님이 여실 미래에도 마찬가지다. 이를 생각하면서, 우리는 다시 미국의 개인주의를 생각하게 된다. 미국의 그리스도인들은 (몸이 없는) 영혼 구원과 천국 가는 것에만 지나치게 큰 관심을 두고 있다"라고 지적한다. 이런 지적은 사회적 관계에 따른 윤리적인 관심은 없고, 개인적 영혼 구원에 편향된 신앙에 대해 경고하는 것이다. Michael Gorman, 『삶으로 담아내는 십자가』, 박규태 역 (서울: 새물결플러스, 2016), 625.

땅값이 오르는 것을 복이라고 하며, 운이 좋아 거저 얻은 불로소득을 하나님의 축복이라고 여기게 되었다. 이것은 기복신앙에서 말하는 복의 개념과 같다. 거기에 기독교도 편승하여 믿으면 현세에서 승리하며 복 받으며 영광을 얻는다는 영광의 신학을 만들어냈다.

러틀리지가 지적하듯이 안락한 사회에서는 '영광의 신학'(theologia gloriae)이 매번 '십자가 신학'(theologia crucis)을 몰아낸다.[7] 십자가는 없고 영광만 있는 지금 한국 교회의 행태가 그렇다고 말할 수 있다.

그런 차원에서 강영안은 자연 종교와 고등 종교의 차이점을 설명하면서 기독교의 무속화를 지적한다.

> 고등 종교와 일반 자연 종교의 차이가 있습니다.
> 자연 종교는 무엇을 할 것인지에 대해 별로 가르치지 않습니다. 어떻게 하면 복을 받는가, 어떻게 하면 재앙을 면할 것인가에만 관심이 있습니다. 한국의 기독교가 무속화 된다는 걱정은 바로 이런 자연 종교화를 두고 하는 말입니다. 하나님의 백성이 마땅히 지켜야 하고 절제해야 하고 따라야 할 것에 대해서는 무관심하면서, 복 받고 부자되고 건강하게 되는 것에만 관심을 두는 것, 그것을 우려해서 기독교가 무속화 된다고 말하고 있습니다.
> 기독교는 결코, 그런 종교가 아닙니다. 구원 받은 백성이 반드시 지켜야 할 거룩한 삶에 관해서 관심이 있습니다.[8]

---

7 Rutledge, Flamming, 『예수와 십자가 처형』, 노동래, 송일, 오광만 역 (서울: 새물결플러스, 2021), 100.
8 강영안, 『십계명 강의』 (서울: IVP, 2017), 54.

오늘날 한국 교회가 얼마나 윤리성과 사회성을 가지고 있는가를 점검해 보아야 한다. 산상수훈을 보면 기독교적 기준과 비기독교적 기준이 대조되고 있는 것을 볼 수 있다. 그것은 산상수훈의 기초이며 하나로 묶어 주는 주제이기도 하다. 다른 모든 것에 그 대조를 변형한 것이다.

때로 예수님은 제자들을 이방인이나 이교 민족들과 대조하신다. 이교도들은 서로 사랑하고 인사를 나누지만, 그리스도인들은 원수를 사랑해야 한다(마 5:44-47). 이교도들은 "중언부언하면서" 대충 기도하지만, 그리스도인들은 하늘에 계신 아버지께 자녀로서 겸손하고 사려 깊게 기도해야 한다(마 6:7-13). 이교도들은 그들 자신의 물질적 필요에 몰두하지만, 그리스도인들은 하나님의 통치와 의를 먼저 구해야 한다(마 6:32-33).[9]

이런 내용을 바탕으로 점검해 본다면 현재 우리의 위치가 어디쯤 있는지를 스스로 알 수 있을 것이다.

3. 실천적 무신론의 기독교 신앙

무속화된 개인주의적인 기독교 신앙은 심지어 실천(행위)적 무신론의 행태를 띠게 되었다. 우리가 두려워해야 할 무신론은 세상 사람들이 주장하는 이론적 무신론이 아니라, 오히려 교회 안에 존재하는 '실천(행위)적 무신론'이다. 디도서 1장 16절은 실천(행위)적 무신론을 말씀한다.

---

9 John Stott, 『산상수훈』, 정옥배 역 (서울: 생명의말씀사, 2018), 14.

그들이 하나님을 시인하나 행위로는 부인하니 가증한 자요 복종하지 아니하는 자요. 모든 선한 일을 버리는 자니라(딛 1:16).[10]

강영안은 신뢰 상실에 있어 기독교가 자초한 심각성을 지적한다.

기독교 비판은 이론에 대한 회의나 의심보다는 잘못된 실천에서부터 비롯된다는 사실을 역사를 통해 어렵지 않게 확인할 수 있습니다. 열매(복음이 가르친 삶의 실천)가 없으므로 나무뿌리(가르침)조차 거짓이라고 생각하는 결과가 온 것입니다. 국내의 반기독교 정서도 그리스도인의 삶에 거룩함이 없고, 삶의 열매가 없는 것과 직접 관련된 것은 아닌지, 그리스도인들이 실제로는 세상 사람들과 마찬가지로 무신론자가 되어 버렸기 때문은 아닌지 생각해 보아야 합니다.[11]

---

10 실천(행위)적 무신론과 비교하여 J. Todd Billings는 그리스도인임을 자처하는 미국 사람들의 신학이 사실은 이신론적이라고 설명하고 있다. "구원은 개인적 범주에서 그들이 누리는 유익, 혹은 자신감을 가지게 하는 요소로 간주할 뿐, 하나님과의 교통 및 이웃과의 연합의 회복이라는 차원의 구원을 이해하는 것은 아니라 점에서다. 그러므로 하나님의 창조와 구원의 역사적 사실은 믿으나, 현재 우리의 삶을 주관하시고 이끄시는 것에 관심이 없고 심지어 거부하기도 한다. 이런 관점이 바로 이신론적이라고 볼 수 있다"라고 지적한다. 이런 이신론적인 관점은 현재의 우리가 하나님과 영적으로 교제하고 하나님의 관계에서 나오는 사랑으로 이웃들을 섬기며, 우리의 삶을 거룩하고 온전하게 세워 가는 데 있어서 무감각해졌다는 것을 의미한다. 이런 원인은 잘못된 구원 의식에서 출발한다고도 볼 수 있다. 이것은 '믿음으로 구원 받는다'라는 칭의 교리 자체가 문제가 아니라 왜곡되고, 잘못 가르친 구원 의식, 곧 나는 믿는다고 고백했기 때문에 구원을 받았다고 하지만, 정작 하나님과의 관계에 대해서는 무관심한 의식으로 행동하기 때문이라고 볼 수 있다. Billings의 지적에 대해 한국 교회에서도 동일하게 인식해야 한다. J. Todd Billings, 『그리스도와의 연합』, 김요한 역 (서울: CLC, 2014), 39.
11 강영안, 『십계명 강의』, 14.

이런 한국 교회에서의 이기적 개인주의 신앙에 따른 잘못된 가르침은 잘못된 방향에서 기인한다고 볼 수 있다. 잘못된 방향은 결국 타종교와 별반 다를 것이 없는 신앙이 되어 버리고 심지어는 무신론자처럼 되어 버리고 만다. 이에 강영안은 신앙, 목회, 교회의 방향 설정을 문제삼는다. 일반적인 신앙 이해에서 두 가지 문제를 제기한다.

> **첫째**, 예수님을 믿는다는 것은 예수님을 따라 사는 삶이라고 하는 제자도 정신이 빠져 있습니다.
> **둘째**, 신앙의 목적이나 방식 면에서 한국 불교 신자들이 믿는 방식이나 그리스도인들이 믿는 방식에서 사실상 아무런 차이가 없습니다.[12]

왜냐하면, 단지 신앙의 대상이 다를 뿐 믿는 방식은 별다른 차이가 없기 때문이다. 이런 방식으로는 하나님의 소금과 빛의 열매를 맺기를 기대할 수가 없다.

4. 왜곡되고 변질한 칭의론의 기독교 신앙

김세윤은 이런 개인적이고 이기주의적인 구원관이 많은 진지한 성도에게 큰 위기감을 주고 있다고 주장한다.

---

12 강영안, 『십계명 강의』, 27.

오늘날 한국 교회는 여러 가지 심각한 문제들을 안고 있는데 그 원인은 여러 가지가 있겠으나, 가장 근본적인 것은 종교개혁의 중심 구호인 '은혜로만, 믿음으로만 의인 됨'으로 표현되는 '칭의론'의 복음이 많이 오해되고, 오해를 넘어서 심각하게 왜곡되고 변질한 것 때문이 아닐까 생각한다.[13]

그런데도 신자들은 어차피 "인간은 철저한 죄인이다, 마음은 원이로되 육신이 약한 걸 어쩔 수 없다. 그렇지만 하나님께서 우리를 사랑하셔서 의롭다고 인정해 주셨다"라고 말하며 윤리적 실패를 칭의 교리 차원에서 정당화하고 있고, 교회는 그것을 가르치고 있다.[14]

이런 가르침은 구원의 확신과 성도의 견인을 결합해 만들어낸 탐욕의 복음이다.[15]

더 나아가 '성화'를 '칭의'와 분리해서 사고하는 데서 '칭의론'이 왜곡되기 시작된다. 성화를 기본적으로 칭의와 구별되는 별개의 사건으로 봄으로써 '칭의는 구원에 필수지만 성화는 선택이다'[16]라는 잘못된 인식이 있다. 따라서, '성화론'을 제대로 이해하기 위해서는 먼저 '칭의론'의 구조부터 올바로 이해해야 한다고 말한다.

또한, 성화를 칭의와 분리해 사고하는 데서 '칭의론'이 왜곡되기 시작하므로, '성화론을 제대로 이해하기 위해서는 먼저 칭의론의 구조부터 올바로 이해해야 한다'라고 주장한다.[17]

---

13 김세윤, 『칭의와 성화』 (서울: 두란노, 2018), 10.
14 신광은, 『천하무적 아르뱅주의』 (서울: 포이에마, 2014), 227.
15 Ibid., 263.
16 Ibid., 251.
17 김세윤, 『칭의와 성화』, 10.

성화를 제대로 이해하기 위해 칭의론을 새롭게 본다는 측면에서 빌링스의 말을 새겨볼 필요가 있다.

> 칭의와 성화는 서로 구분은 되지만 불가분의 관계에 있는데, 우리는 그리스도와의 연합 안에서 성령을 통하여 이중 은총을 받는다. 복음을 칭의와 성화라는 요체로 파악하는 이런 관점 속에서, 이웃 사랑과 정의라는 덕목은 성령께서 행하시는 중생의 사역에 있어서 필수적인 요소임이 자명해진다. 그러므로 그리스도인들의 정의를 행하는 일들에 장점이 있다.
> 여기서 우리가 주의해야 할 것은 이 "성화"를 새로운 형태의 "공로적 의"로 오해하지 않는 것이다. 진정 복음은 그리스도와 연합으로 우리가 받게 되는 이중 은총에 담겨 있다. 복음은 그저 죄 사함만을 말하는 것이 아니라 새로운 생명과 삶에 대해서도 말하고 있기 때문이다.[18]

실제적인 성화와 연계되지 않은 왜곡된 칭의 교리는 오랫동안 오용되어 반율법주의나 도덕률 폐기론으로 나타나기도 했다. 원종천은 이렇게 말한다.

> 칭의 교리는 종교개혁의 시기로부터 현대에 이르기까지 그 남용과 왜곡에 대해 끊임없는 도전을 받아 오고 있다. 이미 루터 당대에 이신칭의의 교리를 남용하고 왜곡한 사람들로 인해서 반율법주의 혹은 도덕률 폐기론 현상이 나타났으며, 이에 대한 반작용으로 선한 행위를 구원의 필수 조건으

---

18 Billings, 『그리스도와의 연합』, 김요한 역(서울: CLC, 2014), 222.

로 주장하는 흐름도 나타났다.[19]

 이런 그리스도인의 신뢰 문제, 윤리의 문제는 결국 믿기만 하면 구원 받고, 십자가를 지고 예수님을 따르며 성령의 열매를 맺는 삶에 대해서는 무관심한 이기주의적인 개인 신앙관의 문제라고 볼 수 있다.

---

19 원종천, 『성화의 부진과 칭의의 고민』 (용인: 킹덤북스, 2017) 137-156.

제2장

십자가를 본받는 삶이란 무엇인가

그리스도인의 삶의 여정은 교의학적 표현에 따르면 칭의, 성화, 영화의 단계에 이른다.

칭의와 성화의 이중적인 은총의 삶은 복음의 바른 의미를 아는 지식적 차원을 넘어, 그것에 참여하여 순종하는 그리스도인의 올바른 실천적 삶에 있다고 볼 수 있다.

올바른 실천은 삶 속에서 맺은 복음의 열매인데, 에베소서 5장에서 말씀하는 빛의 열매를 통해 나타난다. 빛의 열매는 선함과 의로움과 신실함에 있다(엡 5:9). 이런 열매를 맺는 신앙생활은 십자가에서 출발한다고 할 수 있다.

예수님은 "누구든지 나를 따라오려거든 자기를 부인하고 자기 십자가를 지고 나를 따를 것이니라"(마 16:24)고 말씀하셨고, 사도 바울은 "십자가의 도가 구원을 받는 우리에게 하나님의 능력이 됨이라"(고전 1:18)고 말씀하면서 자신의 삶을 "그리스도와 함께 십자가에 못 박힌 삶"(갈 2:20)이라고 말한다. 십자가의 삶이 그리스도인의 믿음의 삶이고, 구원 받은 신앙인의 모습과 연결되고 있음을 알 수 있다.

기독교 고전인 존 스토트의 『그리스도의 십자가』는 그리스도인 신앙의 근본적인 본질을 십자가를 통해서 설명한다.

십자가는 예수 그리스도에 관한 값없이 주시는 구원의 근거인 동시에 거룩한 삶을 살게 하는 강력한 동기가 된다. 십자가를 통해 겸손과 회개, 감사와 구원의 은혜를 말하고, 이를 통해 그리스도인들의 신앙의 근본은 결국 십자가를 통해서 배워야 하고 이해되어야 함을 강조한다. 올바른 십자가 이해를 통한 바른 신앙관은 그리스도인들의 바른 삶을 이끌어 내는 강력한 동기일 뿐만 아니라, 그런 삶을 살아내는 능력이 된다는 것이다.[1]

마이클 고먼은 그리스도인의 신뢰를 회복하고 윤리적 성숙을 포함한 신앙에서 십자가의 의미를 제시하고 있는데, 이를 포괄적인 개념으로 '십자가를 본받는 삶'으로 설명한다. 십자가를 본받는 삶이 그리스도를 닮아가고, 하나님을 닮아가는 방편이라는 것이다. 그는 『삶으로 담아내는 십자가』 서문에서 십자가를 본받는 삶의 의미와 목표에 대해 이렇게 말한다.

> 이 책을 통해 제가 목표했던 것은 교회가 좀 더 사도적인 교회, 특별히 사도 바울이 말한 교회의 모습을 닮아가도록 돕는 것이었습니다. 이것은 바울이 전한 그리스도, 곧 십자가에 못 박힌 그리스도에게 초점을 맞추고, 십자가를 우리의 구원의 원천으로 볼 뿐만 아니라 우리의 구원이 빚어져 가야 할 형상으로 본다는 의미입니다. 이것이 바로 '십자가를 본받는

---

1 Stott, 『그리스도의 십자가』, 황영철, 정옥배 역 (서울: IVP, 1993), 437.

삶'(Cruciformity)이 뜻하는 바입니다. 우리가 십자가의 형상으로 빚어져 가면 갈수록 그리스도를 그리고 하나님을 더욱 닮아가게 되며, 그리하여 더욱 거룩해지게 되는 것입니다.[2]

사도 바울은 그리스도 예수님의 마음을 품으라고 권면한다(빌 2:5). 그리스도 예수님의 마음은 십자가를 본받는 삶을 살도록 이끈다.

이렇게 예수님의 마음을 따라 순종함으로 십자가의 삶을 살아가면 자기를 낮추고 죽기까지 복종하는 거룩을 추구하는 삶을 살게 된다. 그리고 장차 하나님께서 높이시는 은혜의 자리에 이르게 된다(빌 2:5~8).

이것은 구원의 서정, 곧 칭의, 성화, 영화에 이르는 삶이라고 할 수 있다. 이런 삶은 그리스도와의 연합으로 시작하여 그리스도의 십자가를 본받는 삶으로, 마침내 그리스도와 영광에 동참하는 삶으로 통합될 수 있다. 이것은 또한 믿음, 사랑, 소망의 삶으로 정리될 수 있다.

그러므로 고먼의 십자가를 본받는 삶은 그리스도인의 정체성의 종합이라 할 수 있다. 십자가를 본받는 삶은 이기주의적인 개인 구원과 왜곡되고 잘못 가르쳐진 칭의의 가르침이 도덕과 윤리의 붕괴에도 불구하고 교회를 갱신하지 못하는 이유임을 보여준다.

신앙을 개념이 아닌 삶으로 담아내어 실천하고, 한국 교회의 신뢰 회복과 그리스도인의 정체성에 따른 신뢰 회복을 위해, 일상을 넘어 모든 삶의 모습 속에 인간의 노력이 아닌 그리스도의 삶과 죽음이 대표하는 십자가를 본받는 삶을 녹여낼 필요가 있다.

---

2 Gorman, 『삶으로 담아내는 십자가』, 11.

1. 십자가를 본받는 삶에 따른 기독교 신앙

기독교의 신앙은 '나는 예수님을 믿는다', '나는 하나님을 믿는다'라는 정도의 단순히 지적 동의에 따른 믿음의 고백이라든가, '교회를 다닌다'라는 행위 정도의 것을 가리키지 않는다.

예수님을 믿는다는 것은 "예수님은 그리스도시오, 나의 주, 나의 하나님"(마 16:16)이라는 베드로의 고백처럼, 예수님의 말씀과 가르침에 따라 '자기 십자가를 지고 주님을 따르며 살아가는 삶의 고백'이다.

그러므로 기독교 신앙이란 사도 바울이 말한 대로 십자가에 예수님과 함께 죽고, 그것을 통과한 삶(롬 6:6; 갈 2:20)이라고 할 수 있다. 그리고 이 십자가를 통해 삼위일체 하나님을 바르게 이해하고, 십자가의 의도를 따라 그리스도와 연합하여 사는 신자들의 삶의 고백을 의미한다.

기독교 신앙은 그리스도와의 연합을 통해 자연스럽게 그리스도의 모범을 따라 십자가를 본받는 삶(빌 2:5-8), 그 결과 나타나는 믿음, 사랑, 능력, 소망의 삶,[3] 결국 그리스도를 닮아가는 삶이라 정의할 수 있다.

그리스도인의 삶이 순수하고 진실하며 윤리적인 모습으로 나타날 수밖에 없는 이유는 바로 십자가를 본받는 삶이기 때문이다.

그뿐만 아니라, 십자가를 본받는 삶은 교회의 존재와 의미를 설명한다. 교회는 십자가를 본받는 사람들이 함께 공동체를 만들어 가는 곳이고, "예수 그리스도와 사도 바울이 그린 교회상"이라고 할 수 있다.

---

3 믿음, 사랑, 소망의 순서는 고린도전서가 아닌 골로새서와 데살로니가전서에서 표현하는 순서에 따른 것이며 이에 능력을 더한 것이다.

그러므로 신자들이 교회를 다니는 이유와 목적을 십자가를 통해서 다시금 점검해 볼 수 있다. 왜냐하면, 십자가를 본받는 삶은 단순히 개인적인 차원을 넘어서 공동체적 영성이기 때문이다.[4]

공동체적 영성에 관한 자세한 내용은 십자가를 본받는 삶을 사는 공동체(5장)에서 다룰 것이다.

2. 다시 돌아보는 십자가

1) 십자가 상징은 미친 짓?

십자가는 기독교 신앙의 시금석이다.[5]

거리에서 만나는 사람들에게 기독교의 상징이 무엇이냐고 물으면 대부분 십자가라고 대답할 것이다. 이 십자가를 오늘날 주변에서 쉽게 찾아볼 수 있기 때문이다. 앞에서도 언급했지만, 한국의 도시뿐만 아니라 시골 지역까지, 주변을 살펴보면 빨간 네온 십자가를 어렵지 않게 발견할 수 있다. 그뿐만 아니라, 목걸이와 귀걸이로 장식용으로 차고 다니는 십자가도 심심찮게 보게 된다. 그만큼 십자가는 우리의 삶에 밀접하게 관련되어 있고, 지극히 자연스러운 것이 되었다고 말할 수도 있을 것이다.

---

[4] Gorman은 십자가를 본받는 삶을 공동체적 영성을 넘어 심지어 정치적 영성이라고까지 소개한다. 십자가를 본받는 삶은 로마의 힘과 소망을 담은 이데올로기들과 현실들에 도전을 던지기 때문이다. Gorman, 『삶으로 담아내는 십자가』, 550.

[5] Rutledge, 『예수와 십자가 처형』, 노동래 외 역(서울: 새물결플러스, 2021), 90.

그런데 십자가를 쉽게 접하게 되기는 했지만, 정작 십자가의 의미가 무엇인지를 깊이 새겨보는 일은 자연스럽지 않은 일이 되어 버렸다.

사실, 십자가는 예수님 당시 가장 혐오스럽고 잔혹한 사형 제도였다. 십자가 처형은 희생자에게 수치와 굴욕을 주기 위해 만들어졌다. 극한의 고통과 최대의 수치를 유발하도록 오랫동안 늘린 형태의 공개 고문이었다. 조롱 속에서 십자가형을 받는 사람은 아무 가망 없이 벌거벗겨진 채로 못 박혔다. 점차 신체적 기력을 잃어가면서, 수치스럽고 모욕 당한 채로 인간 이하의 취급을 당하였고, 그 시체는 보통 독수리나 까마귀의 먹이로 남겨졌다.[6]

이런 처형의 양상에 따라 자신의 운명을 공개적으로 드러내기를 바라는 사람이 과연 있겠는가?

그야말로 십자가는 최악의 사형 방법이다.

김창선은 오늘날처럼 십자가를 자연스럽고 일상화된 것으로 여긴다든지 심지어 장식품으로 사용될 수 있는 뭔가 우아하고 아름다운 것과 연결짓는다는 것은 예수님 당시에는 도무지 상상조차 할 수 없는 일이었다고 지적한다. 그러므로 나사렛 예수의 끔찍한 죽음과 관련된 십자가 처형을 구원 사건과 연결하는 것은 한마디로 "미친 짓"에 불과했다고 말한다.[7]

---

6 Barclay, 『바울과 은혜의 능력』, 265.
7 김창선, "바울의 십자가 신학," 「장신논단」 (서울: 장로회신학대학교기독교사상과문화연구원, 2003), 398.

2) 신비의 십자가

십자가와 연결되는 구원의 의미는 누구도 상상할 수 없었고, 이해할 수 없는 것이었기에, 심지어 '신비'라고까지 정의된다. 차재승은 십자가와 구원이 연결되는 신비를 이렇게 설명한다.

> 십자가는 신비다. 십자가의 이야기는 그 어떤 곳에서도 찾아볼 수 없는 기독교의 고유한 이야기다. 인간이 감히 상상할 수 없는 다른 차원의 이야기이기 때문이다. 신이 인간이 되었다는 이야기는 흔한 이야기요 인간이 영원히 죽지 않고 다시 살아난다는 부활 이야기도 상상할 수 있는 스토리다. 그러나 십자가는 결코 인간이 원하는 이야기가 아니다. 인간이 만들 수 있는 스토리가 아니다. 십자가는, 하나님을 잘 믿었던 유대인들이 스캔들처럼 꺼리는 이야기요, 플라톤과 아리스토텔레스를 배출한 헬라인들이 도저히 이해할 수 없는 바보 같은 이야기다. 초월자가 인간의 몸으로 와서 인간을 위해서 죽는다는 이야기는 그리고 그 죽음이 인간에게 구원이 된다는 이야기는 인간이 도저히 이해할 수 없는 이야기다(고전 1:23).[8]

차재승의 지적처럼, 어떻게 보면 십자가 이야기는 자칫 엉성하기 짝이 없는 이야기일 수도 있다. 인간이 죄 혹은 죽음이라는 빚을 졌고 그 빚을 갚기 위해서 예수님이 죽음으로 그 빚을 청산했다는 이야기, 그것도 최악의 사형 도구인 십자가 위에서 말이다.

---

[8] 차재승, 『십자가, 그 신비와 역설』 (서울: 새물결플러스, 2015), 19.

그러므로 신비로운 그리스도의 십자가는 저절로 해석될 수 없다. 만약 십자가의 진정한 의미를 깊이 묵상하고 해석하지 않는다면 십자가라는 상징 자체는 너무도 쉽게 단순한 표장이 되거나, 미신이나 마법적인 사고로 이어지는, 부적 같은 것이 될 수 있음을 명심해야 한다.[9]

신비로운 십자가를 어떻게 해석할 수 있을까?

3) 총체성과 동시성의 십자가

차재승은 이 기독교 신학에서의 십자가의 의미와 신비를 풀기 위해서 총체성과 동시성을 이야기한다.[10]

그리스도의 십자가는 예수 그리스도의 총체성과 동시성을 보여주기에 신비다.

> 그리스도는 총체성들의 총체다(the totality of totalities).[11]

예수님은 완전한 하나님이시며 완전한 인간이시다.

---

9 Rutledge, 『예수와 십자가 처형』, 62.
10 차재승은 동시성의 의미를 이렇게 설명한다. "용서와 심판으로 드러난 하나님의 속성의 동시성, 그리스도 한사람의 죽음으로 모든 사람이 함께 죽는 그리스도와 인간의 동시성, 그리스도의 인성과 신성의 동시성이다. … 그리스도의 십자가는 신비(mystery)이며 드러남(revelation)이다. 한편으로는, 인간의 논리를 쉽게 적용할 수 없기 때문에 인간지성을 파괴하는 '드러난 신비'이며, 다른 한편으로는, 인간의 틀을 압도하는 구체적인 실재를 드러내고 있기 때문에 '신비스러운 계시'다. 동시성이란 이런 십자가 신비의 구체적인 실재를 적절하게 표현하는 하나의 실마리다." 차재승, "캘빈의 포괄적 십자가 사상의 가치와 한계 1," 『신앙과 학문』, 2011, vol.16.no.2, 통권 47호, 255-284.
11 차재승, 『십자가, 그 신비와 역설』, 22.

간혹 인간이 포괄적이고 총체적인 사상을 소유할 수 있다고 해도, 그 사상을 자신의 삶에 펼쳐놓고 실현하며 살아갈 수는 없다. 그러나 그리스도는 십자가에서 세상을 사랑하셔서 구원하시고자 하는 총체적인 하나님의 뜻을 동시에 삶으로 펼치셨고, 실현하셨다. 총체이신 하나님께서 동시에 인간으로 오셔서 십자가에 못 박혀 죽으신 것이다.

차재승은 이런 "그리스도 예수의 죽음은 영광의 주의 죽음이다"라고 하면서 다음과 같이 말한다.[12]

> 그리스도는 만물을 만드시고 화해시키고 새롭게 하신 분이다. 그리스도 예수는 거룩한 신이신 동시에 아기 예수로 태어나신 분이다. 총체적인 사태를 함께 품고 있을 뿐만 아니라, 그 총체성이 동시적일 때 우리는 이것을 신비라고 부른다.[13]

바클레이는 '객관적인' 사건인 동시에 '주관적인' 현실이라고 말한다.

하나님의 놀라운 구원의 은혜는 그리스도의 성육신과 십자가 죽음, 부활 속에서 발생했지만, 이 은혜는 자아의 완전한 재형성으로 수용되고 역사한다. 이는 하나의 지식 정보나 다른 소유물들에 더할 수 있는 어떤 소유물이 아니라, 가장 깊은 단계와 모든 차원에서 자아를 변화시키는 포괄적인 관계를 뜻한다.

---

12 Ibid., 22.
13 Ibid., 22.

객관적인 십자가가 주관적으로 개개인에게 적용되어 역사하신다. 그리고 여기에는 사회적이고 윤리적인 실천이 포함된다.[14]

4) 깊이 성찰해야 할 신비, 십자가

오늘날 이 신비의 십자가를 깊이 묵상하지 못하고, 그 상징을 너무 쉽게 생각하고, 아무렇지도 않게 여기는 그리스도인이 생기는 것은 가슴 아픈 일이다. 왜냐하면, 구원과 관계된 그 '미친 짓'이 담긴 십자가의 의미가 너무나 오묘하고 신비롭기 때문이다.

차재승은 예수님을 믿기로 한 사람이라면 십자가에 관해 깊이 고민할 것을 요청하며 일침을 가한다.

> 예수님을 따르는 길은 결코 쉬운 길이 아닙니다. 더욱이 십자가의 길은 가장 험난한 길입니다. 예수님의 십자가를 이해하는 길도 수고와 번민과 질문들로 가득 찬 신비의 길입니다. 다함 없는 질문들을 안고 가야 하는 거칠고 힘겨운 길입니다. 인간 지성이 침 뱉고 조롱하는 길입니다. 그러나 신비와 역설로 가득 찬 십자가의 길에서 우리는 우리와 함께하시는 그리스도를 만날 것입니다. 그분의 약속과 기쁘신 뜻과 초대를 경험할 것입니다.[15]

14　Barclay, 『바울과 은혜의 능력』, 279-80.
15　차재승, 『십자가, 그 신비와 역설』, 11.

십자가는 하나님께서 세상을 구원하시기 위해 독생자 예수 그리스도를 보내셔서 십자가에 못 박혀 죽게 하심으로 이루신 신비이고 사랑이다.[16]

그렇기 때문에 십자가는 하나님께서 죄를 용서하시는 유일하고 충분한 근거일 뿐 아니라 죄 용서함을 받은 하나님의 백성이 죄를 이기는 데 꼭 필요한 것이다.[17]

에밀 부르너는 십자가에 대한 바른 이해가 성경을 이해하고 예수 그리스도를 이해하는 것이라고 말한다.

> 십자가는 기독교 신앙의 상징이고, 기독교 교회의 상징이며, 예수 그리스도 안에 있는 하나님 계시의 상징이다. … Sola Fide(오직 믿음), Soli Deo Gloria(오직 하나님의 영광)를 위한 종교개혁의 전 투쟁은 단지 십자가의 바른 해석을 위한 투쟁이었다. 십자가를 올바로 해석하는 사람은 성경을 이해하며, 예수 그리스도를 이해한다[18]

한국 교회는 십자가를 바르게 해석해야 하고, 다시 생각해야 한다.

---

16 Stott는 이 신비를 변신론(辯神論, Theodicy)을 통해서 설명하고 있다. "하나님의 공의와 사랑을 만족시키는 신비가 바로 십자가다. 십자가의 신학 이외의 다른 곳에서는 세상을 향한 변신론을 찾을 수가 없다. 유일한 최후의 변신론은 인간의 칭의에 근본적으로 필요한 하나님의 자기 정당화다. 이런 세상에서는 인간의 어떤 이성도 하나님을 정당화시킬 수가 없다. 오직 하나님이 직접 자신의 정당성을 입증해야 하는데, 하나님은 십자가 위에서 그 일을 하신 것이다." 자세한 내용을 보려면 Stott, 『그리스도의 십자가』, 260-65를 보라.

17 Stott, 『그리스도의 십자가』, 126-27.

18 Emil Brunner, *The Mediator*, tr. Olive Wyon(1927: Westminster Press, 1947), 435.

3. 십자가를 통해 다시 돌아보는 신앙

1) 십자가를 통해 돌아보는 관계

십자가를 돌아보았다면 십자가를 통해 우리의 신앙을 돌아보아야 한다.

> 누구든지 나를 따르려거든 자기 십자가를 지고 나를 따르라(마 16:24).

예수님을 본받으며 따르는 삶은 이 말씀에 집약되어 있다.

예수님께 은혜를 받고 누리며, 믿는 신앙은 처음부터 자기 십자가를 따르는 삶으로 규정되어 있는 것이다. 그러므로 그리스도인의 믿음과 삶은 십자가를 따르는 신앙의 삶의 실존이다.

십자가는 예수님과의 절대적인 관계를 그리고 있다. 그러므로 십자가를 본받는 삶은 구원과 윤리의 양 측면에서, 단순히 어떤 명령에 동의하거나 순응하는 정도가 아닌 전적인 참여를 요구한다.

말하자면, 예수님과의 강력하고도 친밀한 관계를 요구하는데, 이것은 예수님의 죽음 안으로 세례 받는 것이며, 십자가에 못 박히신 그분과의 코이노니아(koinonia, 교제)다.[19]

십자가는 하나님께서 죄를 용서하시는 유일하고 충분한 근거일 뿐만 아니라 죄 용서함을 받은 하나님의 백성이 죄를 이기는 유일하고 충분한 방법이 된다. 이것이 바로 십자가를 본받는 삶이고, 바른 신앙이다.

---

19 Michael Gorman, 『속죄와 새 언약』, 최현만 역 (서울: 에클레시아북스, 2016), 213.

그런데 이런 예수님과 관계, 신앙적인 삶의 실존은 하나님과 관계 그리고 이웃과의 관계와 연계되지 않을 수가 없다.

고먼은 마가복음을 주석하면서 세 번의 수난 예고에 이어지는 결론적인 가르침들을 참고해 십자가를 본받는 실존을 다음과 같이 설명한다. 그에 의하면 십자가를 본받는 실존에는 세 가지가 있다.

첫째, 복음을 증언하는 자기 부정(자신을 찾기 위한 길로서 자신을 잃는 것, 막 8:31-37 및 병행 구절)

둘째, 어린아이로 대표되는 약한 자와 소외된 자를 환대하는 것(막 9:31-37과 병행 구절)

셋째, 타인을 지배하기보다 섬기는 태도(막 10:32-45와 병행 구절)

이 모두에는 고난이 동반될 수 있다(막 13:9-13과 병행 구절), 제자도는 "위험과 모욕 … 수치와 고난"의 삶일 것이다.[20]

십자가를 본받는 실존은 철학적 사유가 아니라 실제적인 삶의 과정 안에, 자기 자신과 타인과의 관계를 통해 그대로 드러나는 삶이다. 개인주의와 물질주의로 변질된 한국 교회가 반드시 숙고해야 할 실존이다.

20　Gorman, 『속죄와 새 언약』, 65.

2) 관계 속에서 반응을 유발하는 십자가

예수님을 믿고 자기 십자가를 지는 삶은 관계 속의 반응을 동반한다.

바클레이는 십자가의 사건을 은혜로 풀어내면서 은혜에 적극적으로 반응하는 삶을 전제한다. 은혜는 사전 조건이 없으며 가치나 능력과는 상관없이, 곧 '값없이' 주어진다. 즉, 비상응적인 선물이다.

하지만, 보답에 대한 기대 없이, 반응에 대한 희망 없이, '아무런 부대조건 없이' 주어진다는 의미는 결코 아니다. 선물은 가치나 가격과는 상관없이 주어진다는 의미에서는 '값없이' 주어지는 것이 맞지만, 반응에 대한 기대 없이 주어진다는 의미에서는 결코 그렇지 않다.

그리스도 십자가의 은혜는 선물인데, 이는 강한 기대를 동반한다. 왜냐하면, 그 선물이 변혁적이기 때문이다. 이 선물은 받는 사람의 자아를 새롭게 빚어내고 신자들의 공동체를 재창조한다.

따라서, 인간적 실천 속에서 나타나는 신적 선물의 사회적 효과는 은혜의 필수적인 구성 요소다. 이런 효과들은 어떤 부가적이거나 최종적인 은혜의 선물을 획득하기 위한 도구적인 것이 아니라, 인간의 삶 속에서 나타나는 은혜에 대한 필연적인 표현이다.[21] 즉, 은혜는 행동을 유발한다.

바클레이가 말하는 은혜의 핵심은 비상응성, 곧 수신자의 가치와 상관없이, 조건 없이 주어지는 선물이다.[22] 이 선물은 수신자들의 가치와는 상관없이, 실제로 가치의 부재 속에서 기능한다.

---

21 Barclay, 『바울과 은혜의 능력』, 281-82.
22 Ibid., 62.

이 은혜, 선물의 특징은 바울 선교의 형태를 결정한다.

이 선물이 무조건적 방식으로 하나님으로부터 주어진다는 사실이 인간이라는 행위 주체가 그냥 통과되는 것을 의미하는 것은 아니다. 오히려, 은혜는 그것의 수신자들이 행동을 취하도록 능력을 공급한다.

실제로 은혜는 바울이 이방인의 사도가 되도록 이끌었다(갈 2:8).[23] 곧, 비상응적 은혜는 십자가를 본받는 삶을 살아갈 동기를 유발하고, 능력을 공급한다는 것이다.

이렇듯 십자가를 다시 생각한 결과, "그 십자가는 반응 곧 삶과 결부된다는 것"을 알 수 있다. 그리하여 "십자가를 본받는 삶에는 구원을 가져온 패러다임적 죽음에 참여한다는 것이 지닌 통합적인 삶의 성격, 말하자면 십자가 형태(cross-shaped)의 수직적, 수평적 사랑에 초점을 맞출 것",[24] 곧 수직적으로는 하나님 사랑, 수평적으로는 이웃 사랑의 상징적인 형태를 가진다는 것이다.

그러므로 십자가는 이중 사랑 명령의 성취이며, 하나님을 향한 신실한 순종을 의미하는 동시에 타인을 위해 자신을 내준 사랑을 의미한다고 볼 수 있다. 결국, 십자가를 본받는 삶은 이중 사랑의 명령을 성취하는 방편이 된다. 하나님을 사랑하고 이웃을 사랑하라는 구약의 계명 요약과 예수님의 가르침의 실천이다.

십자가를 따르는 삶은 구체적이고 변혁적인 실천으로 나타난다.

---

23 Ibid., 115.
24 Gorman, 『속죄와 새 언약』, 63.

3) 변혁적인 실천이 따르는 십자가

십자가에는 하나님의 약속과 기쁘신 뜻과 초대가 있고 또한 변혁적인 삶의 실천이 따르는데, 이에 대해 무심한 시대를 살아가는 현대 그리스도인들에게 고먼은 십자가의 의미를 다시 생각하게 하고, 그 십자가의 의미를 신자의 삶에 적용하기 위한 실천적 영역으로 끌어들이기 위해 '십자가를 본받는 삶'(Cruciformity)이라는 단어를 사용하고자 한다.

십자가를 본받는 삶은 '십자가의, 십자가 형상을 지닌'이라는 뜻을 가진 cruciform과 '본받음, 닮아감'이라는 뜻을 가진 'conformity'의 합성어다. 이를 고려하여 'Cruciformity'는 '십자가를 본받는 삶'이라고 번역할 수 있다.[25] 고먼은 이렇게 설명한다.

> Cruciformity는 기독교의 윤리적 가치를 기독교의 상징인 십자가를 통해 끌어내고 있는 합성적 의미다.
> 기독교를 다른 것과 구별해 주는 특징이 무엇인가?
> 바로 십자가다. 곧 십자가에 못 박히신 예수 그리스도시다.
> 그러므로 Cruciformity란 바울이 전한 그리스도, 곧 십자가에 못 박힌 그리스도에게 초점을 맞춘다는 것으로, 십자가를 우리의 구원의 원천으로 볼 뿐만 아니라 우리의 구원이 빚어져 가야 할 형상으로 본다는 의미다. 이것이 바로 '십자가를 본받는 삶'(Cruciformity)이 뜻하는 바다.[26]

---

25 Gorman, 『삶으로 담아내는 십자가』, 6.
26 Ibid., 11.

십자가는 단순한 사형틀이 아니다. 그 형틀에 죄가 없으신 하나님이신 예수님께서 못 박혀 죽으셨다. 그러므로 십자가의 의미는 예수 그리스도의 대속으로 말미암은 구원의 원천인 동시에, 자기 십자가를 지고 나를 따르라고 하신 그분의 명령을 따라 구원 받은 하나님의 백성, 예수 그리스도의 제자로서 십자가를 본받는 삶을 살아가도록 요구하신다. 이것이 바로 십자가를 통해 다시 돌아본 신앙, 십자가를 본받는 삶의 의미다.

그렇기에 고먼은 그의 다른 책에서 이렇게 주장한다.

> 예수의 (십자가) 죽음은 구원의 원천만이 아닌 구원의 형태이기도 하다. 따라서, 예수의 죽음은 그 공동체, 즉 예수의 구원하는 죽음에서 혜택을 받고 그 죽음에 참여하는 새 언약 공동체의 형태까지 결정한다.[27]

예수 그리스도의 십자가는 우리를 구원하는 원천이기도 하지만, 우리로 십자가를 본받는 삶을 살아가도록 하는 형태이며 공동체를 형성하는 형태이기도 하다는 의미다.

4) 총체성과 동시성을 적용하는 십자가를 본받는 삶

그리스도의 십자가에 나타난 신비를 받아들이는 그리스도인의 삶에서 앞에서 설명했던 총체성과 동시성을 적용하는 것 또한 십자가를 본받는 삶이라고 할 수 있다.

---

[27] Gorman, 『속죄와 새 언약』, 22.

이천 년 전에 하나님께서 총체적인 계획을 세우고 성취하셨던 그 십자가는 이제 현재의 삶에서 "누구든지 나를 따라오려거든 자기를 부인하고 자기 십자가를 지고 나를 따를 것이니라"(막 8:34)는 예수님의 말씀에 순종할 것을 요구하고 있다.

총체이신 예수님께서 십자가를 순종하심으로써 동시성을 드러내셨다. 용서와 심판으로 드러난 하나님의 속성의 동시성, 그리스도 한 사람의 죽음으로 모든 사람이 함께 죽는 그리스도와 인간의 동시성, 그리스도의 인성과 신성의 동시성이 그대로 드러났다.

그리스도의 십자가는 신비(mystery)이며 드러남(revelation), 곧 계시다. 한편으로는 인간의 논리를 쉽게 적용할 수 없으므로 인간 지성을 파괴하는 '드러난 신비'이며, 다른 한편으로는 인간의 틀을 압도하는 구체적인 실재를 드러내고 있으므로 '신비스러운 계시'다. 동시성이란 이런 십자가 신비의 구체적인 실재를 적절하게 표현하는 하나의 실마리다.[28]

하나님의 구속의 총체적인 계획과 섭리가 동시에 오늘날 우리의 삶에서 그대로 적용되고 실행되는 것이다. 하나님의 구원 총체성이 십자가에서 이루어지고, 이천 년이 지난 지금 그 구원의 능력이 십자가를 본받는 삶을 통하여 우리 삶에 그대로 적용되어 이루어지는 것이 동시성이라고 할 수 있을 것이다.

---

28 차재승, "캘빈의 포괄적 십자가 사상의 가치와 한계1," 255-284.

5) 비상응적 은혜에 대한 상응적 응답으로써의 십자가를 본받는 삶

앞에서 논의했던 대로 십자가를 본받는 삶은 바클레이의 표현에 따르면 "은혜의 비상응성"에 따른 응답이다.

비상응성은 받는 자의 가치를 조건으로 삼지 않으며, 받는 자들의 죄악됨과 하나님에 대한 적대심에 제한되지 않음, 주는 자와 받는 자의 가치가 상응되지 않음을 의미한다.

그러나 이 은혜의 목적은 은혜받는 자들을 재형성하고 새로운 삶을 끌어내 변화시키는 데 있다. 언제나 받을 자격이 없는 사람에게 주어지는 이 선물에 의해, 그들은 하나님의 뜻/성품과 조화를 이루는 거룩함으로 빚어져 가고, 그렇게 어울리지 않는 선물은 어울리는 결과를 창조하게 된다.[29]

하나님은 은혜 받는 자들을 죄 된 상태 그대로 내버려 두지 않는다. 하나님의 변화시키시는 능력에 의해서, 예전에 불순종하던 사람들이 "믿음의 순종"(롬 1:5)을 보여주게 되고, 사망을 향한 열매를 맺던 사람들이 하나님을 향한 열매를 맺게 된다(롬 7:4-6).

결국, 하나님의 비상응적 은혜는 상응성을 창조하게 된다. "은혜 아래"에 있는 사람들은 이처럼 거룩함으로 섬기는 데 헌신하게 되는데(롬 6:12-21), 이 순종은 단지 인간 노력의 산물이 아니라, "마음에 새겨진"(롬 2:15) 것, 성령으로 형성된 것(롬 2:29), 새롭게 창조된 자아의 산물이다.[30]

---

29 Barclay, 『바울과 은혜의 능력』, 187.
30 Ibid., 192.

이렇듯 비상응적 선물(은혜)은 상응적 결과(십자가를 본받는 삶)를 기대하게 한다. 우리 안에서 역사하시는 성령 하나님께서 가만히 계시지 않기 때문이다. 그래서 그 결과는 바로 십자가를 본받는 삶이다. 바클레이는 이렇게 말한다.

> 바울은 그리스도의 십자가에서의 죽음을 그리스도가 자신을 수여하신 사건으로 이해하고 있으며, 또한 그것을 하나님의 은혜와 동일시하고 있다.[31]

선물이라는 개념이 십자가를 의미하고, 그 선물에 대한 상응적, 순환적 반응이 믿음과 이에 따른 십자가를 본받는 삶이라고 할 수 있을 것이다.

4. 십자가를 본받는 삶을 통해 영성 바로잡기: 실천적 · 참여적 · 관계적 · 변혁적 영성

1) 삼위 하나님과 사귐에 따른 타인, 자연과 관계에 나타나는 영성

한국 교회는 "영성"이라는 단어를 많이 사용한다. 그것을 "능력"이라는 의미에 그럴듯하게 포장하는 느낌이 들기도 한다. 방언을 한다던가, 신유의 은사, 예언의 은사가 있으면 소위 "영성"이 '뛰어나다, 탁월하다'며 추켜세우기도 하고 그것을 자기 신앙의 자랑으로 삼기도 한다.

---

31 Barclay, 『바울과 선물』, 565-66.

그러나 이것으로 영성을 바르게 설명할 수가 없다. 은사는 하나님을 섬기고 교회를 세우기 위해 주신 섬김의 방편이지, 그것을 통해 자신을 섬기거나 다른 사람의 존경을 받거나 심지어 만족과 성취감을 위해 사용해서는 안 된다.[32]

이런 측면에서 "영성"의 의미를 제대로 알 필요가 있다. 십자가를 본받는 삶은 그리스도인의 영성(Spirituality)에 매우 큰 영향을 미친다. 사실 영성이라는 말을 이해하기에는 너무 폭넓고 애매한 요소들이 있다. 한마디로 정의하기가 쉽지 않다.

고먼은 십자가를 본받는 삶을 통해서 영성을 설명한다.

> 영성이라는 말은 모호해서 정확히 정의하기가 어렵다. … 그런데도 기독교 맥락에서 내놓은 영성의 표준 정의 중 하나는 "삶으로 기독교 신앙을 체험하는 것"이다. 영성 이해의 출발점으로서 영성 개념을 정의한다고 할 때, 우리는 하루하루 삶 속에서 하나님의 사랑과 은혜를 체험하는 것이라고 정의할 수 있겠다. 이 체험에는 사랑을 받는 것과 사랑으로 보답하는 것이 다 포함된다. 그리스도인들은 이 영성을 그리스도와 더불어 그리스도 안에서 사는 삶이요, 그리스도 안에서 지극히 풍성하게 계시가 된 하나님의 사랑과 은혜를 역시 그리스도 안에서 지극히 풍성하게 체험하는 것이라고 설명할 수 있겠다. 그리스도인들에게 영성은 다른 이들과 더불어 사는 그들의 일상 생활에 영향을 미치는 삼위일체 하나님과 나누는 사귐이다.[33]

---

32 Clowney, Edmund P, 『교회』. 황영철 역 (서울: IVP, 2016), 74-75.
33 Gorman, 『삶으로 담아내는 십자가』, 17.

물론, 영성이란 단어는 기독교 신앙과 관련해서도 다양한 정의에 열려 있다. 다양한 부류의 그리스도인을 포함해 많은 사람에게 "영성"이란 단어는 초월 경험을 가리킨다. 더 특정하자면 하나님 혹은 예수님에 관한 경험을 가리키는데, 이 경험은 세상 속의 삶과는 관련이 없는 경험이다.

이런 경험들은 그리스도인의 세계관에 부정적인 결과들을 만든다. 그 경험들은 자신 혹은 내부의 신/하나님 혹은 종말론적("천국의") 방향에 초점을 둔 내면의 경험으로, 사회적 병폐에는 거의 관심을 두지 않는 경험이기 때문에, 온통 천국에만 마음이 쏠려있어서, 세상적으로 아무 쓸모가 없다. 오늘날 많은 대중적인 영성 저작과 일부 기독교 음악은 그러한 분위기를 강화한다. 그 결과 영성은 종종 내세에 초점을 두며, 도피주의적이고, 심지어 자아도취적인 것이 된다.[34]

하지만, 올바른 성경적 관점(세계관)에서 메시아의 죽음, 그리스도의 십자가와 관련된 영성은 이 중 어떤 것에도 해당하지 않는다. 그 영성은 고유한 특성상 현세적이며 선교적이고 심지어 정치적인 영성,[35] 한마디로 관계적인 영성이다.

기독교 영성의 목적은 신비로운 경험들을 통해 다사다난한 세상 밖으로 옮겨가는 데 있지 않다. 현세적인 영성은 내면성의 외면화(exteriority of interiority)로 지칭할 수 있다. 세상 안에 존재하는 방식이긴 하지만, 세상의 방식은 아니어서, 진실을 증언하는(신실한), 타인을 환대하고 섬기는, 샬롬을 만들어낸 메시아의 (로마 십자가에서의) 죽음을 통해 형성되는 영성이다.[36]

34　Gorman, 『속죄와 새 언약』, 347.
35　Ibid., 347.
36　Ibid., 380.

그렇기에 단순히 내세적인 것을 넘어서 현세 속에서, 타인과 심지어 자연과의 관계 속에서도 형성된다.

2) 현세적이고 변혁적인 참여로서의 십자가를 본받는 삶의 영성

십자가를 본받는 영성을 이해하기 위해서는 십자가를 이해해야 하는데, 전제 조건이 있다.

> 십자가를 이해하려면 먼저 우리의 사고와 이해 방법을 십자가에 못 박아야 한다.[37]

십자가 앞에서 인간적인 판단과 사고와 가치 체계는 모두 판단을 중지해야 한다. 철저히 성경에서 말씀하시는 의미들을 살펴서 그리스도인으로의 삶을 조명해야 할 것이다.

십자가를 본받는 삶의 시작은 그리스도인의 사고와 이해 방법을 십자가에 못 박는 것으로 시작한다고 볼 수 있다. 십자가를 본받는 삶의 영성은 바로 여기에서 출발한다.

고먼은 "바울서신은 바로 성도들의 영성 함양을 목적으로 하고 있다"라고 말한다.[38] 바울이 쓴 서신들은 신학적 목적 이전에 목회적이나 영적 목적이 있다는 것이다. 오늘날 그리스도인의 영성 형성이 바울의 목표였다

---

37 차재승, 『십자가, 그 신비와 역설』, 28.
38 Gorman, 『삶으로 담아내는 십자가』, 19.

고 보는 것이다. 따라서, 바울은 신학자 이전에 먼저 목회 저술가 또는 영성 작가로 보는 것이 적절하다고 평가한다.

이에 따라 내러티브 영성이란 어떤 이야기를 들려주는 영성, 다시 말해 하나님과 함께하는 삶으로서 어떤 식으로든 하나님이 하시는 "이야기"에 부합하는 역동적인 삶을 의미한다고 설명한다.[39]

결국, 영성 함양은 십자가로 귀결된다.

바울은 복음과 삶에 초점을 맞추면서 십자가에 못 박히신 그리스도를 본받는 것을 그리스도인의 영성이라고 제시한다. 바울은 "모든 것을 십자가라는 중심으로 끌어들여 그리스도를 믿은 사람들의 삶의 질서를 부여"하고자 노력한다. 이것을 "십자가 영성"이라고 부를 수 있을 것이다.[40]

십자가 영성은 이전의 가치 구조와는 어울릴 수가 없으므로, 옛 문화의 규범들을 전복하고, 개인적인 주관을 새롭게 세우며, 선교에 대한 새로운 양식을 정당화해 주고, 역사를 새롭게 형성하며, 성경의 목소리를 새롭게 조율하고, 로마제국의 풍경 위에 새로운 공동체들을 창조한다.[41]

> 생명을 불러일으키는 메시아의 죽음에 참여하는 것으로 이 참여는 성령을 통해 가능케 된, 현세적인, 변혁적인 참여다. 이 참여에서 십자가는 새 언약(렘 31:31)에 속한 우리 사람의 원천일 뿐만 아니라, 그 삶의 형태이기도 하다.[42]

39　Gorman, 『삶으로 담아내는 십자가』, 18-9.
40　Ibid., 20.
41　Barclay, 『바울과 은혜의 능력』, 180.
42　Gorman, 『속죄와 새 언약』, 349.

이것이 십자가 영성이다. 그러므로 기독교 영성이라는 단어를 십자가를 본받는 삶 없이 아무 곳에나 갖다 붙이는 것을 거부한다. 왜냐하면, 기독교의 영성은 십자가를 본받는 신앙과 삶, 인격과 결부된 것이기 때문이다.

5. 왜 십자가가 기독교의 상징이 되었을까: 십자가를 본받는 삶으로의 결단

1) 역설적 의미를 가장 잘 보여주는 십자가

바울이 말씀하는 십자가 신학을 바탕으로 '기독교 영성'을 잘 이해하려면 십자가를 본받는 삶의 개념을 잘 이해해야 한다.

이 십자가 영성을 더 자세히 설명하기 위해서 시대적 배경에서 그 의미를 끌어와야 하는데, 바울의 "십자가 영성"을 생각할 때, 결국 잊지 말아야 할 것은 로마의 평화(Pax Romana) 기간에 가졌던 의미다.

설명을 덧붙이자면, 십자가형은 1세기 로마에서 가장 음흉하고 위협적인 권력 유지 수단이자 정치적 통제 도구였다. 당대의 저술가들은 이 형벌을 "가장 비참한 죽음", "노예에게 가할 수 있는 가장 혹독한 고문", "저주스러운 것" 또는 "천벌"로 묘사했다.

그러므로 제국에 살던 모든 사람은 "십자가의 공포"를 알고 있었다. 십자가형을 당하는 것은 인간이 맞을 수 있는 가장 극악한 치욕스러운 죽음을 당하는 것이었고, 더욱이 유대인이 볼 때 십자가에 달린 사람은 하나님께로부터 저주 받은 사람이었다(신 21:23).

그런데 사도 바울은 이렇게 주장한다.

> 우리는 십자가에 못 박힌 그리스도를 전한다. 유대인에게는 거리끼는 것이요 이방인에게는 미련한 것이다(고전 1:23).

기독교는 이 치욕스럽고, 저주스러우며 로마의 권력 유지 수단이자 정치적 통제 도구였던 십자가를 기독교의 상징으로 삼는다.

초기 기독교에는 다른 여러 상징이 있었다. 카타콤의 벽과 천장에 나타난 바에 따르면, 최초의 그리스도인의 주된 표시들은 공작(불멸을 상징), 비둘기, 운동선수의 승리 월계관 같은 것들이 있었고,

특히, 한 마리의 생선 그림이 있었다. ichthys(생선)라는 단어가 "Iesus Christos Theou Huios Soter"(예수 그리스도, 하나님의 아들, 구세주)의 머리글자를 따서 만든 단어라는 것은 그 비밀을 전수 받은 사람 외에는 다른 누구도 눈치챌 수 없었다.

하지만, 이것은 기독교의 표시로 계속되지 못했는데, 예수와 생선 사이의 연상은 순전히 머리글자로만 이루어진 연상일 뿐이며, 어떤 가시적인 의미도 존재하지 않았기 때문으로 보인다.[43]

---

43 Stott, 『그리스도의 십자가』, 24.

2) 결연한 의지적 결단의 상징

　기독교가 다른 여러 상징을 두고, 십자가를 상징으로 삼은 것은 아주 중요한 의미를 가진다.[44] 그것은 애초부터 제국에 반대하는 자세이자, 당대의 정치·사회·종교 현실이 우선시하던 것들과 소중히 여긴 가치들에 수치를 모르고 도전하는 것이었기 때문이다.[45]

　십자가를 상징으로 삼았다는 것은 죽음의 무릅쓰고서라도 불의에 저항하고, 당시 로마로 대표되던 세상의 가치를 따르지 아니하며, 예수님의 가르침을 따르겠다는 결연한 의지가 담겼다고 할 수 있다.

　십자가가 기독교의 상징이 되었다는 것은, "자기를 부인하고 자기 십자가를 지고"[46] 예수님을 좇겠다는 결연한 의지적 결단의 상징이기도 하다.

　결국, '자기를 부인하고 십자가를 지는 것'은 제자도와 어떤 관련이 있다고 볼 수 있다. 십자가를 진다는 것은 예수님을 위해 어떤 희생도, 심지어 목숨을 잃는 일마저도 기꺼이 감수하겠다는 뜻이다. 자기 부인은 내적인 태도이고, 이 태도가 외적으로 드러나는 것이 십자가를 지는 행위다. 둘 다 제자들의 분명한 행동, 특별한 행위를 채택하고자 하는 결단을 내포한다.[47]

44　십자가가 기독교의 상징이 되는 과정은 John Stott가 상세히 설명하고 있다. Stott, 『그리스도의 십자가』, 26-30.
45　Gorman, 『삶으로 담아내는 십자가』, 20-21.
46　마 16:24; 막 8:34; 눅 9:23, 공관복음은 이 본문 이외에도 십자가를 지고 따를 것을 여러 번 기술하고 있다. 그만큼 중요한 의미다.
47　Best, *Following Jesus*, 39.

그러므로 십자가를 기독교의 상징으로 삼았다는 것은, 십자가가 예수님의 제자가 되어 기독교의 도를 따른다는 것을 보여준다는 의미다. 제자도는 하나님에 대한 반역으로부터 돌이키는 행위, 곧 자기 부인에서 시작해서 하나님의 뜻과 방식을 받아들이는 데로 나아가는, 십자가를 지는 삶이다.

십자가를 지는 것은 부정적 행위와 긍정적 행위를 포함한다. 자기 부인은 뭔가를 거부하는 부정적인 행위다. 죄된 본성의 자기를 부인하고, 죄악된 세상의 것들을 추구하는 자기를 부인하고, 다른 사람들을 사랑하기보다 이용하고 욕심부리고 싶은 욕구를 부인하는 것이다. 사탄의 가장 큰 증거는 우리 자신의 욕구가 하나님의 명령에 반대하는 것이다. 그때 하나님은 우리 자신들을 부인해야 한다고 요구하신다.[48] 이것은 제자도에 없어서는 안 될 최초의 행위다.

반면, 십자가를 지는 것은 긍정적 행위다. 무언가를 받아들이겠다는 것이다. 예수 그리스도를 '나의 주 나의 하나님'으로 받아들이고, 그의 가르침을 받아들여 그대로 살겠다는 의지적 결단이다.[49]

그러므로 십자가를 본받는 삶은 십자가를 상징으로 결정한 의미를 따라 끊임없이 자기를 부인하고, 자기 십자가를 짐으로써 예수님을 본받아 불의에 저항하고 세상적 가치를 따르지 아니하며 그분의 가르침을 따르겠다는 결연한 의지다.

---

48 Thomas White, Jason G. Duesing, Malcolm B. Yarnell III, 『21세기 교회의 순전함 회복』, 조동선 역 (서울: 누가, 2016), 72.
49 Richard Peace, 『신약이 말하는 회심』, 김태곤 역 (서울: 좋은씨앗, 2021), 353.

3) 십자가 상징의 타락을 경계하라

신자의 십자가를 본받는 삶의 결여는 결국 십자가 상징의 타락으로 이어질 수 있다. 서론에서 거론된 여러 가지 문제점뿐 아니라 실제로 십자가가 굉장히 반(反) 십자가적인 권력의 상징이 되어 버린 아이러니하고 우상숭배적인 일이 벌어지곤 했다.

이를테면, 중세 십자가 운동이나 KKK의 '십자가 불 밝히기'(cross-lightings) 그리고 십자가와 성조기가 결합하여 하나의 신성 모독적인 아이콘으로 등장하는 현대의 대중적인 전쟁 선동 등이 있다.[50]

한국에서도 성조기와 태극기, 십자가 깃발이 동시에 나부끼는, 정치와 권력의 선동에 이용되는 모습을 종종 보게 된다.

이런 모습도 과연 십자가의 의미가 바르게 사용되고 있는가를 철저히 점검해 볼 수 있을 것이다. 십자가를 본받는 삶이 바로 십자가의 상징적 의미의 잣대가 될 수 있다.

6. 십자가를 본받는 삶의 동기이자 열매: 믿음, 사랑, 능력, 소망

십자가를 본받는 삶에 대해 구체적으로 설명하고 적용하기 위해서 기독교 핵심 가치인 믿음, 소망, 사랑을 가져와야 한다. 믿음, 소망, 사랑은 그리스도인이 가져야할 신념과 행동 양식을 담은 말이다.

---

50 Gorman, 『속죄와 새 언약』, 356.

믿음, 소망, 사랑은 십자가를 통해 설명될 수 있다.

첫째, 십자가에 못 박혀 죽으신 예수 그리스도를 영접하여 그 안에서 살아가는 믿음의 삶이 시작된다.
둘째, 십자가에 독생하신 아들을 내어주신 하나님의 사랑과 순종함으로 십자가를 지신 예수 그리스도의 사랑을 깨닫고, 십자가를 본받는 삶에 순종하여 사랑의 삶을 살아가게 된다.
셋째, 그 믿음과 사랑에 의해 십자가를 본받는 삶에 따른 고난의 불가피성이 존재하지만, 미래에 얻을 영광의 확실성을 믿기에 소망하는 삶을 살게 된다.

십자가는 그리스도인의 믿음과 사랑과 소망을 근원적으로 설명해 준다. 주님과 동행하며 주님께서 공급해 주시는 힘과 능력으로 믿음, 사랑, 소망의 삶을 살아가게 된다. 이는 십자가를 본받는 삶을 살아갈 때 나타나는 동기이고 열매다. 고먼은 믿음, 사랑, 소망에다 그 실행의 요소인 능력을 추가하는 이유를 다음과 같이 설명한다.

> 바울에 친숙한 독자들은 그가 말했던 저 유명한 믿음, 소망, 사랑이라는 세 요소에 네 번째 요소인 능력이 덧붙여져 있다는 것을 금세 눈치챌 것이다. … 우리는 본문이 우리에게 무엇을 믿고(믿음), 무엇을 행하며(사랑), 무엇을 고대(소망)하는지 묻는다.
> 물론, 이런 우연의 일치는 대부분 바울이 말하는 세 요소인 믿음, 소망, 사랑이 기독교 신학 전통과 해석 전통에 끼친 영향에서 비롯된 것이다. 믿음, 사

랑, 소망에 능력을 추가하는 것이 적절한 것은 다음 몇 가지 이유 때문이다.

첫째, 능력은 초기 그리스도인들의 체험뿐만 아니라, 특히 바울의 십자가 영성에서 중심을 이루고 있다.

둘째, 사람들은 종종 힘의 행사를 사랑과 대비되는 것으로 생각하기 때문에 바울의 글에 나타난 능력과 사랑의 관계를 살펴볼 필요가 있다(사랑을 다룬 장들 뒤에 곧바로 능력을 다룬 장을 둔 것도 그 때문이다).

셋째, 우리는 힘을 인간의 가장 중요한 체험으로 여겼던 니체(Nietzsche) 이후 시대를 사는 동시에, 모든 인간 관계가 번번이 힘의 관계로 규정되는 시대에 살고 있으므로, 이 능력(힘)이라는 주제를 결코 피할 수가 없다.

믿음, 사랑, 소망에 더하여, 어떤 본문이 능력에 관하여 무어라고 말하는지 본문에 물어보는 것은 바울의 정황에서나 우리 시대의 정황에서나 모두 타당한 일이라고 생각한다. 그러므로 십자가를 본받는 삶은 믿음, 소망, 사랑, 능력의 삶이기도 하다.[51]

기독교의 핵심 가치인 믿음, 사랑, 능력, 소망은 그리스도인의 실제 신앙고백과 삶에 지대한 영향을 끼친다. 이런 기독교의 핵심 가치는 십자가로부터 출발하고 십자가 영성의 주축이 되기 때문에 이것은 십자가를 본받는 삶과 관련이 되어 있다. 이에 관하여는 4장에서 다루도록 하겠다.

51　Gorman, 『삶으로 담아내는 십자가』, 23.

제3장

십자가를 본받는 삶과
우리의 삼위일체 신앙

성부, 성자, 성령 삼위 하나님은 언제나 변함없으신, 동일한 분이시다.

하나님에게는 모든 것이 영원한 현재 속에서 순간적으로 일어난다. 하나님에게 시간은 언제나 현재적이며, 공간의 한계도 사라진다.

그러나 우리에게는 시간과 공간이 있고, 모든 것은 시간의 연속선상에서 그리고 특수한 공간 속에서 일어난다. 우리가 가진 시간, 곧 과거-현재-미래의 시간적 연속은 하나님이 지으신 세계의 질서다. 하나님 자신은 이 질서를 넘어서지만, 반대로 우리 인간은 시간과 함께 창조되었고 시간의 질서에 매여 있다.[1]

그러므로 하나님은 언제나 동일하시지만, 우리는 그 시간과 공간의 역사 속에서 삼위 하나님의 역사 하심을 다르게 나타내는 것을 볼 수 있다.

필자와 함께 성경 공부를 하던 한 분이 이런 질문을 하신 적이 있다.

---

1 김균진, 『죽음과 부활의 신학』 (서울: 새물결플러스, 2015), 390.

구약의 하나님과 신약의 하나님은 동일하신 분이 아닌가요?

변함없으신 동일한 하나님이신데, 왜 구약과 신약으로 분리해서 가르치려고 하나요?

왜 구약과 신약의 하나님께서 다른 모습처럼 보이는 건가요?

구약과 신약의 하나님은 변함없고 동일하신 하나님이시다. 그런데 하나님은 역사의 과정에서 자신을 점진적으로 드러내셨다. 그 점진적 과정의 정점에 십자가가 있다.

그리스도인들은 삼위 하나님을 십자가를 통해 더 분명히 이해할 수 있다. 하나님의 공의와 사랑이 공존하는 곳이 바로 십자가이기 때문이다. 성부는 보내시고, 성자는 오시며, 성령은 변호하신다(딤전 3:16). 성부는 계획하시고, 성자는 희생하시고 다시 살아나시며, 성령은 적용하신다(예를 들어, 벧전 1:1-2).[2]

성부 하나님과 성자 예수님 그리고 성령 하나님을 십자가를 본받는 삶이라는 개념을 살펴볼 때, 비로소 점진적 계시의 과정을 거쳐 십자가를 통해 구원을 계획하신 하나님을 깨닫게 되며, 십자가에서 구원을 성취하신 예수님의 사역을 이해하고, 십자가의 삶을 통해 구원을 적용하신 성령님의 오심을 더욱 선명하게 분별하게 된다.

그러므로 성부, 성자, 성령 삼위 하나님은 십자가를 통해 더욱 선명해지신다.

---

[2] Sinclair B. Ferguson, 『성령』, 김재성 역 (서울: IVP, 2017), 24.

만일 하나님에 대한 명확한 이해가 따르지 않으면, 하나님은 그야말로 사유화된 하나님이 되고 말 것이다. 사사기에 나타난 미가의 집에 고용된 제사장의 하나님처럼, 자기의 필요와 입맛에 따라 용서하고 위로하고 복을 주며 능력을 베푸는 하나님으로 전락시키게 된다.

오늘날 한국 교회의 모습에 나타난 하나님은 『알라딘의 요술 램프』에 나오는 '지니'처럼 이용되고 있지는 않은지 돌아보게 된다. 자기가 필요할 때만 하나님을 부르고, 필요 없을 때는 하나님은 마치 램프의 요정 지니처럼 가만히 계셔야 한다. 이런 하나님 이용은 당연히 한국 교회의 무속성을 드러내며, 신뢰 상실의 원인이 된다.

이제 하나님을 명확히 알아야겠다. 하나님을 알기 위해 십자가로 나아간다.

1. 십자가를 통해 경험되는 성부 하나님

1) 십자가를 통해 밝혀지는 하나님의 본성: 공의와 사랑

그리스도인은 하나님을 분명히 알아가야 한다. 자연 만물과 역사를 통해서도 하나님을 알 수 있지만(롬 1:21-23), 그분의 계시인 성경이 특히 절대적으로 중요하다(딤후 3:16-17). 그리고 성경에 나타난 역사적이고 핵심적인 사건인 십자가는 매우 중요한 역할을 한다. 왜냐하면, 십자가에서 하나님의 본성이 명확하게 밝혀지기 때문이다.

기독교 역사에서 가장 중요한 사건은 부활 사건인데, 부활은 역사적으로 십자가에 못 박힌 아들을 향한 하나님의 강력하고도 역사를 초월한 긍정이라고 할 수 있다. 그러므로 인류에게 예수의 십자가형이 부활과 맞물려 지금껏 발생한 가장 중요한 역사적 사건이라고 주장할 수 있다.[3]

왜냐하면, 하나님께서 공의로 죄를 심판하고, 사랑으로 인류를 구원하시기 위해 개입하신 특별하고도 역사적인 사건이기 때문에 그렇다.

구약성경을 통해 하나님을 이미 알고 있던 사도 바울은 부활하신 예수님을 만난다. 그는 이미 하나님을 알고 있었지만, 예수님을 만난 후, 하나님을 새롭게 체험하게 된다. 예수님의 십자가를 통해서 하나님을 새롭게 알게 된 것이다.

하나님이 세상을 창조하시고 세상에 찾아오셨고 성경이라는 계시로 자신의 존재와 그 내용을 드러내셨다. 계시에는 신의 존재도 있고 존재의 내용도 풍성하게 담겨 있다.[4]

그러나 성경과 대자연을 통해 하나님이 자신을 드러내고 나타내시는 그 어떤 계시의 내용과 방식보다 우리의 지성과 영혼을 가장 크게 강타하는 것은 바로 예수, 십자가에 달려 돌아가신 그분이시다. 예수님이야말로 우리가 믿는 하나님을 가장 선명하게 드러내신다.[5]

누가 예수님을 십자가 죽음에 넘겨주었는가?

인간적으로 보면 예수님은 유대인들로부터는 신성 모독자로 버림을 당하고, 로마인들에 의해 반란자로 처형 당했을 뿐이다.

---

3 Rutledge, 『예수와 십자가 처형』, 101.
4 차재승, 『십자가, 그 신비와 역설』, 38.
5 Ibid., 38.

그러나 실제로 그는 자기 아버지에 의하여 정죄 당하고 버림 받았다.[6] 가룟 유다는 돈을 위해 그를 넘겨준 것이 아니다. 빌라도가 두려움 때문에 그를 넘겨준 것도 아니다. 유대인들이 시기 때문에 넘겨준 것도 아니다. 바로 공의와 사랑을 인하여 성부 하나님께서 넘겨주신 것이다.[7]

메시아이신 예수님을 만나기 전후를 불문하고, 바울은 언제나 자신을 하나님을 아는 지식에 이르는 방편을 찾고 그 지식에 합당한 순종하는 삶을 살고자 열심을 내는 사람으로 규정한다. 그런데 예수님을 만난 뒤로 바울은 그분을 계속 경험하면서 이전과는 완전히 다른 이해를 갖게 되었다. 십자가를 통해 하나님을 이해하게 된 것이다. 하나님은 예수 그리스도를 자신의 아들로 계시한 하나님이시다.

이전의 자명했던 기준들이 정지되고 상대화되고 재조정되었기에, 바울은 "하나님께 대하여 산다는 것"의 의미를 새롭게 배워야 했다(갈 2:19). 은혜에 의해 새롭게 형성된 삶에서 이제 모든 것은 우월한 한 기준에 종속되어야 하는데, 이는 십자가로 말미암은 "복음의 진리"였다(갈 2:5, 14).[8]

하나님과 십자가는 떼려야 뗄 수 없이 서로 연결되어 있다.[9]

존 스토트는 십자가는 하나님의 구원뿐만 아니라 계시의 사건이라고 말한다.

---

6 Jürgen. Moltmann, *The Crucified God: The Cross of Christ as the Foundation and Criticism of Christian thelolgy*. Trans. R, A. Wilson and John Bowden(New York: Harper & Row, 1974), 149-52.
7 Stott, 『그리스도의 십자가』, 76.
8 Barclay, 『바울과 은혜의 능력』, 119.
9 Gorman, 『삶으로 담아내는 십자가』, 27-8.

그리스도의 십자가 성취는 구원뿐만 아니라 계시로도 이해되어야 한다. 십자가는 "구원의" 사건일 뿐만 아니라, "계시의" 사건이기도 하다는 것이다. 왜냐하면, 세상을 위하여 십자가에서 하신 일을 통하여 하나님께서는 또한 세상을 향하여 말씀하고 계시기 때문이다. 인간이 그의 행동 속에서 자기의 성품을 드러내듯이, 하나님께서도 그의 아들의 죽음 속에서 우리에게 자신을 보여주시는 것이다.[10]

하나님은 나사렛 예수의 십자가형과 부활에서 가장 완전하게 그리고 결정적으로 계시된 하나님이십니다.[11] 구약에서부터 예언되고 점진적인 계시를 따라 십자가를 통해 극적으로 자기를 나타내신 하나님이시다.

사도 바울은 예수님을 만난 후에도 신흥 종교 운동에 가입하거나 신관을 바꾸지 않았다. 회심으로 '전혀 새로운 신학을 만들지'도 않았다. 다만, 바울의 신학에 새로운 요소가 한 가지 추가되었을 뿐이다.[12]

하나님은 자기 백성을 사랑하셔서 독생하신 아들을 십자가에 내어주신 분이시다. 십자가에 달리신 그리스도 때문에 구원을 받는데, 이 구원은 은혜로 믿는 자들에게 선사된다. 이 모든 것은 하나님께서 베푸신 은혜의 역사다. 그러므로 하나님은 십자가를 통해서 자신을 계시하신다. 십자가를 통해 하나님의 본성이 선명하게 밝혀진다.

하나님은 사랑이시다!

---

10 Stott, 『그리스도의 십자가』, 255.
11 Rutledge, 『예수와 십자가 처형』, 52.
12 Peace, 『신약이 말하는 회심』, 126.

2) 감히 하나님을 아버지라고 부를 수 있는 이유: 십자가

그리스도인은 하나님을 아버지라고 부른다.

감히 절대적 지존이신 하나님을 아버지라고 부르는 것이 가당키나 한가?

구약 시대에는 하나님의 이름(여호와)조차 두려워서 함부로 부르지 못했다. 성경 필사가들은 그 이름이 나올 때마다 자신을 정결하게 한 후에 정성스럽게 단어를 써야만 했다.

그런데 이제 너무나 친근하게 하나님을 아버지라고 부른다. 하나님을 아버지라고 부를 수 있는 것은 십자가 때문이다. 십자가를 통해 하나님은 우리의 아버지가 되신다. 예수님은 하나님을 아버지(아람어로 "아빠")라고 부르셨고, 이에 초기 그리스도인들은 예수님을 따라 하나님을 아버지라고 불렀다.[13]

또한, 바울도 예수님을 만나고 난 이후 하나님을 아버지라고 부른다. 이것은 하나님이 주도하심으로 하나님과 특별한 관계를 맺음으로 얻게 되었는데, 바울은 이것은 "입양"이라고 표현한다(갈 4:6; 롬 8:15).

예수님은 자신을 보면 아버지를 알 수 있다고 말씀하셨다(요 14:9). 그리고 십자가에 달려 돌아가신 바로 그 예수님을 볼 때, 예수님이 누구신지를 알 수 있다고 말씀하셨다(요 8:28). 다른 어떤 내용이나 계시보다 더욱 선명하게 하나님이 누구신지를 알려주는 것은 예수님의 십자가라고 친히 말

---

[13] Gorman, 『삶으로 담아내는 십자가』, 31.

씀하신 것이다.¹⁴

　하나님을 우리 아버지라고 부르는 데는 특별한 의미가 있다. 그것은 바로 사랑인데, 사랑은 바로 예수 그리스도의 십자가에서 가장 분명하게 나타났다. 바울이 볼 때, 하나님이 우리 아버지라고 말하는 것은 무엇보다도 하나님이 우리를 위하신다고 말하는 것이다.

　우리 주 예수 그리스도의 아버지시며 우리 성도들의 아버지이신 하나님은, 바울이 볼 때, 특히 그리스도 안에서 "우리를 위해" 사랑을 베푸시는 분이시다(롬 8:31-32). 우리를 위하시는 하나님은 특별히 사랑의 하나님이다(롬 8:37; 요일 4:8, 16).

　사랑은 하나님의 존재이기 전에 하나님의 존재 방식이다.¹⁵

　기독교에서 바울의 하나님 체험이 지니는 독특한 측면은 그가 하나님을 아들이신 예수의 아버지, 그 아들을 세상에 보내 인간이 이룰 수 없는 일을 이루게 하신 아버지로 알게 됨으로써, 바울 자신과 다른 사람들도 이제는 하나님을 그들의 아버지로 알 수 있게 되었다는 점이다.¹⁶

　예수 그리스도의 십자가를 통해 하나님에 관한 이해에 대전환이 일어난 것이다. 십자가는 다음의 내용을 확증한다.

> 하나님이 그 아들을 부활시키시고 높이 올리신 아버지이심을 알게 되면서, 하나님을 심지어 죽음에서도 생명을 다시 창조하실 수 있는 전능하신 창조주로 알았던 바울의 하나님 이해가 옳았다.

14　차재승, 『십자가, 그 신비와 역설』, 39.
15　Gorman, 『삶으로 담아내는 십자가』, 33-4.
16　Ibid., 37.

그런데 하나님을 십자가에 못 박힌 그리스도의 아버지로 알게 되면서, 바울의 하나님 체험과 이해는 또 다른 차원으로 접어든다. 바울이 볼 때, "그리스도, 곧 십자가에 못 박히신 그리스도"는 하나님의 사랑과 지혜와 능력의 계시다(고전 2:2).

바울은 이전에 하나님을 알고 있었다. 다만 이스라엘이 알고 있는 것과 똑같이 하나님을 알고 있었다. 그러나 이제 바울이 아는 하나님과 이스라엘이 아는 하나님의 차이는 아주 크다. 그 가운데 예수 그리스도가 계시기 때문이다. 바울은 십자가를 통해 하나님을 들여다본다. 그러므로 십자가는 하나님을 더욱 알 수 있는 은혜의 방편이다.[17]

십자가는 하나님을 아버지로 알 수 있는 사랑의 방편이다. 하나님은 그리스도의 십자가를 통해 우리에게 친근하게 다가오셨다.

예수님은 우리에게 기도를 가르치시면서, 하나님을 아버지라고 부르도록 명령하셨다.

> 하늘에 계신 우리 아버지여(마 6:9).

이 구절은 하나님께서 하늘에 계셔 초월성을 가지지만, 동시에 친히 아버지가 되셔서 우리에게 다가오신 친밀함을 설명한다.

---

17 Ibid., 39.

3) 십자가를 통해 본 하나님: 세상의 가치를 뒤집으시는 하나님

하나님은 독생하신 아들 예수 그리스도를 이 땅 가운데 보내시고, 십자가에 내어주신다. 그것은 그의 공의와 사랑의 성품 때문이다. 그래서 십자가를 통해 하나님을, 하나님의 성품인 공의와 사랑을 재평가한다.

십자가를 통해 볼 때 하나님은 인간의 상식과 지혜를 뛰어넘는 새로운 차원을 발견하게 하신다. "현상을 거꾸로 뒤집어 버리는 위대한 분"이시라는 것이다.

하나님이 인간이 되셔서 오셨다. 하나님이 거꾸로 뒤집어 지셨다. 하나님만 "거꾸로 뒤집어진"게 아니라, 인간의 모든 가치와 비전도 뒤집어졌다.[18]

하나님은 자신을 어떻게 이렇게 알리시는가?

자신의 독생자를 십자가에 못 박혀 죽게 하심으로 알리신다.

왜 하필 죽음으로 자신을 알리시는가?

어떻게 자기 아들까지 아끼지 않으심으로 자신을 알리실 수 있는가?

어떻게 버림 받은 자가 버린 자를 알릴 수 있는가?[19]

인간은 이런 질문을 이해하기 힘들다. 하지만, 십자가의 이야기는 세상의 어두움을 비추고, 세상의 논리를 강타하고, 세상의 지혜를 미련하다 하

---

18 Gorman, 『삶으로 담아내는 십자가』, 39.
19 차재승, 『십자가, 그 신비와 역설』, 39.

고 마침내 세상을 구해내도록 하는 하나님의 지혜, 곧 은혜가 된 것이다.[20]

그래서 십자가를 통해 새롭게 하나님을 알게 된 바울은 십자가에 못 박히신 예수님이 이제 주님이 되셨다고 역설한다.

> 하나님은 십자가로 나타나셨고, 그 아들 예수 그리스도와 닮으셨다. 하나님은 한없이 연약하신 분이시다. 당신의 자녀들을 사랑하셔서 모든 것을 내어주시는 분이시다.[21]

십자가를 통해 나타난 하나님은 우리가 알고 있는 현상, 인간이 가진 상식, 지혜를 모두 뒤집어 버리신 분이시다. 그리스도의 십자가 사건은 기존 가치에 대한 전복, 뒤집음이다.

바울은 갈라디아서 마지막 부분에 이르러 이렇게 고백한다.

> 그러나 내게는 우리 주 예수 그리스도의 십자가 외에 결코 자랑할 것이 없으니 그리스도로 말미암아 세상이 나를 대하여 십자가에 못 박히고 내가 또한 세상에 대하여 그러하니라(갈 6:14).

그리스도의 십자가는 표현적 가치 체계의 전복이다.

여기서 바울은 "세상"을 구성하는 의미 체계를 산산조각 내는 그리스도의 십자가 사건이 담긴 거대한 캔버스 위에 갈라디아에서 발생한 특수한

---

20 Ibid., 39.
21 Gorman, 『삶으로 담아내는 십자가』, 40-41.

위기, 곧 그들의 신앙, 그들의 문화, 그들의 가치를 올려놓고 있음이 명백해진다.

논점은 단지 이런저런 유대교 관습의 채택 여부가 아니라, 다른 모든 가치의 속성에 의문을 제기하는 비상응적 논리에 의해 모든 삶의 토대를 재정립하고 방향을 재설정하는 그리스도의 선물, 곧 십자가의 능력에 있다.[22]

하나님은 예수 그리스도의 십자가를 통해서 당시 세계를 뒤집으셨고, 오늘날의 세계도 십자가를 통해 뒤집으라고 말씀하신다.

그럼에도 여전히 세상이 아니, 교회 안에서조차 뒤집히지 않는 이유는 십자가가 없으므로, 십자가를 주신 하나님을 믿는 믿음이 없기 때문은 아닐까?

십자가를 본받는 삶은 뒤집으시는 사랑의 하나님을 믿음으로 말미암아 세상을 뒤집는 사랑의 방법일 것이다.

4) 십자가의 하나님을 알기 위해서: 오직 성경으로

우리에게 있는 하나님에 대한 감각은 오직 성경을 통해서만 초점을 맞출 수 있다.[23]

인간의 상식, 지식, 지혜로서는 결코 하나님을 알 수 없다. 권선징악, 인과응보 등 인류의 보편타당한 사상과 철학에 사로잡힌 사람들은 하나님의

---

22 Barclay, 『바울과 은혜의 능력』, 175.
23 James I. Packer, 『성령을 아는 지식』, 홍종락 역 (서울: 홍성사, 2014), 22.

사랑과 이에 따른 뒤집히는 가치 체계를 도무지 이해할 수 없다.

하나님을 제대로 알기 위해 인간적 사고와 가치 체계는 내려놓고 철저히 하나님의 계시인 성경으로 돌아가야 한다. 십자가의 해석은 인간이 아니라, 성경으로부터 출발해야 한다. 성경이 아니고는 십자가로 찾아오신 하나님을 발견할 수 없기 때문이다. 성경이 아니고는 성경이 우리에게 알려주는 그 내용을 우리 지혜로 다 감당할 수 없기 때문이며, 십자가로 찾아오시는 하나님을 우리가 다 해석할 수 없기 때문이다. 성경이 아니고는 십자가를 이해하고 해석하고 설명하고 선포할 수 있는 그 어떤 철학이나 과학이나 문학이나 언어나 문화적인 틀이 존재하지 않기 때문이다. 성경만이 십자가의 내용을 우리에게 알리고 그 내용을 설명하고 있기 때문이다.[24]

성경은 독생하신 아들을 십자가에 못 박히도록 허락하신 하나님을 가르쳐 준다. 창세기의 인간 타락으로 말미암아 뒤집힌 세상을 다시 뒤집기 위한 하나님의 계획이 선포된다. 원시 복음(창 3:15)에서부터 시작하여 새 언약의 복음(렘 31:31), 구약성경 곳곳에서 메시아의 동정녀 탄생과 나실 장소, 고난받으심과 부활, 영광을 받으실 것을 예언하고 있다.

그리고 그 예언의 중심은 언제나 십자가를 통해 세상을 뒤집으시는 하나님의 계획하심이다.

하나님은 십자가를 통해 자기를 계시하신다. 그리고 성경은 전체를 통해 하나님을 보여준다.

---

24 차재승, 『십자가, 그 신비와 역설』, 44.

2. 십자가를 통해 경험되는 성자 예수님

1) 십자가로 나타난 예수님의 신성과 인성

십자가에 못 박혀 죽으신 예수님은 참 하나님이시고 참 인간이시다.

예수님의 신성과 인성을 보여주는 가장 중요한 곳이 십자가다.

존 스토트는 '하나님의 자기희생'이라는 표현을 통해 예수 그리스도의 신성과 인성을 논한다.

하나님의 거룩한 사랑이 어떻게 인간의 거룩하지 못한 매정함과 절충을 이룰 수 있는가?

이는 하나님 자신의 존재 안에서 일어나는 문제인데, 하나님은 결코 자기 자신과 모순되지 않으시므로 그의 성품의 완전성과 철저히 일관되게 행하심으로써 자기 자신을 "만족시켜야" 한다.[25]

이에 대한 비밀이 바로 예수 그리스도와 그분의 십자가다. 하나님의 공의와 사랑을 동시에 만족시키는 신비, 곧 예수 그리스도의 신성과 인성이며, 그것을 보여주는 것이 십자가다.

참 하나님이신 예수님!

참 인간이신 예수님!

이 명제를 놓고 학자들은 어느 것에 더 강조점을 둘 것인가를 연구한다. 연구의 결과는 아래로부터의 기독론과 위로부터의 기독론으로 나뉜다.

---

25 Stott, 『그리스도의 십자가』, 168.

아래로부터의 기독론은 '인간 예수'를 더 강조한다. 이는 '낮은 기독론', '역사적 예수 연구' 등과 그 방향을 같이한다고 볼 수 있다.

반대로, 하나님이 인간이 되셨다는 성육신과 예수님의 신성을 더 강조하는 '위로부터의 기독론', '높은 기독론', '칼케돈 기독론'이 있다. 예수님의 인성과 신성이 동일하게 강조되어야 한다는 면에서 혹자는 아래로부터의 기독론과 위로부터의 기독론이 조화되어야 한다는 주장을 펼치기도 한다.[26]

십자가를 본받는 삶은 인간으로 오신 예수님을 확실히 믿지만, 하나님이신 예수님께서 왜 오셔야 했고, 세상 속에서 어떻게 사시고, 무엇을 가르치셨으며, 왜 죽으셨는가를 연구하고 적용한다는 의미에서 위로부터의 기독론에 가깝다. 더구나 차재승의 지적과 같이 아래로부터의 기독론은 역사에 갇혀 신학의 진정한 의미들을 상실하고 있다고 할 수 있다.[27] 너무 역사성을 강조하다가 초월성을 간과하고 있기 때문이라고 할 수 있다.

리처드 피스는 인자로 오셔서 십자가에 못 박혀 죽으시는 메시아 예수님을 당시의 랍비들은 상상할 수 없는 것이라고 설명한다. 사실 구약적 배경에서 메시아는 패배하기 위해서가 아니라 승리하기 위해서 오심이 분명하다. 메시아가 죽거나 죽을 수 있다고 생각하는 사람은 아무도 없었다. 랍비 문헌에 죽임 당하는 메시아에 관한 언급들이 나오지만, 이들은 주후

---

26 차재승, 『십자가, 그 신비와 역설』, 47.
27 아래로부터의 기독론은 예수님의 역사성을 가장 중요한 전제로 삼고 출발한다는 점에서 많은 문제를 야기 시킨다. 과거의 역사를 엄밀하고 완전하며 객관적으로 재구성할 수 없다. 그리고 무엇보다도 신학은 역사성만이 아니라 계시, 선포, 관계, 고백, 진리, 의미와 가치, 사유 등을 포괄적으로 다루는 종합 학문이고, 종교는 역사 속에서 역사를 넘어선다. 차재승, 『십자가, 그 신비와 역설』, 51.

135년 이후의 기록이다.[28]

그러므로 당시 예수가 메시아로 오셨다고 한다면 십자가에 못 박혀 죽은 예수의 인성을 인정할 수 없었을 것이다. 역으로 말하면, 예수가 십자가에 못 박혀 죽었다면 그는 메시아가 아닌 한 인간이라고 생각하는 것이다. 그런 사고 체계에서는 예수님의 인성과 신성이 논란이 될 수밖에 없다. 그러나 이것은 십자가를 한 인간을 사형시키는 하나의 방편으로만 이해하기 때문이다.

성경이 말씀하시는 대로 하나님께서 자기 백성을 구원하기 위해 계획하신 십자가를 통해 보면 예수님의 인성을 이해할 수 있다. 바꿔 말하면, 메시아의 역할을 십자가 죽음과 부활이라는 측면에서 규정함으로써 새로운 신학 기반이 조성된 것이다.[29]

기독론을 비롯하여 신론, 성령론 등 모든 신학은 십자가를 통하지 않고서는 바르게 이해할 수 없다.

예수님의 십자가 죽음은 그분 속에 인간으로서의 연약함이 내재하였음을 시사할 뿐 아니라, 하나님의 구원 계획과 예수님이 하나님이시라는 증거로 부활과 연결된다.

따라서, 예수님을 이해하기 위해서는 그가 이 땅에 오셔서 지고 가시고 친히 못 박히신 십자가를 이해하는 것이 필수적이다. 십자가에 못 박혀 죽으셨다고 부활하신 예수님을 통해 완전한 인간이신 예수님과 완전한 하나님이신 예수님을 만난다.

---

28 Richard Peace, 『신약이 말하는 회심』, 김태곤 역 (서울: 좋은씨앗, 2021), 266.
29 Ibid., 266.

2) 십자가에 못 박혀 죽으신 인간이신 예수님

먼저 완전한 인간이신 예수님을 살펴본다.

예수님은 인성을 가지신 완전한 인간이시다. 그가 죽었다는 사실은 그가 인간이었음을 말해준다. 하나님은 죽으실 수 없는 존재다. 그러므로 그리스도인은 인간으로서의 예수님의 삶을 통해 진정한 신앙의 삶을 그려볼 수 있을 것이다.

그렇다고 예수님을 막연히 우리와 같은 인간으로 보는 것은 위험하다. 왜냐하면, 그분은 인간으로 오셨지만, 동정녀 마리아에게 나시고, 죄가 없으시기 때문에 그렇다.

이런 점을 간과한 채, 막연히 예수님의 삶을 본받아야 한다는 설교가 많이 이루어진다. 차재승은 예수님의 삶이 인간에게 가장 훌륭한 본보기를 보여준다는 주장에는 세 가지 난점이 있다고 주장한다.

> **첫째**, 예수님의 삶이 우리의 삶 가운데 가장 훌륭한 본보기라는 사고는 예수님의 인성과 우리의 인성이 질적으로 유사하다는 면을 부각시킨다. 이는 예수님의 인성이 가지고 있는 생명 그 자체, 우리의 인성과는 다른 고유함을 놓쳐 버릴 수 있다.
>
> **둘째**, 인성을 강조하면서, 인간에게 가장 훌륭한 모범은 바로 인간이어야 한다는 논리를 내세우는 경우도 있지만, 인간이 가장 인간다운 삶을 살아가기 위해서 인간 가운데 가장 훌륭한 모범이 필요한 것만은 아니다. 인간을 넘어서는 신적 내용과 실재가 오히려 인간을 가장 훌륭한 인간으로 만들 수 있다.

셋째, 예수님의 삶을 강조하는 것이 예수님의 인성을 가장 잘 이해하는 것은 결코 아니다. 예수님의 죽음과 부활 속에서 예수님의 인성이 무엇인가라는 물음도 예수님의 인성을 이해할 수 있는 참으로 중요한 주제다.[30]

예수님의 인성을 이해하기 위해서는 십자가의 의미를 통과해야 한다. 그러므로 예수님이 인간이셨기에 우리도 예수님을 본받을 수 있다는 식의 단순한 이해는 올바르지 못하다. 인간이신 예수님께서 하셨던 신적인 예언과 이적과 기사들을 마치 우리가 할 수 있고, 해야 한다고 주장하는 것은 바람직하지 못하다. 그런 면에서 마치 예수님처럼, 자신이 인간으로서 신적 능력을 본받아 가지고 있는 것처럼 행세하는 사이비들이 존재하고 있음을 기억해야 한다.

우리가 예수님을 본받는다고 할 때는 십자가의 의미를 통과함으로써 예수님께서 보이셨던 믿음(신실함), 사랑, 소망을 본받을 수 있다는 말이다.

사도 바울은 말씀한다.

> 내가 예수 그리스도를 본받는 자가 된 것 같이 너희는 나를 본받는 자가 되라 (고전 11:1).

예수님이 진정으로 인간이셨다는 것을 우리가 믿고 고백하고 강조하는 이유는 성경의 세계 속에 인간 예수님이 너무도 선명하게 드러나 있기 때문이다.

---

[30] 차재승, 『십자가, 그 신비와 역설』, 49.

예수님은 우리의 죄를 대속하여 죽으시기 위해서 오셨다. 사실 하나님으로서는 죽으실 수 없는 존재다. 그래서 예수님은 고난 받는 인간으로 오셨다.

그러나 예수님은 흠과 죄가 없으시다. 그런데도 십자가에 못 박히시고, 피와 물을 다 쏟으시고 죽으셨다. 인간의 흠과 죄를 대신하기 위해서다.

그는 인간으로서 죽으셨다. 그는 죄인으로서 죽으셨다. 십자가는 그리스도의 인성을 가장 극명하게 드러낸다. 동시에 그 사랑을 가장 극렬하게 드러낸다.

3) 십자가에 못 박혀 죽으셨다가 부활하신 하나님이신 예수님

다음으로 완전한 하나님으로서의 예수님이다. 그가 하나님시라는 확실한 증거는 부활에 있다. 이 부활 사건은 인류 역사상 유일무이하다. 유일무이하다는 말은, 당연히 유사한 사건들이 존재하지 않는다는 의미다. 그렇다면 이 일은 훨씬 더 믿기 어려워지는 동시에 가치 있는 일이 된다.[31]

당시 랍비들은 전능하신 하나님께서 십자가에 못 박혀 죽는 연약한 사람을 통해서 역사하실 리 없다고 생각했다.[32] 그렇기에 십자가 죽음과 부활을 직접 목격한 사람 이외에 랍비들의 가르침을 받던 당시의 보편적인 사람들은 더더욱 믿기 어려웠을 것이다.

---

31   Alister Edgar. McGrath, 『십자가란 무엇인가』, 김소영 역 (서울: IVP, 2016), 27.
32   Gordon D. Fee, *First Epistle to the Corinthians* (Grand Rapids: Wm. B. Eerdmans Publishing Co., 1987), 75-76.

사실, '십자가에 못 박히신 예수님'이란 마치 '기름으로 튀긴 얼음'같이 모순되는 말로 받아들여진다. 한 사람이 메시아일 수 있고, 또 다른 한 사람이 십자가에 못 박힐 수는 있지만, 한 사람이 이 두 가지 사항에 모두 해당될 수는 없다고 생각한다. '메시아'는 능력, 위엄, 승리를 의미하지만, '십자가 처형'은 연약성, 비천, 패배를 뜻하기 때문이다. 유대인이나 헬라인 모두가 기독교 메시지를 듣고 분개했음은 놀라운 일이 아니다.[33]

예수님의 부활이 없고, 그가 하나님이 아니었다고 한다면, 예수의 십자가형은 한 사람의 정치적 사형이고, 세상의 모든 오류를 압축해 보여주는 것에 불과하다. 정의란 없는 것 같고, 십자가는 그 자체로 절망과 희망 없음의 상징이 될 것이다.[34]

그러나 예수님이 죽은 자 가운데서 부활했다면, 그래서 그가 하나님이시라고 한다면 절망의 상징인 십자가는 희망의 상징이 될 것이다.[35]

그분은 단지 죽으신 것이 아니라 죽임을 당하신 것이다.

우리의 죄를 위해서!

그러나 또한 그는 죽임을 당하시지 않았다. 그는 아버지의 뜻을 행하기 위하여, 자발적으로 자신을 내어주심으로써 죽으신 것이다.[36]

그래서 하나님은 그를 지극히 높여 모든 이름 위에 뛰어난 이름을 주사 하늘에 있는 자들과 땅에 있는 자들과 땅 아래에 있는 모든 자들로 예수의 이름 앞에 무릎 꿇게 하시고, 모든 입으로 예수 그리스도를 주라 시인하여

---

33 Peace, 『신약이 말하는 회심』, 267.
34 McGrath, 『십자가란 무엇인가』, 김소영 역 (서울: IVP, 2016), 39.
35 Ibid., 39.
36 Stott, 『그리스도의 십자가』, 77.

하나님 아버지께 영광을 돌리게 하셨다(빌 2:9-11).

신약성경의 가장 강력한 주제는 이것이다.

> 비록 예수님이 인간으로 와서 당시의 제자들과 많은 사람이 그의 삶과 죽음과 부활을 지켜봤지만, 바로 그 나사렛 예수가 위로부터 오신 하나님이다.

이 사실 때문에 초기 그리스도인들은 유대인들에게 박해를 받았고, 이 차이를 설명하고 선포하는 일이 제자들이 주로 한 일이었으며, 이것을 위해서 신약성경이 기록되었다.[37]

베드로는 설교를 통해서 그리스도의 부활이 하나님이 하신 일이라고 강조하면서 십자가에 못 박힌 예수를 하나님께서 그리스도가 되게 하셨다고 주장한다(행 2:36). 그리고 그는 예수님을 '만유의 주'로 선포한다(행 10:36).

사도 바울은 예수님이 하나님의 아들이라는 것을 전파하고(행 9:20), 심지어 교회를 '하나님이 자기 피로 사신 교회'라고 부르면서 피를 흘리신 예수님을 하나님으로 지칭하고 있다(행 20:28).[38]

예수님은 인간의 몸을 입고 오셔서 우리를 대신하여 십자가에 못 박혀 죽으셨지만, 우리를 대속하기 위해 어떠한 죄도 없고, 공의롭고, 무흠한

---

37 차재승,『십자가, 그 신비와 역설』, 52.
38 차재승은 하나님이신 예수님을 간과하고, 인간 예수의 삶을 너무 강조하는 현대의 기독론을 비판한다. 그래서 신약성경의 핵심적인 주제, 신약성경이 기록된 의도, 신약성경을 계시한 성령의 역사에 대해서 보다 더 균형 잡힌 접근이 필요하다고 강조한다. 그러므로 우선순위는 위로부터의 기독론이 우선이요, 그 다음에 아래로부터의 기독론이 펼쳐놓은 가치가 충분히 고려되고 보완되어야 한다. 차재승,『십자가, 그 신비와 역설』, 53.

존재로서 완전한 하나님이시다.

그러므로 예수님의 부활로 인해, 예수님을 단순히 한 사람, 훌륭한 종교 선생으로 이해하려는 모든 시도는 피상적이고 부적절하다.[39]

우리를 구원하기 위해 십자가에 못 박혀 죽으신 그는 그리스도요, 하나님이시다.

4) 십자가를 통해 아버지와 아들로서 구별되시는 하나님

사르디스의 멜리토는 예수님의 십자가 죽음을 이렇게 설명한다.

> 그는 십자가에 달렸고, 누가 처형되고 있는지를 가리키는 명패가 달렸다. 그것에 관해 말하기는 고통스럽지만 말하지 않는 것은 더 끔찍하다. 지구를 지탱하는 분이 매달렸고, 하늘을 고정한 분이 못 박혔으며, 모든 것을 붙들어 매는 분이 나무에 고정되었다. 주님이 학대 당했다. 하나님이 살해 당했다.[40]

예수님은 하나님이시다. 사람의 아들은 사람이듯이 하나님의 아들은 하나님이시다. 예수님은 성부 하나님과 구별되지만, 그는 하나님이시다.

맥그라스는 예수님을 하나님과 동일한 신성을 지녔음을 선포하는 동시에 예수님을 하나님과 구별하는 시도를 보여준다.

39　McGrath, 『십자가란 무엇인가』, 46.
40　Rutledge, 『예수와 십자가 처형』, 9.

여기 하나님처럼 행동하고 하나님처럼 말하며 하나님을 대신하고 드러내는 이가 있다. "나를 본 자는 아버지를"(요 14:9) 보았다. 신약성경은 예수를 하나님의 아들이라 칭함으로써 이 기막힌 통찰을 요약해 낸다. 바울의 말처럼, 예수는 "죽은 자들 가운데서 부활하사 능력으로 하나님의 아들로 선포"(롬 1:4)되셨다. 신약성경에서는 아버지와 아들이라는 이미지로 하나님과 예수 그리스도를 나타내는데, 이는 대단히 중요하다. 그것은 예수와 하나님 두 분 모두 신성을 지녔음을 선포하는 동시에 예수를 하나님과 구별하려는 시도다.[41]

몰트만은 이렇게 말한다.

> 기독교 신학이 기독교적인지 아닌지에 관한 내적인 규범을 가지고 있으며, 이 규범은 외부로부터 오는 모든 정치적, 사상적 그리고 심리학적 비판 이상의 것이다. 이 규범이야말로 십자가에 달리신 그분 자신이다.[42]

기독교 신학뿐만 아니라 기독교 신앙은 십자가에 못 박힌 그리스도에 달려있다. 십자가에 못 박힌 그리스도는 하나님이시다.

성자 하나님께서 그의 희생으로 성부 하나님을 설득해서 우리를 용서하게 하신 것이 아니라, 성부 하나님은 자신의 순전한 자비와 은혜로 모든

---

41 McGrath, 『십자가란 무엇인가』, 46.
42 Jürgen Moltmann, 『십자가에 달리신 하나님』, 김균진 역 (서울: 대한기독교서회, 2017), 7.

것을 주도하신 것이다.[43] 그리고 성자 하나님께서 성경에 계시된 대로 죄인을 구원하려는 아버지의 목적을 자발적으로 받아들이고, 순종하셨다.[44]

하나님이신 아버지와 아들이시다. 아버지와 아들은 십자가를 통해 구별되신다.

3. 십자가를 통해 경험되는 성령 하나님

1) 십자가에 못 박혔다가 부활하신 그리스도의 영

성령 하나님은 언제나 계신다. 그리고 변함없으시다.

그러나 성령 하나님은 오순절을 통해 십자가에 못 박혔다가 부활하신 그리스도의 영으로 오셨다. 하나님께서 그리스도의 십자가를 통해 점진적인 자기 계시를 극적으로 보여주셨듯이, 성령 하나님께서도 점진적으로 자신을 계시하시고 오순절을 통해 자신을 극적으로 보여주신다.

구약 시대 선지자를 통해 활동하시던 성령께서 이제 십자가에서 죽으시고 부활하시고 승천하신 그리스도의 영으로 오셔서 각 사람의 마음에 임재하시고 그들로 능력을 부어주셔서 하나님의 임재를 경험하게 하심으로 그리스도를 체험하게 하신다.

43　Stott, 『그리스도의 십자가』, 216.
44　Ibid., 39.

고든 피는 바울의 성령 이해와 체험을 통해 "능력을 부어 주시는 하나님의 임재"(God's empowering presence)에 관해 서술했다.

또한, 바울의 성령 체험은 그리스도의 체험과 긴밀하게 연결되어 있다. 피가 스스로 말하듯이, 하나님의 영은 그리스도의 영이기도 하다(롬 8:9; 갈 4:4; 빌 1:19). 이는 신자들이 그리스도 안에 있고 그리스도가 신자들 안에 계심을 이야기하는데, 로마서 8장에서는 이 상호 내주를 유추하여 신자들이 성령 안에 있고 성령이 신자들 안에 계신다고 말한다.[45]

퍼거슨은 그리스도와 성령의 관계에 대한 바울의 견해를 설명한다.

> 아들과 성령은 사역의 본체를 공유한다고 보는 요한의 견해와 분명히 병행을 이루고 있다. 아들은 보혜사요, 성령은 또 다른 보혜사다. 둘 다 보혜사로서 기능하며, 이 세상의 영역에서 매우 성공적으로 일하시는데, 성령은 아들과는 같은 종류면서 다른 존재다(요 14:16). 여기서 '다른'이란 개념은 분명히 '같은 종류의 다른'이란 뜻을 담고 있다.[46]

그러므로 십자가에 못 박혀 죽으셨다가 부활하신 그리스도께서 우리 안에 내주하시는 것은 성령께서 우리 안에 내주하시는 것이다.[47]

---

45 Gordon Fee, *God's Empowering Presence* (Grand Rapids: Baker, 1994), 837-38.
46 Ferguson, 『성령』, 61-62.
47 그러므로 성령을 소유한다는 것은 곧 그리스도를 소유하는 것이고, 그리스도를 소유하는 것은 성령을 소요하는 것이다. 그리스도의 성령을 소유하지 않는다는 말은 그리스도가 결여되었다는 말이고, 그리스도의 성령을 소유하는 것은 그리스도가 우리 속에 거하게 됨을 의미한다(롬 8:9-11). Ibid., 62.

성령은 예수 그리스도의 십자가의 능력으로써 죄와 사망에서 생명을 끌어내신다. 미래에는 그 성령이 예수님을 죽은 자 가운데서 살리신 것과 같이 죽은 자들에게 생명을 주실 것이다. 다시 말해, 성령은 생명이다. 성령은 죽음을 생명으로 바꿔놓기 때문이다.[48]

또한, 생명의 영은 변화를 일으키는 영이다. 예수 그리스도의 십자가 사역을 통해 이루신 구원의 역사를 그 삶에서 표현하며 증거 하도록 하신다.

그 변화들 가운데 바울은 성령이 현재 일으키시는 변화를 은유적으로 성령의 "열매"라고 말한다(갈 5:22-23). 바울은 이 "열매"로 아홉 가지를 열거하고 있지만, 서로 모순처럼 보이는 사랑(이웃 섬김으로 이해할 수 있는 언어)과 자유가 성령이 주로 하시는 일이다. 성령이 주시는 자유는 사실 사랑하는 자유요, 서로 종이 되는 자유다(갈 5:13-14).

따라서, 변화를 일으키는 성령의 사역은 바울과 성도들을 다른 사람들과 연결해 주되, 그들의 "종"으로 이어준다. 바울의 그리스도 체험과 성령 체험에서 육체는 "정욕과 탐심"과 더불어 "십자가에 못 박혔다"(갈 5:24).

바울은 성령 안에 있는 체험을 이제는 "육신에" 있지 아니한 것으로 묘사한다(롬 8:9). 그러면서도 바울은 신자들이 성령 안에서 누리는 그들의 자유가 "육체의 기회"(갈 5:13)이자 이제는 만족시켜서는 안 될 욕심(갈 5:16)이 되어 버릴 수 있다고 주의를 준다.[49]

성령은 인격이시기 때문이다. 성령은 우리를 인격적으로 대우해 주시면서, 그리스도께서 자유를 드려 하나님께 순종하셨듯이 우리의 자유를 드

48　Gorman, 『삶으로 담아내는 십자가』, 100.
49　Ibid., 101.

려 그리스도께 순종하도록 격려하시고 도우신다. 그리스도의 신실하심을 본받게 하신다.

성령 하나님은 십자가에 못 박히셨다가 부활하신 예수 그리스도의 영으로서 우리에게 오신다.

2) 영광과 고난을 동시에 받게 하시는 영

하나님의 영은 신자를 "양자로 삼는 영"(롬 8:15)이다. 초기 그리스도인들이 하나님을 "아빠! 아버지"로 부른 것은 신자들에게 그들의 정체성을 "하나님의 자녀"로 각인시켜 준(롬 8:14-16) 성령께서 하신 일이다.

또한, 성령은 모든 신자를 하나님과 친밀한 관계로 만들어 주신다. 나아가 이들이 연약하여 기도조차 할 수 없을 때도 이들을 도와주신다(롬 8:26).

신자들이 "하나님의 상속자요 그리스도와 함께한 상속자"(롬 8:17)임을 확인해 주시는 성령은 두 가지 조건이 충족되어야 이런 일을 행하신다.[50]

첫째, 성령은 신자들의 공동체가 일종의 죽음을 체험하게 하시려고 공동체 안에서 일하신다(롬 8:12-13). 로버트 태너힐은 "성령은 능동적으로 죽이는 역할을 하신다"라고 말한다.[51]

---

50 Gorman은 로마서 8:17을 헬라어 본문 그대로 번역해 보면, 오히려 이런 번역이 더 자연스럽다고 말한다. "또 자녀라면 상속자들, 곧 하나님의 상속자들이로되, 그리스도와 함께 영광을 받고자 정녕 그와 함께 고난을 받는다면 곧 그리스도와 함께 한 상속자들이니라." 결국, 롬 8:17은 "~라면, ~한다면"이라는 조건문을 두 개 갖고 있는 셈이라고 말한다.

51 Robert C. Tannehill, *Dying and Rising with Christ: A Study in Pauline Theology* (Berlin: Alfred Topelmann, 1966), 80.

신자의 실존은 그리스도와 더불어 죽는 것으로 규정된다.

> 그러므로 형제들아 우리가 빚진 자로되 육신에게 져서 육신대로 살 것이 아니니라 너희가 육신대로 살면 반드시 죽을 것이로되 영으로써 몸의 행실을 죽이면 살리니 (롬 8:12-13).

둘째, 성령은 그와 함께 영광을 받기 위하여 고난을 받게 하신다.

> 성령이 친히 우리의 영과 더불어 우리가 하나님의 자녀인 것을 증언하시나니 자녀이면 또한 상속자 곧 하나님의 상속자요 그리스도와 함께한 상속자니 우리가 그와 함께 영광을 받기 위하여 고난도 함께 받아야 할 것이니라(롬 8:15-17).[52]

우리가 하나님의 자녀로 부름을 받았다는 것은 공동체의 일원으로서 임무와 권리를 가지고, 하나님의 상속자로서 영광스러움을 누리는 것뿐만 아니라 고난도 함께 받아야 한다는 의미임을 기억해야 한다. 그리스도께서 십자가를 지심으로 고난과 영광을 함께 받으셨듯이(빌 2:8-11) 말이다.

성령은 미래를 향한 소망을 만들어내지만, 성령이 그렇게 하는 것은 위의 두 가지 조건, 곧 공동체의 일원이 되어 능동적으로 죽음을 경험하는 것과 상속자가 되어 그와 함께 고난을 받는 것이 갖추어졌을 때다.

성령은 바울을 십자가와 이어주고, 이 십자가를 통해 그리스도와 이어줌으로써 고난을 받게 하며, 다른 사람들과 이어줌으로써 그들을 사랑하

---

[52] Gorman, 『삶으로 담아내는 십자가』, 102.

게 하신다.[53]

그러므로 신자가 성령 하나님으로 충만하다고 말을 할 때는 십자가와 이어지는 삶과 연관된다. 십자가를 본받는 삶으로 말미암아 하나님의 자녀로서 살아가는 영광과 십자가를 따르는 고난을 동시에 받게 하신다.

3) 능력의 바른 의미를 알게 하시고, 능력의 동력이 되시는 성령

신자의 구원 단계에서 삼위 하나님은 동시에 계속해서 역사하신다. 그런데도 신앙의 여정에 특별히 삼위 하나님의 역사하심이 구별되는 것처럼 보이기도 한다.

첫째, 탐구 단계다. 그리스도인의 신앙을 순례의 여정으로 본다면 탐구 단계의 초점은 성부 하나님일 것이다. 탐구 단계에서 사람들은 하나님의 존재와 속성, 그분을 알 방법, 영적인 삶의 의미 등에 관한 문제들을 고민하고 씨름한다.

둘째, 의뢰 단계다. 탐구 단계를 지나면 의뢰 단계에 이르는데, 의뢰 단계의 초점은 하나님의 아들이신 예수님이다. 의뢰 단계에 있는 사람들은 예수님의 부르심에 응답해 그분의 제자가 되는 문제로 고민하며 씨름한다.

셋째, 형성 단계다. 이 단계에서는 성령 하나님께 초점을 맞춘다. 형성 단계에 있는 사람들은 영적 성장의 원동력이신 성령 하나님의 뜻에 따

---

53 Ibid., 103.

라 거룩한 삶을 추구하는 문제로 고민하며 씨름한다.[54]

성령 하나님은 우리를 그리스도와 연합시키기 위하여 중생한 성도 가운데서 역사하신다. 그의 목표는 우리를 그리스도와 같이 되도록 변화시키는 것(롬 8:29), 곧 그리스도의 형상을 입는 것이다.[55]

그러므로 성숙된 그리스도인들은 성령 하나님의 내주하심에 민감하며 말씀을 통해 양심에 호소하는 음성에 순종하려고 한다. 이것이 성령의 능력이다.

그리스도인들은 '성령' 하면 우선 능력에 관심을 쏟는다.

그런데 성령께서 역사하시는 능력에 대해서 성경적으로 신중히 검토할 필요가 있다. 자칫 세상의 능력과 구분하지 못하고, 성령의 이름으로 자신을 과시하기 위한 능력으로 오해될 위험이 있다.

오늘날 한국 교회에는 그러한 위험적 요소들이 많이 도사리고 있고, 실제 그 잘못된 영향력들이 나타나고 있음도 본다. 이런 것들은 결국 한국 교회의 신뢰를 상실하게 하는 또 하나의 원인이 된다.

'영'(히, רוּחַ ; 헬, πνεῦμά)을 나타내는 성경 단어들은 의성어로, 그것들의 물리적인 형태와 소리가 기본적인 의미를 담고 있다. 곧, 바람이나 호흡의 들이킴 또는 움직임이라는 개념이다.

---

54 Peace, 『신약이 말하는 회심』, 434.
55 Ferguson, 『성령』, 159.

영은 가장 근본적인 형태(생명의 호흡)를 통해 힘, 권능 또는 생명을 표현한다.[56]

성령은 자연스럽게 능력과 연결된다. 또한, 그리스도인들은 성령의 능력과 연결하여 자연스럽게 '카리스마'(charisma)라는 단어를 떠올린다. 카리스마는 성령 하나님과 연결되어 있기 때문이다. 인간의 능력이 아닌 하나님의 능력이 성령 하나님을 통해 우리에게 역사하고 있기 때문이다.

"카리스마가 있다"(charismatic)라는 말은 일반적으로는 역동적이고 흡인력 있는 개성이나 리더십의 소유자를 가리킨다. 반면, 기독교에서는 이 말을 하나님의 영에 붙잡혀 어떤 영적 체험들과 은사들을 드러내는 자를 가리키는 말로 사용한다.

바울도 카리스마를 지닌 신자였다. 바울은 자신이 '카리스마'라는 말로 불리는 영적 은사와 체험을 많이 가진 사람이라고 생각하고 있다. 그의 증언에 따르면 하나님의 영이 그에게 불어넣어 주신 은사에는 사도의 직분뿐만 아니라 방언(고전 14:18)도 들어 있었다.

또 바울은 가끔 "표적과 기사"를 행하는 능력도 은사로 보려 했던 것 같다(롬 15:19; 고후 12:12). 이런 표적과 기사에는 병든 자를 고치고 악한 영들을 쫓아내는 것(행 19:11-13; 28:7-10; 참고, 갈 3:5)도 들어 있었다. 바울은 적어도 한 번은 "예수 그리스도의 계시"를 받았다(갈 1:12; 참고, 1:16). 그는 자신의 카리스마 체험을 적절한 은사 표현이 무엇인가를 보여주는 사례로 사용하거나(고후 14:18), 그 은사들이 자신의 사도직을 확증해 주는 가치가

---

56 Ibid., 18.

있음을 보여주는 사례로 사용하기도 한다(고후 12:12). 성령의 능력은 다양한 모습으로 드러난다.[57]

그러나 무엇보다도 중요한 것은 그리스도의 십자가로부터 나온 새로운 삶은 성령이라는 형식 안에서 신자들 가운데 활성화되고 강력해진다는 점이다.

성령 역시 하나님이 "공급"하신, 신자들에게 주신 선물이다. 이 선물은 그리스도의 선물과 독립된, 부가적 선물이 아니라, "하나님 아들의 영"이고 그래서 신자들의 "마음"속에 있는 그리스도의 임재로 그들의 일상생활 속에서 체험된다(갈 5:25).[58]

그러므로 성령의 체험은 자연스럽게 십자가를 본받게 하며, 십자가를 본받는 삶의 열매를 맺음으로써 영적 성장을 이루게 한다. 성령의 능력이 무엇인지를 알게 하시고 친히 그 동력이 되셔서 그리스도를 본받게 하시고 성령의 열매를 맺도록 도우신다.

4) 십자가의 능력을 자랑케 하시는 성령

예수 그리스도의 십자가를 경험한 바울은 카리스마를 소유하였지만, 카리스마 소유자답지 않은 모습이었음을 알 수 있다. 왜냐하면, 카리스마를 자랑하지 않고 도리어 약함을 자랑하고 있기 때문이다.

57　Gorman, 『삶으로 담아내는 십자가』, 94.
58　Barclay, 『바울과 은혜의 능력』, 138.

사도 바울에게 있어서 성령의 능력은 역설적으로, 십자가를 닮아 약함을 자랑하는 것으로 나타난다. 바울은 언제나 당시의 문화, 아니 인류사에서 자랑거리가 되는 것들을 자랑하기를 거부했다. 그는 능란한 수사를 멀리했으며(고전 2:1-5), 연약하고 카리스마가 없다는 이유로 호된 비판을 받았다(고후 10:10; 고전 4:3-5).

이런 상황에서 바울은 마지못해 자신의 카리스마 체험을 자랑할 수 있을 때조차, 도리어 자신의 연약함을 더 많이 자랑한다. 더욱이 그는 이런 자랑을 자신의 카리스마 체험을 자신의 사도직을 변호하는 근거로 활용하는 맥락에서 하고 있다. 바울은 사도직을 변호하기 위해 직접 경험한 신비한 체험을 부득불 자랑한다(고후 12:1). 그러나 곧 약한 것 외에 아무것도 자랑하지 아니할 것을 결단하고, 자신이 경험이 고난 속 약함들을 자랑한다(고후 12:5, 9, 10).[59]

성령의 능력은 그리스도께서 약함을 드러내셨던 십자가의 도에 나타난다. 바울은 일반적으로 이해하던 하나님 영의 능력 의미를 십자가와 연관시킨다. 하나님의 영을 이야기할 때, 대개 창조의 능력, 도덕과 영혼을 변화시키는 능력 그리고 궁극에는 새 창조의 능력과 같은 능력을 떠올린다.

바울 역시 하나님의 영을 능력의 영으로 보면서도, 동시에 자신의 체험을 토대로 능력을 다시 정의하여 "십자가의 도가 하나님의 능력"(고전 1:18)이라고 보았다.[60]

---

59 Gorman, 『삶으로 담아내는 십자가』, 94-95.
60 Ibid., 93.

성령의 능력은 십자가의 능력으로 가장 분명하게 나타난다. 성령의 임재와 능력은 바울과 그가 섬긴 공동체들이 경험한 성령 체험의 근본이다.

바울은 모든 신자가 성령을 갖고 있으며, 성령이 없으면 그리스도를 믿는 자도, 기독교공동체도 있을 수 없다는 생각을 늘 하고 있었다(고전 12:1-3; 롬 8:9, 14). 사람들은 성령으로 "세례를 받아 한 몸이 되었고", 한 성령을 "마셨다"(고전 12:13).

> "우리 주 예수 그리스도의 이름과 우리 하나님의 성령 안에서" 신자들은 "씻음과 거룩함과 의롭다 하심을 받았다"(고전 6:11).

의롭다 하심을 받는 것뿐만 아니라, 성령을 받고 계속하여 성령의 능력을 체험하는 것 역시 믿음으로 얻는 하나님의 은혜다.[61]

성령의 인도하심을 계속적으로 받는 그리스도인은 겸손하게 되어, 자기 자랑이 아닌 예수 그리스도의 십자가를 자랑하게 된다.

바울은 "이 백성 가운데 거하기 위해 오신 "새로운 영"은 다름 아닌 십자가에 못 박힌 메시아의 성령이며, 따라서 그 영은 십자가를 본받는 영, 십자가의 형태를 띤 영"이라고 주장한다.[62]

성령으로 충만한 사람이라면 바로 여기, 그리스도의 십자가의 능력에서 그의 삶을 출발하게 되고, 십자가를 본받는 삶의 능력을 나타내게 된다.

---

61 Ibid., 96.
62 Gorman, 『속죄와 새 언약』, 331-32.

5) 십자가를 본받도록 마음을 다스리시는 성령

복음을 듣고 믿음으로 응답하는 자들의 마음속에 하나님께서 성령을 "보내시거나"(갈 4:6) "부으셨다"(롬 5:5).

성령과 마음의 연관 관계는 중요한 의미가 있다. 인간의 마음은 하나님을 하나님으로 알지 못함으로 말미암아 어두워졌다(롬 1:21, 24). 또 인간의 마음은 "고집이 세고 회개하지 아니하였다"(롬 2:5). 이리하여 인간의 마음은 "할례"를 받아야 할 처지가 되었다(롬 2:29). 요컨대, 마음은 인간의 근본 문제가 존재하는 "자리"(seat)요, 고침을 받아야 할 "대상"이다.

이런 차원에서 바울은 성령의 임재를 "마음에 할례를 받으라"는 구약성경의 명령들(신 10:16; 렘 4:4)이 이루어진 것이자, 하나님이 이스라엘로부터 돌과 같이 굳은 마음을 제거하고 새 영과 마음, 살로 된 마음(겔 11:19; 18:31; 36:26)을 주시리라는 선지자들의 약속들이 성취된 것으로 이해한다.[63]

성령은 하나님의 백성을 능력으로 새롭게 하시고 다시 만들어내셨으며, 이제 그 백성들 마음 가운데 살고 계시며 능력으로 인도하신다.

로마서 8장은 하나님의 백성에게 여호와의 법이 인도하는 대로 여호와의 길을 따라 행하는 삶을 살아가라고 요구한다.

바울은 끊임없이 죄를 추구하는 인간의 육신의 성향이 율법을 이룰 수 없게 하고 하나님의 뜻을 행할 수 없게 했다고 믿는다. 그는 성령이라는 선물에서 "율법의 정당한 요구"를 이룰 수 있는 능력을 발견한다(롬 8:4).

---

63 Gorman, 『삶으로 담아내는 십자가』, 97.

"성령을 따라" 사는 것은 단순히 겉으로 드러나는 규범을 갖는다는 말이 아니라, 육신의 능력이나 죄의 능력을 짓밟고 이 능력을 대체할 능력을 내면에 갖는다는 말이다(롬 7:17, 20).

성령께서는 복음의 소식에 믿음으로 응답하는 사람들의 마음에 내주하시고 그들을 다스리셔서 그리스도 예수의 마음을 품게 하신다(빌 2:5).

그리스도 예수님의 마음은 십자가를 본받으려는 마음의 결단이다. 성령 하나님은 십자가를 본받으려는 마음의 결단을 이끄신다.

6) 역설을 통해 십자가를 본받게 하는 성령

바울의 가르침을 통해 성령 체험을 이해하면, 십자가를 본받으려는 역설을 이해할 수 있다. 바울의 성령 체험이 지닌 특징 그리고 그에 따른 결과로서 바울이 이해하게 된 성령의 본질은 능력과 연약함, 능력과 십자가를 본받는 삶의 역설적 연합, 상호 내주다.

카리스마를 가진 성령은 동시에 십자가를 본받게 하는 영이기도 하다.[64] 성령은 카리스마와 십자가라는 역설을 이루시는 영이시다.

성령은 십자가를 본받게 하는 영이다. 과거에 하나님의 아들이 십자가에서 몸소 행하셨던 "일"은 이제 아들의 영이 신자와 공동체 안에서 몸소 행하시는 일이 되었다.

바울은 갈라디아서 2장에서 그리스도의 사랑과 죽음과 내주를 논한(갈 2:19-20) 뒤에 곧바로 3장에서 그들이 성령을 받았다는 점을 되새겨 주고

---

[64] Ibid., 96.

있다(갈 3:1-5). 이것은 십자가와 성령의 연관 관계가 있다는 것에 힘을 실어주고 있다.[65]

고린도전서에서도 바울은 십자가를 본받는 삶과 능력을 결합하여 이를 성령을 가졌다고 주장하는 모든 이를 판단할 잣대로 삼는다. 고린도전서, 그중에서도 특히 14장을 보면, 방언과 같은 성령의 은사들이 영성과 능력과 지위를 나타내는 지표가 된 것을 볼 수 있다.

여기서 바울은 모든 성령의 은사들을 행할 때 따라야 할 행동 방식으로 사랑을 소개한다(고전 13장). 사랑이 없으면, 성령의 은사도 아무 가치가 없다(고전 13:1-3). 사랑은 자기의 유익을 구하지 아니하고(고전 13:5), 도리어 다른 사람들의 유익을 구하며 덕을 끼친다.

공 예배에서 성령의 은사들을 행하는 경우에도 이런 기준을 따라야 한다(고전 14:1-5).

바울은 자신의 유익을 구하지 아니하고 많은 사람의 유익을 구했다(고전 10:33). 그것이 바울이 말하는 그리스도를 "본받음"의 의미이며, 이에 따라 그는 "내가 그리스도를 본받는 자가 된 것 같이 나를 본받는 자가 되라"(고전 11:1)고 권면한다.[66]

결국, 성령의 활동이냐 아니냐를 판단할 수 있는 기준은 "십자가를 본받는 삶"이다. 바울은 이 삶이 자기 자신보다 다른 사람의 유익을 추구하는, 그리스도를 닮은 사랑으로 나타난다고 이해한다.

---

65 Ibid., 105.
66 Ibid., 106-07.

제임스 던은 이렇게 말한다.

> 카리스마 체험이 그저 높이 들리신 그리스도 체험에 그치고 십자가에 못 박히신 그리스도 체험이 되지 않는 한, 그 체험은 그리스도인의 체험이 가져야 할 독특성을 잃어버린다.[67]

요컨대, 우리가 성령을 십자가의 영으로 알고 체험할 때만, 진정 성령을 알고 체험할 것이라는 말이다.

오늘날 한국 교회에서 성령의 능력을 받았다고 주장하는 많은 사람 가운데 십자가를 자랑하거나 십자가를 본받는 삶을 드러내는 경우는 드문 것 같다. 그 이유는 그리스도 예수의 십자가의 능력이 아닌 방언, 신유, 예언과 같은 은사를 통해 자신의 능력을 드러내고 자신의 영광을 취하려고 하고 있기 때문이다.

다양한 능력으로 나타나시는 성령의 역사지만 십자가의 능력, 곧 사랑으로 드러나는 역설적인 능력이 아니면, 자칫 무속적 기독교의 원인이 될 수 있다.

실제 장로교단의 보수적인 교단 소속의 부산 한 대형 교회의 성령 부흥 집회에서 집회를 인도한 담임목사 사모의 행위가 마치 굿을 하는 무당의 행위와 별반 다르지 않다고 하여 징계 받은 일이 있었다. 무당이 하는 능력을 마치 성령의 능력인 것처럼 둔갑시킨 것이다.

---

[67] James, D. G. Dunn, *Jesus and the Spirit: A Study of the Religious and Charismatic Experience of Jesus and the First Christians and Reflected in the New Testament*. London: S. C.M., 1975. Reprinted Grand Rapids: Eedermnas, 1997, 331.

바울이 체험한 성령은 능력과 십자가 형상이 공존하는 영이었다. 이는 개인의 체험에 국한되지 않고 성령으로 충만한 공동체 전체를 규정한다. 성령은 그리스도를 중심으로 공동체를 만들어내고, 그런 공동체 안에서 발견된다. 바울이 즐겨 쓰는 말대로, "우리 마음에 있는" 성령은 우리의 모임, 우리의 사귐 안에 있는 성령이기도 하다(고전 12장; 고전 14장; 빌 2:1).

십자가를 본받게 하는 영은 그리스도인공동체의 영이다. 성령은 십자가를 본받게 함으로써 연합을 만들어낸다.[68]

십자가를 본받게 하시는 역설의 성령은 개인의 능력을 넘어 공동체의 능력으로, 공동체 안에서, 공동체를 넘어 사회에까지 역사하신다.

4. 십자가를 통해 계시하시고 십자가를 본받게 하시는 삼위 하나님

하나님은 언제나 계시고 변함없으신 동일하신 하나님이시지만, 각각의 역할을 통해 역사적 진행을 따라 점진적으로 자신을 계시하셨다. 그리고 그 점진적 계시의 정점에는 십자가가 있다.

오늘날 사유화되어 자기중심적 이해와 활용으로 나타나는 하나님 신앙을 철저히 경계해야 한다. 성경이 말씀하시는 하나님은 사사기에 나타난 미가 집의 제사장의 하나님이 아니시다. 스스로 만들어낸 신, 자기에게 복을 베풀고, 자기를 위로하고, 자기에게 능력을 베푸시는 그런 하나님, 필요할 때만 불러내어 자기 소원을 말하는 요술 램프의 '지니' 같은 하나님

---

68 Gorman, 『삶으로 담아내는 십자가』, 109.

이 아니시다. 그러나 오늘날 한국 교회에서 하나님은 그저 복 주시고, 소원을 이루어 주시는 주시는 분으로 여겨진다.

　삼위 하나님은 십자가의 하나님이시다. 십자가를 통한 삼위 하나님의 자기 계시는 사람들을 사랑하셔서 자기 목숨을 십자가를 통해 내어주시고, 이를 통해 자기 백성으로 삼으시고, 자기 백성답게, 자기 백성으로서 합당한 삶을 살도록 하기 위해 십자가로 이끌어 사랑의 능력으로 행하게 하신다.

　성부 하나님이 계획하시고 성자 하나님이 성취하시고 성령 하나님이 적용하셔서, 그분의 백성이 십자가를 본받는 삶을 살게 하신다. 삼위 하나님의 능력은 결코 자기 자랑이나 자기 영광으로 나타나는 능력이 아니라, 십자가를 본받는 삶을 통한 약함의 역설의 능력이다. 이를 통해 삼위 하나님은 영광 받으시고, 또한 영광으로 이끄신다.

　삼위일체 신앙은 십자가를 본받는 삶은 믿음과 사랑과 능력과 소망의 삶으로 나타난다.

제4장

십자가를 본받는 삶에 따른 그리스도인의 덕목: 믿음, 사랑, 능력, 소망

기독교를 생각하면 일반적으로 떠오르게 되는 덕목은 믿음, 소망, 사랑일 것이다. 이 덕목들은 신학적 은혜, 혹은 표지로 불리기도 한다. 즉, 그리스도인의 정체성을 나타내는 표지다.[1]

이 세 가지는 항상 있을(고전 13:13) 기독교의 핵심 가치다.

역사적으로 성경을 통해 믿음과 소망과 사랑의 의미를 연구해 왔다. 성경 본문이 믿음, 소망, 사랑에 관하여 무엇이라 말하는지 묻는 것은 중세 아우구스티누스로부터 루터 시대에까지 융성했다가, 현대에 들어와서 다시 르네상스를 맞이하는데, 이는 고대 그리스도인의 성경 읽기 방식과 일치한다.

성경은 우리에게 무엇을 믿고(믿음), 무엇을 행하며(사랑), 무엇을 고대하라(소망) 하는지 묻는다.[2]

---

[1] Gorman, 『삶으로 담아내는 복음』, 123.
[2] Gorman, 『삶으로 담아내는 십자가』, 23.

구원 받은 삶은 믿음, 사랑, 소망의 삶을 모두 포함한다. 은혜로 인해 믿음으로 말미암은 구원은 다른 이들의 유익을 위해 자신을 내어주시는 그리스도를 닮은 사랑의 삶, 하나님과 그리고 서로 간에 화해하여 교제하며 완성을 향해 가는 소망의 삶이다.

이런 측면에서 구원에 따른 믿음 사랑 소망의 삶은 예언자적이며 회복시키는 정의의 삶, 의의 삶, 궁극적으로 하나님의 영광에 온전히 참여하는 삶이다.

믿음, 사랑, 소망의 삶은 신자들이 자주 이야기하는 것이지만 사실 이것들은 말로가 아닌, 신자들의 행위이며 신자들 자신인 것이다.[3]

그러므로 구원 받은 삶은 믿음과 사랑과 소망은 연결되며 십자가를 본받는 삶과 관련된다.

데살로니가전서에는 믿음, 사랑, 소망의 순서로 언급된다. 특히, 소망이 가장 나중에 나오면서 가장 크게 강조되고 있다. 이 덕목들은 단순히 내면적인 태도라기보다는 실천을 수반하는 태도다. 이 덕목들은 역사하고 수고하고 인내하며(살전 1:2-3), 영적·묵시적 전투에 필요한 요소다(살전 5:8).

믿음, 사랑, 소망의 순서로 배열할 수 있고 이는 실천적인 측면에서 십자가를 본받는 삶과 연결된다. 그리고 얼마나 필수적인지를 알게 한다.[4]

이것은 교의학적인 측면에서 단계적 구분이 아니라 연속선상에서 칭의, 성화, 영화와 연결된다고 볼 수 있다. 믿음으로 의롭게 되었으며, 사랑으로 성화되어 가며, 소망으로 영화를 바라보고, 현재 누리는 삶을 살아간다.

---

3 Gorman, 『삶으로 담아내는 복음』, 94.
4 Ibid., 124-25.

그러므로 이 세 가지 "덕목"은 복음의 기원과 예수님 안에 나타난 계시와 선포 그리고 이로써 나타난 다양한 결과를 반영한다. "믿음, 사랑, 소망"이라는 덕목은 단순히 임의적으로 만들어진 조합이 아니라 복음이 이루어낸 자연스러운 결과다.[5]

실천으로서 믿음은 고난과 죽음까지 받아들일 정도의 신실함에 관한 이야기며, 하나의 실천으로서 사랑은 그리스도를 본받는 독특한 형태를 띠는데, 약한 자들 편에 서며 지배를 피하고 섬김의 자세를 취하는 것, 하나의 실천으로서 소망은 평화롭게 살고(여기에는 비폭력이 포함된다), 평화를 만들어 간다는 의미라는 것이다.[6]

여기에 능력을 추가하고 있다. 그 이유는 이미 앞에서 설명한 바와 같이,[7] 믿음과 사랑을 실행할 수 있는 능력이 연결되고 동반되기 때문이다.

---

5 Ibid., 166.
6 Gorman, 『속죄와 새 언약』, 22.
7 Gorman은 믿음, 사랑, 소망에 능력을 추가하는 것이 적절한 것은 다음 몇 가지 이유 때문이라고 설명한다.

첫째, 능력은 초기 그리스도인들의 체험뿐만 아니라, 특히 바울의 십자가 영성의 중심을 이루고 있다.
둘째, 사람들은 종종 힘의 행사를 사랑과 대비되는 것으로 생각하기 때문에 바울의 글에 나타난 능력과 사랑의 관계를 살펴볼 필요가 있다(사랑을 다룬 장들 뒤에 곧바로 능력을 다룬 장을 둔 것도 그 때문이다).
셋째, 우리는 힘을 인간의 가장 중요한 체험으로 여겼던 니체(Nietzsche) 이후 시대를 살고 있는 동시에, 모든 인간 관계가 번번히 힘의 관계로 규정되는 시대에 살고 있으므로, 이 능력(힘)이라는 주제를 결코 피할 수가 없다.

믿음, 사랑, 소망에 더하여, 어떤 본문이 능력에 관하여 무어라고 말하는지 본문에 물어보는 것은 바울의 정황에서나 우리 시대의 정황에서나 모두 타당한 일이라고 생각한다. 그러므로 십자가를 본받는 삶은 믿음, 소망, 사랑, 능력의 삶이기도 하다. Gorman, 『삶으로 담아내는 십자가』, 23.

이제 기독교의 핵심 가치인 믿음, 사랑, 소망에 능력을 더하여 십자가를 본받는 삶을 통하여 그 덕목들의 의미를 살펴보려고 한다.

1. 첫 번째 덕목: 십자가를 본받는 삶의 믿음

　교회를 다니고 믿는다고 고백은 하지만, 신앙의 삶과는 괴리를 느끼는 분들이 계신다. 믿음의 영역을 함부로 판단할 수 없기에 조심해야 하겠지만, 예수님을 믿는다는 증거가 전혀 보이지 않는 분들이 계신다.
　교회에서 장로가 되기를 간절히 바라시는 분이 계셨다. 새벽기도회에 나오셔서 가장 앞자리에서 기도하기도 하고 주차 봉사도 하고 소그룹 리더도 하면서 나름 성도들에게 눈에 띄려고 노력하셨다. 그러나 안타깝게도 장로 후보가 되지 못했다.
　더 안타까운 것은 그다음에 벌어진 상황이다. 집에 들어가서 자고 있는 아내를 발로 찼다는 것이다. 그렇게 행동한 이유는 자신이 장로 후보에 들지 못한 것이 자신의 아내 때문이라고 생각했다는 것이다. 기가 찬다.
　그에게 믿음이란 무엇인가?
　자신은 믿음을 가진 자라고 공적으로 선언을 했고, 장로를 염두에 두신 것을 보면 교회도 열심히 다닐 뿐만 아니라 활동도 적극적으로 하고 있을 것이다.
　그러나 그에게 믿음은 지적 동의와 욕망(장로가 되고 싶은)의 도구에 지나지 않는 것 같다. 이것을 믿음의 증거라고 할 수 없다. 그의 믿음은 사유화되고 계급화된 믿음, 왜곡된 믿음, 공적으로 증명할 길이 없는 믿음이다.

곧, 믿음을 개인적인 욕구를 성취하는 도구로 만들고 마치 교회 내에서 신분 상승의 방법으로 전락시키는 결과를 초래한다.

오늘날 한국 사회 속에서 이토록 믿음을 자기 명예나 과시의 대상으로 삼고 믿음의 증거를 전혀 갖지 않은 채 믿음 생활을 하면서 자신이 구원받았다고 확신하는 사람들이 많다. 심지어 교회를 다니지 않으면서 자신의 믿음을 강변하는 사람들도 있다.

교회를 다니지 않으면서 자신은 예수님을 믿으며 나름 신앙심이 훌륭하다고 자부하는 사람을 만난 적이 있다. 그분은 자신이 왜 교회를 다니지 않는지, 자신의 신학이 무엇인지 한참 설명하셨다. 교회에 상처를 받았고, 교회를 다니는 사람과 목사가 싫다고 하면서도 예수님과 자신의 믿음에 대해서는 강조했다.

그러나 자기 변명과 자기 신앙의 자랑일 뿐, 말씀에 순종하여 헌신하는 모습을 찾아볼 수 없었다. 일시적으로는 상처를 이해하고 회복이 필요할 수 있겠지만 교회와 상관없이 자기 변호만 하고, 교회를 비판하면서 자신이 예수님의 제자라고 말하는 것은 믿음 없음을 증거하는 것이고, 예수님의 몸인 공동체를 세우고 섬길 마음이 전혀 없는 믿음이다. 자기에게 갇혀 자기 스스로 위로하는 자기 신앙일 뿐이다.

이런 이기적인 믿음은 한국 교회의 신뢰를 무너뜨린다. 한국 교회에서 믿음에 대해 수없이 가르쳐 왔지만, 믿음의 의미를 다시 생각해 보아야 한다.

특히, 십자가는 믿음의 의미를 깨닫게 하는 좋은 도구가 된다. 십자가를 통해 믿음의 의미에 대해서 숙고해 보아야 할 것이다.

1) 지적 동의를 뛰어넘는 믿음

믿음이란 무엇인가?

바울이 말하는 믿음을 이해하는 데 어려움이 있을 수 있는데, 이는 언어학적 이유 때문이다.

헬라어에서는 "믿음"(πίστ라는 어근)이 명사인 동시에 동사일 수 있다. 헬라어 명사 피스티스(πίστις)는 "지적 확신"(belief)뿐 아니라 "신실함"(faithfulness)을 의미할 수도 있기 때문이다.[8]

물론, 믿음은 인식, 곧 지적 동의라는 중요한 차원을 가진다. 믿음은 복음이 진리라는 사실을 받아들이는 측면, 곧 "예수님이 주님이시다"는 고백을 명제로 삼는다.

예수님을 유일한 주로 고백하는 것은 당시 유대인에게나 이방인에게 있어서 로마 황제를 주(主)로 인정하던 시기에 위험한 도전이었다. 당시 로마는 다신교적 사상이 지배하고 있었기에, 다른 여러 신을 인정하면서 황제 또한 그중의 한 신으로, 주라고 인정하면 되었다.

그러나 초대 교회의 그리스인들은 오직 하나님만이 유일한 신이시고, 그의 독생하신 아들, 십자가에 못 박혀 죽으시고 부활하신 예수님만을 유일한 '우리의 주'로 고백했다.

그리스도 주 예수 외에는 그 누구도 주가 아니다. 그러므로 믿음은 오직 하나님만을 완전히 신뢰하고 확신할 뿐, 다른 누구 다른 어떤 것도 신뢰하지 않는 것이다(빌 3:3-4).

---

8 Gorman, 『삶으로 담아내는 십자가』, 168

그런데 믿음은 이런 지적 동의, 고백적 차원에 머물지 않고, 복음에 반응하며 자세를 취하고 적극적으로 행동하는 측면까지 포함한다. 나아가 믿음은 온전한 참여, 즉 신념과 성품, 공동체적 소속감의 총체적인 변화라는 의미를 가진다. 이것은 바울이 가장 근본적인 방식으로 참여적인 삶을 표현한, "그리스도 안에" 거한다는 것, 즉 구원 자체의 의미다.[9]

믿음이란 구원에 이르게 하는 것인데 구원 자체가 목적이 아니라 그리스도 안에 있으므로 말미암은 결과라는 것이다.

믿음의 출발은 예수님 안에서, 예수님으로부터인데, 예수님이 보여주신 믿음의 본은 십자가에 대한 순종이었다(빌 2:8).

바울은 그리스도의 믿음이 자기를 내어주시고 사랑을 보여주신 십자가형 내러티브 패턴임을 강조하거나(갈라디아서), 더 자세하게, 그리스도의 믿음이 자기를 부인하고 자기를 낮추며 자기를 비운 "성육신"과 십자가 내러티브 패턴임을 강조하는 데 사용한다.[10]

따라서, 믿음이란 지적 동의를 넘어서 메시아이신 예수님이 보여주신 신실함을 토대로 시종일관 십자가를 본받는 삶을 살아가는 것이라고 할 수 있다.[11]

---

9 Gorman, 『삶으로 담아내는 복음』, 53.
10 Gorman, 『삶으로 담아내는 십자가』, 202.
11 Ibid., 168.

2) 복음에 대한 응답으로서 근본적 선택

믿음은 하나님께서 주시는 은혜의 선물인 동시에, 인간 편에서 드리는 의지적 결단이기도 하다(엡 2:8-9).

따라서, 믿음을 가장 간결하게 표현한다면 복음을 듣고 보여야 할 올바른 응답이라고 할 수 있다(롬 10:17). 무엇보다 믿음은 복음에 올바로 응답함으로써 다른 사람들에게 전해진다(살전 1:8).

본질에서 바울은 하나님의 복음, 곧 십자가의 도에 사람이 보여야 할 적절한 응답을 믿음이라는 한 단어로 간결하게 표현한다. 그래서 믿음은 '내러티브 자세'(Faith as Narrative Posture)로서, 올바른 방향을 향한 "근본적 선택"(Fundamental Option)이다.[12]

예수님이 참 사람이시자 하나님께서 보내신 메시아로서 취한 근본적인 태도(fundamental stance)는 하나님께 신실하게 순종하는 자세였다.

샘 K. 윌리엄스는 이렇게 말한다.

> 그리스도인들의 믿음은 그리스도의 믿음이다. 그것은 곧, 그리스도가 본을 보여주신 하나님과 인간의 관계이자, 그리스도가 행동으로 보여주신 삶의 태도다. 이 삶의 태도는 이 태도로 그리스도께서 살다 죽으셨기 때문에 이 제는 그리스도 안에서 살아가는 모든 개인의 실존을 규정한다.[13]

---

12 Ibid., 168.
13 Sam K. Williams. "Again Pistis Christou," *Catholic Biblical Quarterly* 49 (1987): 446.

올바로 방향을 설정한 근본적 선택은 하나님과 올바른 관계를 맺을 수 있게 해주며, 이는 사람이 하나님 앞에서 가져야 할 올바른 자세다. 그리스도 안에 제시된 하나님의 사랑과 은혜를 받아들일 것인지, 거부할 것인지 결정하는 기본적인 의지적 결단이라고 할 수 있다. 그러므로 믿음은 문밖에 서서 두드리시는 예수님을 받아들이는 것이다(계 3:20).

이런 근본적 선택은 인간 편에서는 자기 헌신이라고 말할 수 있지만, 오직 하나님께서 베푸시는 은혜 안에서만 가능하다. 그렇지 않다면, 구원은 하나님께서 베푸시는 선물, 곧 전적인 은혜가 아니라 인간의 능력에 좌우될 것이기 때문이다.[14]

결국, 믿음은 그리스도의 십자가로부터 시종일관 받을 자격 없는 사람에게 주어졌기에 비상응적이지만, 주신 은혜에 대한 응답에 대한 강한 의무감을 느끼게 하기에 순환적이다.[15]

믿음은 은혜로 주어지기에 사전 조건이 없는(unconditioned) 것은 분명하지만, 사후 조건이 없는(unconditioned) 것은 아니다. 믿음이라는 은혜의 선물은 응답을 요구한다(순환적).

그런데 응답은 오직 이 선물에 응답할 인간의 행위 주체를 새롭게 만듦으로써만 가능하므로 인간의 공로로 생각할 수 없다.

---

14 Joseph Fuchs, "Basic Freedom and Morality" (New York: Paulist, 1989), 195.
15 Barclay는 『바울과 선물』을 통해 은혜의 선물로 주어진 구원의 의미를 바울서신과 고대의 문헌을 통해서 정리한다. 핵심은 "은혜의 선물로 주어진 구원은 비상응적이지만 순환적이라는 것"이다. 아무런 자격이나 조건이 없음에도 불구하고 주어졌기 때문에 비상응적이지만, 고대에서 비순환성은 없는 개념이고, 바울서신에도 나타나지 않는다고 논지를 폄으로써 순환적이라고 주장한다. 이것은 "값싼 은혜"가 만연한 한국 교회의 현실에 경종을 울린다. 왜냐하면, 자격 없는 우리에게 은혜의 선물이 주어졌지만(비상응성), 그에 합당한 응답(순환성)을 요구하고 있기 때문이다.

'믿음의 순종'은 부가적인 선물을 획득하기 위한 도구가 아니라 선물 자체에 필수적이다. 새로운 역량을 가지게 된 행위 주체는 신체적인 실천을 통해 죄로부터의 자유와 의에 대한 종 됨과 결단을 표현한다. 이 순종이 없다면 은혜는 효력이 없는 것이며 성취되지 않는 것이다.[16]

다시 한번, 분명히 해야 할 것이 있다. 사람은 자신을 하나님께 내어드려야 하지만, 그런 일이 이루어지려면 그 사람 밖에서 유래한 은혜와 능력이 있어야 한다.[17]

그러므로 믿음이란 예수 그리스도의 십자가 죽음을 통해 하나님께서 베푸신 복음의 은혜를 따라, 다만 응답하는 근본적인 선택이다. 결코, 선택자의 공로로 여길 수 없다.

이런 의미에서 고먼은 그리스도를 믿는 인간적 행위보다 그리스도의 신실함이 끼친 영향력에 대한 반응으로써의 믿음을 강조한다는 의미에서, 소유격으로 보는 것이 타당하다고 주장한다.

"피스티스 크리스투"(πίστεως Χριστοῦ)라는 헬라어 문구를 "그리스도의 믿음"으로 읽게 되면, 앞에서 제시한 대로 바울의 믿음을 해석하는 입장이 명료해지고 더 힘을 얻게 되는 것은 사실이라고 말한다. 그리고 동시에 균형을 잡으려고 노력한다.

그렇다고 "그리스도의 믿음"으로 읽어야 한다는 주장에만 의존하는 것은 아니다. 바울서신 전체는 예수님의 죽음을 그 죽음에 믿음으로 응답하는 사람들을 해방해 주는 행위로 묘사한다. 바울서신은 이 해방을 결코 어

---

16 Barclay, 『바울과 은혜의 능력』, 231.
17 Gorman, 『삶으로 담아내는 십자가』, 172.

떤 보충적 체험이나 "회개 이후의" 체험으로 묘사하지 않고, 도리어 그리스도의 죽음이 가진 목적에 긴요한 것이자 믿음이 그 죽음에 제시하는 응답으로 묘사한다.[18]

3) 그리스도와 함께, 공동체와 함께 시작하는 삶

믿음은 무엇보다 그리스도와 함께 살아가는 삶, 내주하시는 성령의 인도하심을 따라 살아가는 삶을 시작하는 방법(길)이다(갈 3:1-5).

갈라디아서 2장 20절에서 바울은 "내가 그리스도와 함께"라고 말한다. 믿음은 예수 그리스도와 함께 시작한다.

믿음의 가장 기본적인 의미는 마음을 돌이켜(회개, conversion)[19] 메시아를 믿음(messianic faith), 메시아공동체로 나아가는 반응 또는 그런 믿음과 공동체 안으로 처음 발을 들여놓는(시작, initiation) 반응이다.[20]

그러므로 믿음이란 회개하여 그리스도 안에서, 그리스도 안에 있는 사람들과 함께 시작하는 삶이다.

바울은 회개와 시작(conversion-initiation)을 한 단어로 압축해 놓은 이 "믿음"이 세례와 긴밀하게 결합하여 있다고 생각한다(고전 6:11; 갈 3:22-29).

---

18 Ibid., 242. 소유격과 목적격의 논의는 이 단원 각주 31을 보라.
19 Peace는 회심을 사도행전을 통한 바울의 경우(급진적)와 마가복음을 통한 12제자의 경우(점진적)를 통해 조금 더 폭넓은 의미로써 깨달음, 돌이킴, 변화라는 측면으로 해석하고 있다. 바울의 경우 즉각적인 행동에 따른 장기적인 부르심의 의미를 설명한다. 그러므로 회심은 순간적인 의미와 점진적인 의미를 모두 포함한다고 주장한다. Peace. 『신약이 말하는 회심』, 135, 386-87.
20 Gorman, 『삶으로 담아내는 십자가』, 208.

"씻음과 거룩함과 의롭다 하심을 받았다"라는 말이 "주 예수 그리스도의 이름과 우리 하나님의 성령 안에서"라는 말과 결합하여 있다는 것은 고린도 사람들이 예수를 주로 고백하고 그의 이름으로 세례를 받은 것("씻음을 받았다")을 믿음이 존재하는 증거로 보았으며, 믿음이 존재하는 이에게는 성령을 받는 일이 함께 일어난다고 보았음을 시사한다.

또한, 믿는 자들은 믿음으로 의롭다 하심을 받았으며, 하나님의 자녀의 아브라함의 상속자들이 됨으로써 성령을 받았다(롬 4:13).

믿음과 세례의 관계에는 두 가지 의미가 있다.

첫째, 바울은 개인의 사적인 믿음과 공중 앞에서 이 믿음을 고백하는 것(세례도 이 고백에 포함된다)이 함께 붙어 다닌다고 본다. 둘 다 구원에 필요하다. 즉, 회개와 시작은 사적인(personal) 일이자 공적인(public) 일이다.

믿음은 사람을 그리스도 안에서 하나님과 나누는 사귐 속으로 인도하는 동시에, 다른 신자들과 나누는 사귐 속으로 인도한다. 처음에는 사사로운 일, 개인적인 일이지만 그 상태를 계속 유지할 수 없는 일을 공적인 일, 공동체 차원의 일로 만들어 주는 것이 바로 세례다.

둘째, 세례는 믿음의 비유적 표현이요, 상징적인 내러티브다. 세례는 믿음의 주된 내용(예수님의 죽음과 장사와 부활[롬 6:1-11; 고전 15:3-4와 비교해 보라])을 표현하는 동시에, 믿음의 본질이 단지 예수에 관한 내러티브를 긍정하는 데 그치지 않고 이 내러티브에 동참하는 것임을 표현한다.

따라서, 바울이 세례에 관해 이야기하는 것은 예수님과 함께 시작하는 믿음에 관해, 공동체와 함께 시작하는 참여에 관해 이야기하는 것이기도

하다(갈 3:27-28).²¹

세례를 받음으로써, 개인적으로 세례가 의미하는 바 주 예수 그리스도의 이름과 하나님의 성령 안에서 새롭게 시작하는 것이 믿음이다. 그리고 믿음은 그것을 공동체에 공적으로 고백하고 그들과 더불어 그리스도와 함께 시작하는 삶이다.

4) 회복과 해방, 평화의 삶

믿음은 그리스도와 시작하는 삶으로써 효과를 발휘한다. 믿음은 그리스도께서 십자가에 못 박혀 죽으신 죽음이 의도하는 모든 결과를 실현한다. 믿음을 통해 회복과 해방, 평화가 나타난다.

마가복음 5장은 혈루병을 앓는 여인을 통해 믿음의 내용을 보여준다. 여인은 예수님이 자신을 치유하실 수 있다는 믿음으로 예수님의 옷자락을 만졌고, 예수님의 능력이 그녀를 치료했다. 믿음의 결과는 삼중으로 드러난다. 그녀는 치유 받았고, 고통에서 해방되었으며, 마침내 평안을 얻게 되었다(막 5:34).

여기서 "평화"는 '구원'과 동의어다. 이는 단순히 마음의 평온만 의미하는 것이 아니라, 폭풍과 역경의 한가운데서도 하나님과 온전한 관계를 회복한 사람의 중용 상태를 의미한다.²² 또 믿음은 해방을 의미한다. 죄로부터(롬 6:18), 죄로 말미암은 결과로부터 해방되는 것을 의미한다(롬 8:2).

21　Ibid., 209.
22　Peace, 『신약이 말하는 회심』, 331.

하나님의 은혜로 말미암은 믿음은 그 사람을 해방해 종으로 만든다(liberates and enslaves). 믿음은 인간을 노예로 삼은 원수의 권세들로부터 해방해 하나님의 종, 의의 종으로 만든다(롬 6:18). 믿음은 성령이 가능케 하신 신실한 새 삶을 시작하게 한다. 십자가를 본받는 삶을 체험하는 것이다.[23]

바울이 볼 때, 믿음은 죽음, 곧 생명을 만들어 내는 죽음을 체험하는 것이다. 그래서 바울은 "내가 그리스도와 함께 십자가에 못 박혔다"(갈 2:20)라고 말씀한다. 나는 죽고 예수님으로 사는 삶을 통해 진정한 치유와 회복, 평화의 삶을 시작하는 것이다.

믿음이 시작되어, 믿음 안에서 십자가에 못 박혀 죽은 사람들은 개인적인 차원을 넘어 하나님께 반역한 세상의 특징인 우상 숭배와 부도덕과 불의한 습관을 등지고 세상을 떠났다(롬 1:18-32; 갈 6:14).

초대 교회 그리스도인들은 음욕과 타락의 온상이자 인맥 관리의 장이었던 목욕탕과 연극장을 피했다. 그로 인해 반사회적이라는 오해를 받기도 했다. 사회적 피해를 감수하고서라도 그들은 죄에 대해 죽고, 죄를 가까이 하지 않았다. 또한, 죄와 세상에 대하여 죽은 것은 십자가에 못 박히는 것으로 자아에 대해 죽는 것도 포함한다(롬 6:2하-3, 6-7, 10-11).

믿음의 효과는 개인적으로든, 사회적으로든 십자가에서 죽음이라는 과정을 통해 나타난다. 십자가에서 죽음이라는 과정을 통과하게 되면, 진정한 내면의 회복과 평화의 의미를 깨닫게 된다.

이런 의미에서 세례가 표현하는 믿음의 의미를 더 자세히 이해할 수 있겠다. 세례는 그리스도의 죽음과 부활을 "상상 속에서 재연하는 것", 곧

---

23 Gorman, 『삶으로 담아내는 십자가』, 212.

"그리스도의 진짜 죽음과 부활을 상상 속에서 이루어지는 자기의 죽음 및 부활을 통합하는 것"이다.[24] 죽음으로써 진정한 해방, 평화를 얻을 수 있기 때문이다.

5) 영역 이전에 따른 새로운 방향 설정

그리스도가 죄에 대하여 죽으시고 부활하심으로 얻으신 하나님을 향한 새 생명에 동참함으로써 해방을 얻는 체험을, 죽음과 불의가 다스리는 실존 영역으로부터 의와 생명이 다스리는 영역으로 옮겨가는 "영역 이전"이라고 부르기도 한다.[25]

> … 그런즉 이제 내가 산 것 아니요 오직 내 안에 그리스도께서 사신 것이라 … (갈 2:20).

그리스도에 대한 신뢰는 그리스도만이 참된 가치임을 인정하는 것이다. 이런 신뢰와 믿음은 가치에 대한 어떤 대안적인 상징도, 그 자체만으로 존경할 만한 정제된 영성도 아니다. 반대로, 그리스도에 대한 신뢰인 믿음은 일종의 파산 선언이자, 하나님의 경제 안에서 유일한 자본은 다른 어떤 가치 기준과 상관없이 주어지는 그리스도의 선물이라는 급진적이고도 충

---

24 Ibid., 214.
25 E. P. Sanders, *Paul and Palestinian Judaism*, 467-68. Sanders는 "바울이 볼 때 그리스도의 죽음이 갖는 가장 중요한 의미는 한 사람이 그리스도의 죽음에 동참함으로써 죄의 권세 내지 옛 시대에 대하여 죽고 그 사람이 하나님의 소유가 된다는 것이다. 이런 이전(옮겨감)은 우상 숭배와 성적 부도덕이라는 부정함으로부터 정결함과 거룩함으로 옮겨가는 것뿐만 아니라 한 주로부터 다른 주로 옮겨간다는 것을 의미한다. 이런 이전은 그리스도의 죽음에 참여함으로써 일어난다"고 말한다.

격적인 인식이다.[26]

　나는 죽었고, 세상에 대하여 죽었고, 세상 가치에 대하여 죽었고, 이제는 예수님으로 산다는 완전한 영역 이전이다.

　이는 구약의 출애굽과 비견될 수 있다. 출애굽은 "전후 맥락이 모자란 해방이 아니었다. 오히려 출애굽은 주인의 변경이었다." 이스라엘은 여호와의 종이 되고(레 25:42을 보라), "여호와는 이스라엘의 새 '주인'이 되셨다."

　이에 따라, 신약에서 바울은 초기 그리스도인들이 예수를 하나님의 종이나 하인, 하나님의 둘로스로 묘사한 것을 긍정하면서, 바울 자신도 그리스도의 종, 그리스도의 '둘로스'로 본다(롬 1:1; 빌 1:1; 갈 1:10).

　또한, "종" 또는 "일꾼"(고후 11:23)의 지위에 있음을 기꺼이 강조함으로써 자신이 그리스도에게로 영역이 이전되었음을 선언한다[27].

　영역이 이전됨으로써 신자들은 "죄에 대하여 죽고 그리스도 예수 안에서 하나님께 대하여 살아 있다"(롬 6:11). 다시 말해, 그들은 "하나님의 종이 되었다"(롬 6:22). 우상을 버리고 하나님께 돌아왔다.

　하나님의 자녀 된 신자들이 진정 해방을 누리는 것은 오직 그리스도 안에서 성령의 인도하심을 받을 때 이루어진다(롬 8:9-17). 각 신자는 자유를 얻은 하나님의 사람이자 하나님의 종이다(고전 7:22-23).

　그리스도의 십자가, 곧 그리스도께서 선물로 주신 믿음은 삶 전체의 방향 설정과 의미에 완전히 새로운 중심을 설정해 주는 것이기에, 바울은 이

26　Barclay, 『바울과 은혜의 능력』, 132.
27　Gorman, 『삶으로 담아내는 십자가』, 215.

렇게 말한다.

> 내가 우리 주 예수 그리스도의 십자가 외에 결코 자랑할 것이 없으니 그리스도로 말미암아 세상이 나를 대하여 십자가에 못 박히고 내가 또한 세상에 대하여 그러하니라 (갈 6:14).[28]

신자의 삶 전체가 세상에 대하여 못 박히고, 그리스도만을 자랑하는 방향으로 새롭게 설정되었음을 말한다.

또한, 믿음은 영역이 이전된 그리스도의 몸인 한 공동체 안으로 들어가 그 공동체와 하나가 되는 일을 시작하는 것, 그 공동체 안에서 끊임없이 죽는 삶, 곧 십자가를 본받는 삶을 시작하는 것이다. 공동체 안에서 실천하여 함께 성숙해 가는 것이다.

믿음으로 말미암아 시작되는 이 다른 차원들 가운데 가장 중요한 것은 공동체 안에서 십자가를 본받아 다른 사람들을 사랑함으로써 자신의 영역 이전을 확인하는 것이다. 서로 사랑함으로써 예수 그리스도께서 서로의 주인이 되었음을 표현하는 것이다.

그러므로 십자가를 본받는 믿음은 영역 이전에 따른 새로운 방향 설정이고 이를 공동체와 함께 실천하는 삶의 시작이다.

---

28 Barclay, 『바울과 은혜의 능력』, 136.

6) 언약 속 순종과 충성의 관계

믿음이란 하나님을 아버지로 모시고 예수님을 주인으로 삼은 결단이기에, 하나님께서 원하시는 뜻을 이루어 드리기를 원하는 삶이기도 하다. 그러므로 믿음은 "복음을 믿을 뿐 아니라 그 복음을 구현하기를 원하고 그렇게 함으로써 바로 그 삶과 하나님의 선교에 참여하기를 원하는 것"[29]이다.

"믿음의 순종"(믿어 순종함)은 매일매일 십자가를 본받는 삶을 의미하는 믿음이다.

> … 이제 내가 육체 가운데 사는 것은 나를 사랑하사 나를 위하여 자기 몸을 버리신 하나님의 아들을 믿는 믿음 안에서 사는 것이라(갈 2:20).

십자가를 본받는 믿음은 "믿는 충성"(believing allegiance)으로 이해할 수 있다.[30]

로마서 5장에서 바울은 그리스도의 십자가 죽음이 그리스도의 순종 내지 믿음으로서[31] 구원의 기초임을 말하지만, 로마서 6장은 이런 가르침에

---

29 Gorman, 『삶으로 담아내는 복음』, 17.
30 N. T. Wright는 이 용어를 계속적으로 사용해오고 있다. (예. *Justification: God's Plan and Paul's Vision* [Donwers Grove, II.:InterVarsity, 2009], 181). 신실한 충성이라는 용어는 그의 저서 *Paul and the Faithfulness of God*에 만연해 있다.
31 Gorman은 '피스티스 크리스투'를 소유격으로 해석함으로써 그리스도의 믿음, 그리스도의 신실함의 의미를 강조한다. 그러나 이후의 논의를 보면 알겠지만, 그는 목적격의 의미를 반대하지 아니하고 균형을 잡으려고 노력한다. Barclay는 이를 목적격으로 보는 것이 타당하다고 보아 "그리스도를 신뢰하는 것"으로 해석한다. "신뢰"는 관계라는 개념을 생각나게 하며, 바울이 이 단어로 어떤 비인격적인 진리들의 모음에 대한 믿음이 아니라 하나님이 예수님의 죽음과 부활 속에서 이루신 결과에 대한 인격적인 의존

진심으로 순종하는 것(6:17)이 그리스도의 죽음을 단지 구원의 기초일 뿐 아니라 믿음/순종의 패턴으로 받아들임을 의미한다고 이야기한다.[32]

바울은 믿어 순종함(롬 1:5; 16:26)이라는 문구를 써서 믿음과 순종, 충성의 상호 관계를 요약함으로 자신이 복음을 전하는 목표를 설명한다.

복음은 단순히 믿어야 하는 것에 그치지 않는다. 순종, 충성해야 한다. 순종과 믿음은 본래 같은 말이다.

> 그런즉 그들이 믿지 아니하는 이를 어찌 부르리오, 듣지도 못한 이를 어찌 믿으리오, 그러나 그들이 다 복음을 순종하지 아니하였도다. 이사야가 이르되 주여 우리가 전한 것을 누가 믿었나이까 하였으니(롬 10:14, 16).

바울은 "믿음"과 "순종"은 상호 교환적이며 서로 연결되어 있는데, 사실은 이스라엘과 여호와의 관계의 경우처럼 믿음이 진정 어린 섬김(devotion)과 구체적인 헌신(commitment)의 자세라는 것을 암시한다.[33]

"믿음의 순종"은 순종을 받으셔야 할 분, 곧 하나님의 뜻을 알 때만 이루어질 수 있다.

을 말하고 있기 때문이라고 본다. 그리고 "우리가 그리스도 예수를 신뢰하니"(갈 2:16)라는 어구를 사용함으로써 애매모호한 약칭을 통해 의미하는 바를 분명히 하고 있는 것으로 보아 그리고 롬 3:22에서 "모든 믿는 자"라는 표현을 통해 하나님이 그리스도 안에서 이루신 일에 의존하는, 새로운 존재 방식을 가진 사람들의 믿음(혹은 신뢰)을 가리키는 것으로 읽는 것이 최선이라고 생각하여 목적격이 타당하다고 설명한다. Barclay, 『바울과 은혜의 능력』, 128, 196.

32 Gorman, 『삶으로 담아내는 십자가』, 223
33 Gorman, 『삶으로 담아내는 복음』, 170.

하나님은 그리스도의 순종과 같이 자기 백성이 그들의 삶을 하나님이 기뻐하시는 거룩한 산 제사로 드리기를 원하신다. 그리하여 이 세대를 본받지 아니하고 마음을 새롭게 함으로 변화를 받아 하나님의 선하시고 기뻐하시고 온전하신 뜻이 무엇인지 분별하기를 원하신다(롬 12:1-2).

자기를 제물로 드리게 되면, 결국 이 세대를 본받지 않는 일, 곧 바울이 다 세상에 대하여 "죽음" 또는 "십자가에 못 박힘"이라고 부르는 일이 일어나고 마음의 변화가 일어나게 되며, 그리스도의 마음을 갖는 것(빌 2:5; 고전 2:16), 다시 십자가에 못 박히신 그리스도를 본받는 것 또는 십자가를 본받는 삶이라고 부르는 일이 일어나게 된다.[34]

하나님과 올바른 관계를 수립하는 길은 율법을 지키는 행위에 있는 것이 아니라 예수 그리스도께서 행하신 한 신실한 행위, 곧 순종하는 믿음이라고 말한다.

따라서, 예수님의 믿음은 의롭다 하심을 얻게 하는 객관적 근거다. "예수님이 주님이시다"라는 고백은 불순종의 자세를 순종하는 자세로 바꾸는 것을 의미한다. "예수님이 주님이시다"라는 고백에 관하여 루크 존슨은 이렇게 주장한다.

> (이 고백은) 실천 선언(performative statement)이다. 즉, 단지 어떤 사실을 선언하는 데 그치지 않고 그렇게 선언한 자가 실제로 어떻게 살아갈 것인가를 선언했다는 데 의미가 있는 선언이다.[35]

---

34 Gorman, 『삶으로 담아내는 십자가』, 224

35 Luke Timothy Johnson, *Living Jesus : Learning the Heart of the Gospel*(New York:HarperSanFrancisco, 1999), 5-6.

이 고백에는 결과들이 따른다. 의롭다 하심은 선물이다. 본회퍼는 말한다.

> 의롭다 하심은 값진 선물이다. 믿음은 예수님이 주님이시며 내가 그분의 종임을 고백하는 것이요, 하나님께서 베푸시고 요구하시는 것이 불순종하고 신실치 못한 이스라엘과 경건하지 않은 인간 전체 속에서 언약에 신실한 모습을 회복시켜 주시는 한 가지 선물임을 확신하는 것이다.[36]

주님의 종으로서, 의롭다 하심의 선물에 감사하며 불순종에서 순종으로 회복하는 것이 믿음인 것이다. 그러므로 믿음이란 종으로서 주인에게 드리는 충성 선언이라고도 할 수 있다.

하나님의 은혜는 우리에게 어떤 상응할 만한 공로나 가치가 없음에도 불구하고 주어지는 것이기에, 사전 조건이 없는, 즉 비상응적(unconditioned)인 것이지만, 변화에 대한 기대 없이 주어진 것은 아니다. 그러므로 사후 조건이 없는, 즉 비순환적(unconditional)인 것은 아니다. 은혜에 따른 합당한 응답을 요구하는 순환적인 것이다.

하나님의 은혜는 선행하는 조건들이 없다는 점에서 분명히 값이 없다. 그래서 그것은 기적과 같이 언제나 인간의 무능으로부터 나왔기 때문에 사전 조건 없는 선물로 남는다. 그러나 은혜는 어떤 변혁적인 결과도 기대하지 않는다는 의미에서 '값싼' 것은 아니다.[37]

---

36 Dietrich Bonhoeffer, *The Cost of Discipleship*, rev.ed., trans. R. H. Fuller(New York:Macmillan, 1959). 45-60
37 Barclay, 『바울과 은혜의 능력』, 205.

그런 의미에서 연구 없이 쉽게 생각하여, 예수 그리스도의 십자가를 은혜로 무조건 주어지기만 하고, 아무 기대 없이 받기만 하고 거기에 만족하는 구원파 식의 방종으로 생각해서는 안 된다. 일방적으로 주어지기만 하고 아무 기대가 없는 은혜는 성경 이전의 고대에는 없는 개념이며, 바울서신에도 나타나지 않는다는 주장을 기억해야 한다.[38]

그리스도 십자가의 선물은 자격 없는 사람들에게 무조건적으로 주어졌지만 순종, 충성을 다하는 믿음을 기대한다.

그러므로 바울이 말하는 믿음은 언약적 내지 관계적 믿음이다.

> 믿음은 변하지 않는 것이요 우리 마음속 깊이 가라앉아 있는 것이어서, 평생 동안 계속되는 것이다. 따라서, 갑작스런 충동에 이끌려 믿는 사람은 믿음을 가진 사람이 아니며, 이런 사람을 믿음을 가진 사람으로 계산해서도 안 된다. 하지만, 마치 그리스도에게 늘 달라붙어 있는 사람처럼, 하나님이 그에게 정해주신 자리에 계속하여 그리고 견고하고 요동치 않는 다리로 버티고 서 있는 사람은 믿음을 가진 사람이다.[39]

이것이 흔들리지 아니하고 예수님을 따르는 순종의 믿음이다. 십자가를 본받는 삶에 따른 하나님의 언약과 관련하여 믿음은 다음과 같이 확장된다.

---

38 Ibid., 366. 『바울과 선물』 서평: "바클레이는 어떻게 샌더스를 넘어섰는가?"에서 김형태는 "값싼 은혜"가 만연한 한국 교회의 현실에 신선한 충격을 줄 것이라고 생각한다.
39 John Calvin, *Romans*, James R. Edwards. *Romans*, NIBC (Peabody Mass: Hendrickson, 1992), 143.

첫째, 하나님과 맺은 올바른 관계(언약)

둘째, 이 관계로 말미암아 타인과 맺은 올바른(나아가 "경건한") 관계(덕)

셋째, 하나님과 맺은 올바른 관계로 말미암아 마지막 심판 날에 무죄 선고를 받게 되는 것(의롭다는 변호를 받음)

여기서 우리는 언약과 관련하여 하나님과 이웃에게 신실함을 보이고 마지막 때에 하나님으로부터 인정을 받음을 일컫는 것임을 알 수 있다.[40]

순종과 충성의 믿음은 언약 또는 관계적 차원에서 하나님을 사랑하고 이웃을 사랑하라는 율법을 요약한 것을 살아내는 믿음, 곧 십자가를 본받는 믿음이다.

7) 대가 요구에 응답: 응답에 대한 대가

믿음은 은혜와 이에 따른 기쁨의 시작이다. "기쁨으로 말씀을 받은"(살전 1:6) 순간, 믿음은 시작되었다.

그러나 바울은 때때로 믿음이 괴로움 및 위험과 결합됨을 말한다. 믿음은 죽기까지, 심지어 십자가에서 죽기까지(빌 2:8) 순종한 이야기다. 순종하는 믿음의 삶, 그런 죽음을 죽은 분, 곧 그리스도 예수님과 하나가 되는 삶은 값진 삶이다.[41]

40　Gorman, 『삶으로 담아내는 십자가』, 228.
41　Ibid., 243.

십자가를 본받는 믿음은 예수님이 치르신 고난에 대한 응답이다. 십자가를 본받는 믿음은 값비싼 대가(희생)를 요구한다. 그 믿음은 예수님의 목숨을 요구했다.

뿐만 아니라, 바울은 예수님을 따르려는 사람들에게 고난을 말씀한다. 디모데후서는 바울의 시각과 체험을 다음과 같이 요약한다.

> 무릇 그리스도 안에서 경건하게 살고자 하는 자는 박해를 받으리라(딤후 3:12).

믿음 때문에 핍박을 받을 때, 신자가 보일 수 있는 유일한 올바른 반응은 더 큰 믿음이다. 더 큰 믿음은 끈질기게 견디는 것이다(롬 5:3-4; 고후 1:6; 살전 1:3; 살후 1:4; 3:5를 보라).

> 주께서 너희 마음을 인도하여 하나님의 사랑과 그리스도의 인내에 들어가게 하시기를 원하노라(살후 3:5).

믿음 자체가 능력은 아니다. 그러나 믿음은 예수님께 나아가게 함으로써, 예수님의 능력이 결과를 야기하게 한다. 믿음은 우리를 예수님께 나아가게 한다. 그리하여 결국, 예수님이 그 믿음을 보고 반응하시며,[42] 응답을 요구하시는 것에 응답함으로써 얻는 대가다.

십자가를 본받는 믿음은 그리스도 안에서 하나님이 행사하신 주도권에 역동적으로 응답하는 것이요, 예수님이 순종함으로 보여주신 신실하심 속

---

42 Peace, 『신약이 말하는 회심』, 336.

에 나타난 하나님의 의라는 종말론적 계시를 인식하는 개인과 공동체가 취해야 할 근본적 내러티브 자세다. 믿음은 "참여주의자"의 특성과 "종말론적 계시"의 효과를 갖는 응답이다.[43]

첫째, 믿음은 하나님께 순종함으로 자신을 바치는 내러티브 자세다(롬 6:13하, 12:1). 믿음은 실로 예수님의 믿음에 동참하는 것이다(롬 3:26). 그리고 의와 생명은 그리스도인들이 그리스도의 믿음 때문에 참여하게 된 은혜의 선물들이다.

둘째, 믿음은 결국 그리스도 '안에서' 사는 사람들에게 바친 삶이 갖고 있는 독특한 표지다.[44] 믿음의 반응을 요구하시는 하나님 앞에 응답하며 순종하고 충성함으로, 다시 주님의 역사를 경험하는 대가를 얻은 것이다.

결국, 값비싼 대가를 요구하시는 주님 앞에 응답하는 것이 믿음이요, 믿음으로 응답함으로써 주님의 역사를 경험하는 대가를 얻는 것이 또한 믿음이라고 할 수 있다.

---

43 Gorman, 『삶으로 담아내는 십자가』, 253.
44 Richard B. Hays, *Faith of Jesus Christ; An Investigation of the Narrative Substructure of Galatians 3:1-4:11*. SBLDS 56 (Chico, Calif.: Scholars Press, 1983), 235.

8) 첫 번째 덕목의 결론

십자가를 본받는 믿음은 하나님의 은혜 가운데 이루어진 응답으로서의 근본적 선택이다. 올바로 정립된 "근본적 선택"은 자기 자신을 하나님께 드리는 이야기, 믿음을 신실함 내지 언약에 충실함으로 이해하는 인생 이야기다. 그러므로 그리스도인들은 십자가를 본받는 믿음 앞에서 성령의 이끌림을 따라 선택하고 결단해야 한다.

믿음을 마주한 것은 십자가 앞에 선 것이다. 십자가 앞에서 우리가 할 수 있는 것은 둘 중 하나다. 중도는 없다. 도망치든지, 그 위에 못 박혀 죽든지 결정해야 한다. 제자가 되어 십자가를 지고 따르든지, 제자가 되는 것을 포기하든지 선택해야 한다.

신자의 믿음은 그리스도의 믿음을 본받는다. 죽기까지 복종하셨던 그리스도의 믿음을 본받기를 소원해야 한다. 예수님께서 그리스도이시기 위해서 십자가를 지신 것같이, 성도가 성도이기 위해서는 십자가를 져야 한다.

그러므로 십자가를 본받는 믿음에는 고난이 따른다. 고난 속에서 더 큰 믿음을 드리며 인내하면 주님께서 역사하신다. 그러면 믿음을 보시고 반응하시는 주님의 응당한 대가인 하나님의 역사를 경험하게 된다.

십자가를 본받는 믿음은 결코 개인적이고 사유화된 믿음, 곧 자기 욕구를 채우기 위한 믿음으로 전락할 수 없다. 권력이나 명예를 위한 믿음이 될 수 없으며, 헌신과 결단이 아닌 하나님을 이용하기 위한 기복적인 믿음이 될 수도 없다.

십자가를 본받는 믿음은 주님이 주인 되어주심에 감격하여 감사하고 충성과 헌신을 드리며 대가를 요구하시는 하나님의 음성에 더 큰 믿음으로 응답하는 것이다. 예수 그리스도의 십자가의 사랑이 얼마나 크고 놀라운 것인지 다시 한번 새기기 때문이다.

  십자가를 본받는 믿음은 지적 동의 또는 교회 다닌다는 고백 수준에 머물고 있는 한국 교회의 신앙과 믿으면 구원 받는다는, 단순히 결과론적 구원관으로 접근하는 한국 교회의 신앙관에 큰 울림이 된다. 한국 교회가 얼마나 잘못 믿고 있는지를 돌아보게 한다.

  십자가를 본받는 믿음은 십자가를 본받는 사랑과 연결된다.

2. 두 번째 덕목: 십자가를 본받는 삶의 사랑

  하나님의 사랑은 인간의 상식과 이해를 뛰어 넘는다. 자기를 좋아하는 사람을 사랑하는 것은 당연한 것이지만 "원수까지도 사랑하라"(마 5:44; 눅 6:27)는 예수님의 말씀은 도무지 이해하기 힘들다.

  감정에 따른 사랑은 쉽게 할 수 있지만 감정을 뛰어넘어 의지적으로 결단을 하는 사랑은 쉽지 않다. 죄악으로 원수된 우리를 사랑하셔서 독생하신 아들을 주신 하나님의 사랑은 감정을 뛰어 넘는 사랑하기로 작정하신 의지적 사랑이라고 할 수 있다.

  하나님께서 십자가를 통해 보여주신 사랑을 어떻게 실천할 수 있을까?

  이 사랑은 능력과 소망과 연결된다. 인간적으로는 도무지 할 수 없는 일이지만, 하나님의 능력이 이를 실현케 하며 하나님께서 하실 일에 대한 소망이 그것을 가능케 한다.

필자가 부목사로 수도권에서 사역을 할 때의 일이다. 나이가 지긋한 여성분께서 상담이 필요하다며 전화를 주셨다. 그리고는 다짜고짜 물으셨다.

목사님, 목사님의 교회에서는 며느리가 시어머니의 뺨을 때려도 된다고 가르치시나요?
제 며느리가 교회에서 그렇게 가르쳤다고 합니다.

순간 당황했지만 정중히 대답을 드렸다.

어머님, 어느 교회에서 며느리가 시어머니의 뺨을 때려도 된다고 가르치겠습니까?
무슨 사연이 있으세요?

마음을 가다듬고 차분히 여쭸더니, 그제야 자초지종을 풀어놓으셨다.
평소 고부 갈등이 있으셨던 모양이다. 서로 왕래가 많지 않았는데, 마침 아들의 가정이 이사를 한다는 소식을 듣고는 가볼 심산이셨다. 손주도 볼 겸 이사에 맞춰 집을 방문하고, 이사의 손길이 바쁠테니 손주를 돌보겠다고 며느리에게 전화를 했다.
그런데 며느리는 자신들이 다 할 수 있으니 오지 말라고 했다. 시어머니가 언성을 높여 꼭 가겠다고 하니 며느리도 오지 말라고 소리쳤다. 화가 난 시어머니는 그 집을 찾아갔다. 옥신각신 서로의 감정을 쏟아 붓다가 화가 난 시어머니가 며느리의 뺨을 때렸다. 그랬더니 며느리가 시어머니의 뺨을 받아쳤다. 분노에 찬 시어머니께서 며느리에게 소리치며 물었다.

네가 다니는 교회에서는 시어머니의 뺨을 때리라고 가르치더냐?

분노에 찬 며느리가 대답했다.

네. 우리 교회에서는 그렇게 가르쳐요. 왜요.

그 며느리는 필자가 사역하던 교회의 교인이었다.
어머니께 며느님의 성함이 무엇이냐고 여쭈었는데, 이름을 가르쳐 주지는 않으셨다. 아들 체면을 생각해서인지 며느리가 누군지 밝혀지는 건 싫으셨던 모양이다. 교인 수가 7000명이 넘고, 목사가 20명이 되는 교회였기에 그분을 추측하기가 불가능하긴 했다.
그 며느리에게 독생자 예수 그리스도를 십자가에 못 박혀 죽게 하심으로까지 보여주신 하나님 사랑의 의미는 무엇일까?
그리고 하나님으로부터 용서받고 사랑 받았으니, 너희도 이와 같이 사랑하라는 명령은 어떻게 실천될 수 있을까?
한국 교회는 사랑을 받았지만 그 사랑을 우리 삶에 녹여서 실천하는 부분에서 구체적인 방안을 제시하는 데 어려움이 있다.

누구든지 하나님을 사랑하노라 하고 그 형제를 미워하면 이는 거짓말하는 자니 보는 바 그 형제를 사랑하지 아니하는 자는 보지 못 하는바 하나님을 사랑할 수 없느니라 (요일 4:20).

십자가를 본받는 사랑은 한국 교회의 이런 막연한 사랑의 개념에 대해 이론적인 확신뿐만 아니라, 구체적인 실행 방안도 제시해 준다.

1) 예수님께서 보여주신 사랑의 근본 의미

아담과 하와가 타락하여 인류에 죄가 들어왔을 때, 관계의 파괴가 일어났다. 삼중적인 관계의 파괴, 곧 하나님과 인간의 관계가 파괴되고, 인간들 서로의 관계가 파괴되고, 인간과 자연의 관계가 파괴되었다.

파괴의 결과, 하나님을 잃어버리게 되고, 인간 서로의 관계가 이기적이 됨으로 소원하게 되었으며, 자연 만물은 가시덤불과 엉겅퀴를 내며 평생 수고의 관계가 되었다. 이는 하나님을 잃어버린 결과가 얼마나 참혹한 것인지를 보여준다.

하나님을 잃어버린 것은 사랑을 상실한 것이다. 왜냐하면, 하나님은 사랑이시기 때문이다(요일 4:16).

그러므로 엉망이 된 이 관계의 해결책은 너무나 단순하다. 하나님의 사랑을 받아들이고, 하나님을 사랑하여 하나님과의 관계를 회복하는 것이다.

(1) 엉망이 된 관계의 너무나 단순한 해결 방법: 사랑으로 역사하는 믿음

바울은 십자가에 나타난 예수 그리스도를 통해 보여주신 하나님의 사랑을 강렬하게 체험했다. 그리고 자신은 온전히 하나님의 사랑에 정복 당한 사람이라고 고백한다.

바울서신을 보면, 그는 하나님의 사랑을 그리스도 안에서 그리고 성령의 역사로 말미암아 체험했다.

레이몬드 브라운은 바울은 하나님 사랑에 확신에 찬 사람이라고 말한다.

> 하나님의 아들이 나를 사랑하사 나를 위하여 자기 자신을 버리셨다(갈 2:20, 사역).

힘든 일을 겪을 때마다, 바울은 틀림없이 이렇게 외쳤을 것이다.

> 누가 우리를 그리스도의 사랑에서 끊으리요 환난이나 곤고나 박해나 기근이나 적신이나 위험이나 칼이랴 기록된 바 우리가 종일 주를 위하여 죽임을 당하게 되며 도살 당할 양 같이 여김을 받았나이다 함과 같으니라 그러나 이 모든 일에 우리를 사랑하시는 이로 말미암아 우리가 넉넉히 이기느니라(롬 8:35-37).[45]

바울은 하나님의 사랑에 확신이 찬 사람이었고, 그 사랑에 굴복되어 넉넉히 이기는 사람이었다. 사랑으로 하나님과의 관계가 회복된 사람이었다.

그런데 이 사랑이 파괴된 채 여전히 회복되지 못한 인간들은 하나님과의 관계는 물론이고, 사람과의 관계에도 파괴적인 결과가 나타난다.

바울은 인간의 현 상태를 사람들이 하나님과 사람의 관계, 사람과 다른 사람들의 관계를 엉망으로 만들어 놓은 상태로 이해했다. 온통 엉망이 되어 있는 상태에 바울이 제시한 해결책은 놀라울 정도로 단순하다.

"사랑으로써 역사하는 믿음"(갈 5:6)이다. 사람과의 관계에서 사랑을 다시 회복하는 길은 오직 하나님과의 관계가 다시 회복되는 "사랑으로써 역

---

[45] Raymond E. Brown, *An introduction to the New Testament* (New York: Doubleday, 1997), 449.

사하는 믿음" 밖에 없다.

하나님은 인간 스스로 회복할 길이 없음을 아시고, 독생하신 아들 예수 그리스도를 십자가에 못 박혀 죽게 하심으로 자신의 사랑을 보여주셨다 (요 3:16). 그 복음을 듣고 믿는 자마다 멸망치 않고 영생을 얻게 하시며 하나님과의 관계가 회복되어 은혜의 보좌 앞에 담대히 나아가게 하셨다(히 4:16). 이것이 하나님의 사랑이고, 사랑 회복의 방법이다.

사랑으로써 역사하는 믿음이라는 문구는 바울 영성에 없어서는 안 될 핵심 요소를 알려준다. 바로 하나님 사랑과 이웃 사랑, 곧 "수직"차원과 "수평"차원, 믿음과 사랑을 하나로 통합하는 것이다.[46]

엉망이 된 관계의 문제를 해결하는 방법은 너무나 단순하다. 믿음으로 하나님과의 관계가 회복되어 사랑을 회복하면 되는 것이다. 하나님과의 관계가 회복되어 사랑의 사람이 되면, 사람과의 관계도 회복되고 자연 만물과의 관계도 회복된다. 사랑이 중심이고 관건이며 그 해결 방법이다.

(2) 하나님의 뜻을 이루는 방편이자, 율법의 완성인 사랑

고린도전서 13장은 흔히 말하는 대로 사랑장이다. 이곳을 보면 사랑을 은사가 아니라 성령이 주시는 모든 은사를 활용할 때 따라야 할 행동 기준으로 제시한다.

고린도전서라는 더 큰 문맥을 살펴보면, 고린도 교회 내에서 만연한 분열과 자랑과 이기심, 이와 관련된 악폐들이라는 주제를 다루는데 이 주제들 가운데 많은 수를 고린도전서 13장의 중심부에서 다시 이야기한다.

46　Gorman, 『삶으로 담아내는 십자가』, 258.

바울이 그렇게 다시 이야기하는 것은 사랑이 그들의 전생애를 통해 따라야 할 그리스도인의 삶의 방식, 고린도 교회에서 나타난 잘못된 모습과는 정반대의 행동 양식임을 제시하기 위함이다.

바울은 사랑은 중요하기에 사랑을 추구하라고 명령한다(갈 5:6; 고전 14:1). 사랑이 더욱 더 풍성하게 넘치기를(빌 1:9) 소원한다. 뿐만 아니라, 피차간에 그리고 모든 사람에 대하여 더 많은 사랑 그리고 넘치는 사랑을 가진 사람들로 만들어 주시길 기도한다(살전 3:12). 사랑이 분열과 자랑과 이기심 같은 악폐들을 물리칠 수 있기 때문이다.

그뿐만 아니라, 사랑의 대상은 어느 누구에게 한정되지 않는다. 모든 사람에 대한 사랑이 더욱 많이 넘치게 하시기를 기도한다(살전 3:12). 실제로 바울은 로마서 13장 8절에서 사랑이 중심이라는 점을 표현할 때, 빚이라는 이미지를 가져와 그리스도 안에 있는 사람들에게 합당한 단 한 가지 빚은 사랑의 빚이라고 표현한다.

아들을 아끼지 아니하시고 십자가에 내어주신 사랑의 본을 따라 빚진 마음으로 자기 백성이 서로 사랑하는 것이 하나님의 뜻이다. 이런 하나님의 뜻은 하나님 사랑과 이웃 사랑으로 요약되므로, 사랑은 하나님의 뜻을 이루는 방편이 되는 것이다.[47]

갈라디아서는 사랑을 바라보는 바울의 기본 이해를 구성하는 또 한 가지 본질적 요소를 지적한다. 율법의 완성이다. 바울은 갈라디아 사람들에게 "오직 사랑으로 서로 종 노릇하라"(갈 5:13)고 권면한 후, 갈라디아서 5장 14절에서 "사랑은 곧 율법의 완성"이라는 점을 다시 한번 더 분명히 이

---

[47] Ibid., 259.

야기한다.

율법은 그 자체가 목적이 아니며, 사랑이 목적이기에 예수 그리스도의 십자가를 통해 그 완성이 드러났다. 그러므로 더 이상 율법은 하나님 앞에서 자신의 가치를 정하는 본질적인 기준이 될 수 없다. 율법을 잣대로 자기의 가치를 생각해서는 안 된다. 그래서 바울은 "율법에 대하여 죽었다"(갈 2:19)라고 표현한다. 율법은 그의 진정한 가치, 즉 바람직한 "상징 자본"[48]을 형성하는 것이 아니다.

따라서, 사랑은 절대 중요하다. 사랑은 율법이 표현하는 하나님의 뜻, 그리스도가 몸소 체현하신 하나님의 뜻을 다 이루기 때문이다(살전 4:9; 고후 5:14; 갈 5:22; 롬 15:30). 예수 그리스도께서 사랑으로 율법을 완성하셨다.

그러므로 사랑은 그리스도가 그의 영이신 성령을 통하여 개인이나 공동체 안에 자리하고 계심을 보여주는 증거다. 이는 사랑이 그리스도께서 그 안에 계시는가를 판단할 수 있는 기준임을 시사한다. 사랑이 없으면, 성령이 주시는 은사들 가령, 방언이나 예언을 말하는 것은 물론 믿음조차 아무것도 아니다.

사랑은 그리스도인의 삶에 가장 중요한, 하나님의 뜻을 이루는 방편이며 율법의 완성이다.

---

[48] 상징 자본은 문화적, 사회적 상황에서 우리에게 가치나 자격을 부여해 주는 것-인종/민족성, 교육, 아름다움, 기술, 부, 사회적 지위 혹은 다른 무엇이든지-이다. Barclay, 『바울과 은혜의 능력』, 130.

(3) 이기적이지 않으며 이타적으로 덕과 유익을 세우는 사랑

바울은 고린도전서 13장에서 사랑의 특성을 '~하며' 라는 일곱 가지 긍정과 '~하지 아니하며' 라는 여덟 가지 부정으로 표현하고 있다.

이것의 연장선상에서 바울은 고린도전서 13장 5절에서 "자기의 유익을 구하지 아니하며"라고 쓴 말의 의미는 고린도전서의 다른 본문에서 '다른 사람의 유익을 구한다'(고전 10:33)라는 의미로 사용한 평행 문구가 사랑임을 보여준다.

사랑의 기본 특성은 모든 사람을 배려하고 덕을 세우려고 함으로써 서로를 기쁘게 하는 것이다.

> 나와 같이 모든 일에 모든 사람을 기쁘게 하여 자신의 유익을 구하지 아니하고 많은 사람의 유익을 구하여 그들로 구원을 받게 하라(고전 10:33).

> 모든 것이 가하나 모든 것이 유익한 것은 아니요 모든 것이 가하나 모든 것이 덕을 세우는 것은 아니니 누구든지 자기의 유익을 구하지 말고 남의 유익을 구하라(고전 10: 23-24).

연속되는 문맥을 통해서 구체적으로, 만일 사랑이 "그 자신의 유익을 추구하지 않는 것"(고전 13:5)이라 한다면, 이것은 14장과 연결된다. 사랑이 있는 사람은 공중 앞에서 통역 없이 방언으로 말하지 않는다. 왜냐하면, 방언을 말하는 자는 자기의 덕을 세우는 것이고 예언하는 자는 교회의 덕을 세우는 것이기 때문이다(고전 14:4).

그러므로 교회 안에서 통역 없이 방언으로 기도하는 것은 자기중심적 행위에 몰두하는 것이다. 교회 안에서 통역 없이 방언으로 기도하는 것은 사랑이 없는 행위이고 덕을 세우지 못하는 행위다. 그렇기 때문에, 사랑을 행하는 측면에서 통역 없이 방언으로 기도하는 것을 자제하는 것은 사랑의 표현이다.

통역 없이 방언하는 자기중심적인 태도는 마치 "우상에게 바친 고기를 먹을 수 있는 자유가 그리스도가 위하여 죽으신 신자 중 연약한 이들을 걸려 넘어지게 할 수 있는 것이 될 수도 있다는 점"(고전 8:9-11)을 고려하지 않은 채 그런 고기를 기어코 먹는 이들의 행위와 똑같은 것이다.

이런 행위들은 남을 생각지 않고 자기가 하고 싶은 대로 하는 것이기에 사랑이 아니라고 단언하는 것이다.[49]

결국, 사도 바울은 사랑이 아주 중요한 단순한 차원의 특성을 가지고 있다고 강조한다. 그리고 사랑의 이런 특성은 다음의 두 구절에 집약되어 있다.

> 무례히 행하지 아니하며 자기의 유익을 구하지 아니하며 성내지 아니하며 악한 것을 생각하지 아니하며(고전 13:5).

> 우상의 제물에 대하여는 우리가 다 지식이 있는 줄을 아나 지식은 교만하게 하며 사랑은 덕을 세우나니(고전 8:1).

---

49 Gorman, 『삶으로 담아내는 십자가』, 263-64.

여기서 우리는 사랑의 두 가지 차원, 곧 부정적인 차원과 긍정적인 차원을 이해할 수 있다. 부정적이라는 차원에서 본다면, 사랑은 그 자신의 유익이나 계발을 추구하지 않는데, 사랑의 이런 특성은 자기 지위와 권리들을 부인하고 내려놓는 것으로 정의할 수 있다. 긍정적이라는 차원에서 본다면, 사랑은 다른 사람들의 행복과 유익을 계발을 추구한다. 사랑은 자기중심적이 아니라 타인 지향적, 곧 이타적이다.[50]

자기중심성은 하나님과 관계 파괴에서 온, 사랑 부재의 결과다. 자기중심적 사람 안에는 거대한 공허가 있어, 그 안에는 타자를 다 삼켜 버리고도 만족하지 못하는 지옥의 심연이 있다. 자기중심적인 사람의 내면에는 자신뿐 아니라 다른 모든 이를 불행하게 만들기에 충분한 지옥이 도사리고 있다.[51] 자기중심적인 사람에게서는 복이 아니라 독이 흘러나온다.

이런 사람에게는 자기중심적 이기심에 반대되는 이타적인 사랑 실천의 상징인 십자가가 반드시 필요하다. 십자가를 통해서만 하나님의 은혜를 경험할 수 있기 때문이다.

자기중심적이지 않은, 타인 지향적인 사랑은 예수님께로부터 왔다. 빌립보서의 유명한 그리스도 찬송(빌 2:6-11)으로 들어가는 글에서, 바울은 겸손과 긍휼과 자비와 사랑에 근거하여 한 마음을 품으라고 요구한다(빌 2:1-3). 바울은 한 마음을 품게 하는 이 사랑을 구체적으로 설명한다.

---

50 Ibid., 264.
51 박영돈, 『밥심으로 사는 나라』 (서울: IVP, 2020), 120.

> 너희는 각각 자기 자신의 이익들을 구하지 말고 도리어 다른 사람들의 이익들을 구하라(빌 2:4).[52]

그리고 바울은 사랑이 율법의 요약이요 완성임을 말한다.

> 형제들아 너희가 자유를 위하여 부르심을 입었으나 그러나 그 자유로 육체의 기회를 삼지 말고 오직 사랑으로 종 노릇 하라(갈 5:13).

이 본문은 바울이 생각하는 사랑의 역설적 성격을 잘 드러내고 있다. 사랑은 자기에게 탐닉하는 데 있지 않다. 사랑은 종이 되는 자유, 다른 사람들을 섬기는 자유 속에 존재한다. 사랑은 이타적이다. 사랑에는 자신의 유익을 구하지 아니하고 덕을 세운다는 원리가 들어 있는 것이다. 이런 측면에서 사랑은 "남을 성공시켜 주는 삶"이라고 말할 수 있겠다. 여기서 성공은 돈을 많이 번다든가, 사회적으로 권위와 명예를 얻는 등의 세상적인 성공을 의미하는 것이 아니다.

관계적인 의미, 곧 하나님과의 관계에서 성공하고, 타인과의 관계에서 성공하는 것을 의미한다. 하나님과의 관계에 성공함으로써 하나님을 사랑하고 하나님께 사랑받으며, 타인과의 관계에서 성공함으로 서로 사랑하는 관계가 되는 것이다.

이 두 가지는 연결되어 있다. 하나님을 사랑하고 사랑 받는 것은 타인을 사랑하고 타인에게서 사랑을 받는 것으로 이어진다.

52　Gorman의 번역이다. Gorman, 『삶으로 담아내는 십자가』, 265.

예수는 지혜와 키가 자라가며 하나님과 사람에게 더욱 사랑스러워 가시더라(눅 2:52).

이런 관계의 성공은 부모의 심정으로 자녀를 키우는 것으로 이해해 볼 수 있다. 부모는 자녀가 하나님과 사람들에게서 사랑받는 존재로 자라도록 돕고 훈련한다. 그 과정에는 무조건 이해하고 용납하는 것이 아니라, 사랑으로써의 훈육이 동반된다. 예수님도, 사도 바울도 때로 사랑으로 훈계했다. 이는 사랑이 바탕이 될 때 오해가 발생하지 않는다.

(4) 수직적 차원과 수평적 차원의 언약의 성취

십자가는 그리스도께서 하나님의 계획하심에 대한 믿음을 보이신 행위이자 사랑을 나타내신 사건이었다.

십자가는 언약이 지닌 "수직" 차원과 "수평" 차원을 통일하였다.

갈라디아서 2장 20절은 이 점을 아주 분명하고 간결하게 표현한다.

> 나는 하나님의 아들, 곧 나를 위해 자기 자신을 내어주심으로써 나를 사랑(그리스도의 사랑)하신 그분의 신실하심(그리스도의 믿음)을 말미암아 살고 있다.[53]

바울은 하나님을 향한 그리스도의 신실하심이 우리를 향한 사랑을 낳았다고 역설한다.

따라서, 우리는 "그리스도의 법"이라고 묘사한 말을 정교하게 다듬어, "그리스도의 법"을 십자가에 못 박히신 예수님께서 자기를 내어주심으로

---

53 Ibid., 288. Gorman의 번역이다.

써 다른 사람들을 사랑하시는 그분의 신실하심을 이야기한 내러티브 패턴이라고 정의해야 한다.

그리스도는 믿음과 사랑이 하나로 통합된 행위로써, 율법의 본질인 계명들, 곧 하나님을 사랑하라는 계명, 수직적인 "믿음"과 이웃을 사랑하라는 계명, 곧 수평적인 "사랑"을 모두 완성하셨다.

구약성경은 하나님을 사랑하고 이웃을 사랑하는 것을 하나로 연결하여 신실하고 언약을 이루는 삶의 본질로 본다. 이 때문에 바울은 예수님이 십자가에서 죽으심으로 신실하심과 사랑을 보이신 행위를 유대인이 할 수 있는 행위의 진수요, 나아가 인간 행위의 진수라고 보고 있다.

> 그리스도 예수 안에서는 할례나 무할례나 효력이 없으되 사랑으로서 역사하는 믿음뿐이니라(갈 5:6).[54]

사랑으로 역사하는 믿음은 언약을 성취한다. 바울의 그리스도 체험을 살펴보면, 그는 사랑의 행위이기도 한 믿음의 행위 속에서 하나님의 아들이신 예수님의 근본적 선택이 가장 완전하게 표현되었다는 점을 깨달았다. 따라서, 바울의 영성에서 십자가를 본받는 근본적 선택을 적절히 실천하는 것은 근본적인 덕의 실천이 될 수밖에 없다.

따라서, 이는 하나님 앞에서 십자가를 본받는 삶을 사는 것은 다른 사람들 앞에서 십자가를 본받는 삶을 산다는 말과 같은 의미다. 실제로 하나님 앞에서 십자가를 본받는 삶을 사는 것과 다른 사람들 앞에서 십자가를 본

---

[54] Ibid., 289.

받는 삶을 사는 것은 분리되지 않는다.

예수님에게 그랬듯, 사랑은 신자들에게도 "선택"이 아니다. 바울은 사랑과 믿음, 곧 "윤리"를 서로 독립한 실체가 아니라, 사랑이 믿음을 "보완하는 것"으로 본다. 십자가를 본받는 삶은 이어붙인 데가 전혀 없는 통옷이다. 바울이 볼 때 "성화" 없는 "칭의"는 있을 수 없다.[55] 성화의 중요한 요소 중 하나가 바로 사랑이기 때문이다.

그러므로 바울에게 은혜란, 차라리 홀로 내버려두어지기를 좋아하는 무관심한 후원자로부터의 선물이 아니다. 그것은 '아무런 조건이 붙어 있지 않은' 기부도 아니다.

반대로, 복음에 따라 사는 개인적인 그리고 사회적인 사랑의 실천은 바울이 의미하는 '믿음' 혹은 '신뢰'에 필수적이다.[56]

사랑은 믿음에 따른 성령의 역사로 자연스럽게 이어지는 성화의 삶이며 수직적·수평적 언약을 성취하는 것이다.

(5) 성경 전체의 핵심 연결 고리로서의 사랑

바울서신을 읽어보면 그가 핵심적으로 말하고 싶어 하는 것이 사랑 이야기임을 알게 된다. 그는 빌립보 신자들에게 "예수 그리스도의 심장으로 너희 모든 사람을 사모한다"(빌 1:8)라고 쓴다.

곧이어 빌립보서 2장 1-5절을 기술하는데 이는 분명 그리스도 찬송 내지 바울의 "핵심 이야기"가 서술하는 그리스도께서 하신 사랑 행위를 미

---

55 Ibid., 290.
56 Barclay, 『바울과 은혜의 능력』, 179-80.

리 가리킨다.[57]

그리스도께서 우리를 어떻게 사랑하셨는지 그리고 사도 바울이 얼마나 그 사랑을 본받고 싶어 하는지 엿볼 수 있는 것이다.

제임스 던은 예수님과 바울의 연결하는 잠재적인 핵심 열쇠로 십자가를 본받는 사랑을 제시한다.

> 바울의 율법에 대한 태도는 예수님에게서 가져온 것이고 사랑하는 명령보다 더 분명하게 예수님과 연속성과 예수님의 영향이 나타나는 지점은 없으며, 바울과 예수님은 둘 다 사랑하라는 명령으로 율법 전체를 요약했고, 그 명령을 정말로 중요한 계명을 판별하는 기준으로 사용한다.[58]

사랑은 예수님과 바울뿐만 아니라 성경 전체의 핵심 연결 고리 역할을 하고 있다.

바울에게서 사랑 이야기가 가장 중요한 것임을 주장하면서 고먼은 예수님께서 보이신 십자가를 본받는 사랑을 마치 수학 공식과 같은 형식(패턴)으로 설명한다. 빌립보서 2장 6-8절의 내용을 통해서 다음의 내용을 발견한다고 말한다.

첫째, 어떤 지위를 악용하기보다 스스로 포기하는 패턴

둘째, 자기 낮춤의 패턴

---

57 Gorman, 『삶으로 담아내는 십자가』, 271.
58 Dunn, Jesus, *Paul, and the Gospel*, 114-15.

제4장 십자가를 본받는 삶에 따른 그리스도인의 덕목: 믿음, 사랑, 능력, 소망   153

이것을 자세히 표현하면 다음과 같다.

(1) [x]인데도 [y]하지 않고, 오히려 [z]함
즉, [~인 지위]인데도, [이기심]을 부리지 않고 오히려 [자기를 낮춤/종이 됨]
(2) [z]=[a와 b]
즉, [자기를 낮춤/종이 됨]=[자기 비움과 자기 낮춤][59]

이런 면에서 예수님의 사랑을 한 단어로 집약하면, 다음에 이어지는 '오히려'라고 주장할 수 있다. 빌립보서 2장 6-8절의 구조에서 핵심이 되는 말은 7절 시작 부분에 있는 "오히려"다. 이 말은 구절 전체에서 "경첩"과 같은 역할을 하고 있다.

그[그리스도 예수]는 그 본체가 하나님이시나([x]),
그가 하나님과 동등함을 그 자신을 이롭게 하는 데 쓸 것으로 여기지 아니하시고([y]),
오히려 자기를 비우셨고 자기를 낮추셨다([z]).[60]

바울이 말하고자 하는 핵심, 곧 예수님의 사랑 이야기는 "~이시나 ~아니하시고, 오히려"의 모습을 통한 사랑이다.

---

59 Gorman, 『삶으로 담아내는 십자가』, 275.
60 Ibid., 276.

역설적인 사랑이라고 할 수 있다.

이와 관련하여, 예수님의 구체적 사랑의 표현인 빌립보서 2장 6-8절과 우리가 취해야 할 태도인 2장 3-4절은 구조와 내용 면에서 평행을 이루는데, 이는 사도 바울이 하나님을 향한 그리스도의 믿음/순종을 다른 사람들을 향한 그리스도의 사랑으로도 이해한다는 점을 생생하게 보여준다.

이런 패턴, 곧 역설적인 사랑은 성경 전체에 흐르고 있으며, 각 권을 연결하는 고리, 특히 복음서와 바울서신의 연결 고리가 된다. 그리고 성경 전체의 이야기를 통해 그리스도의 사랑이 사도의 사랑으로 이어지고, 그 사랑이 계속해서 흘러 신자의 사랑, 교회의 사랑으로 계속된다.

(6) 하나님 나라의 통치 원리이자 교회를 통해 이어지는 사랑

> 내가 그리스도를 본받는 자가 된 것 같이 너희는 나를 본받는 자가 되라(고전 11:1).

이는 바울의 교만을 나타내는 말이 결코 아닐 것이다. 또한 바울이 결코 교만하지 말라고 했던 자신의 충고를 스스로 저버린 것도 아닐 것이다.

바울은 다른 사람들을 계발함으로써 바울 자신이 제시한 원리들, 곧 "사랑은 자기 자신의 유익을 구하지 아니한다"(고전 13:5)라는 원리와 사랑은 "덕을 세운다"(고전 8:1)라는 원리를 구현하기 위해 자신의 행위를 언급한다.

이와 관련하여, 바울은 그리스도를 본받는 자가 되라고 주장함으로써 그리스도가 이와 같이 행동하셨다는 것, 이것이 사랑의 표현이었다는 것 그리고 그리스도의 이런 사랑이 바울 자신만 아니라 그리스도 안에 있는

모든 사람이 따라야 할 패러다임임을 시사한다.[61]

이는 바로 위에 제시된 예수님의 역설적인 사랑, 십자가의 사랑 내러티브 패턴, 곧 십자가를 본받는 삶의 패턴이다.

갈라디아서 2장 20절과 로마서 8장 34-35절, 37절 그리고 고린도후서 5장 14-15절은 십자가와 그리스도의 사랑 사이의 연관 관계를 뚜렷하게 표현한다. 여기서 무조건적인 사랑이 만들어 낸 사랑이기 돌아가신 것을 하나님께 보이신 믿음의 행위이자, 무조건적인 사랑이 만들어 낸 사랑이기자기 자신을 버리신 (그리스도의) 사랑의 행위라고 정의한다.

그리스도의 사랑은 자기 몸을 내어주심 속에 존재한다(갈 1:4).[62] 이 사랑은 하나님의 무조건적인 사랑이 만들어 낸 사랑이기에 은혜다.

바울은 "우리"가 연약할 때, 그리스도께서 경건하지 않은 자들을 위하여 죽으셨고(롬 5:6), 하나님은 "우리가 아직 죄인 되었을 때 그리스도가 우리를 위하여 죽으심으로" 그의 사랑을 확증하셨으며(롬 5:8), 하나님의 원수였던 우리가 하나님과 화목하게 되었다(5:10)는 표현을 통해 하나님께서 그리스도를 통해 우리에게 보여주신 사랑이 자격 없는 자에게 주어지는 사랑, 곧 비상응적인 사랑임을 보여준다.[63]

그 선물은 완전히 가치 없는 사람들에게 주어졌지만, 그렇다고 해서 부당하거나 몰지각하거나 비인격적이거나 하찮은 것이 전혀 아니었다. 오히려 그것은 값비싼 대가를 치른 행위였고, 은혜를 받는 자들을 있는 모습 그대로 만나주는 동시에 그들의 상태를 변화시키는 인격적인 사랑이었다.

61　Ibid., 267.
62　Ibid., 269-71.
63　Barclay, 『바울과 은혜의 능력』, 197.

그런 의미에서 그리스도의 십자가, 곧 은혜의 선물은 그리스도 안에서 주어진 "생명"으로부터 발생한(롬 5:10), 새로운 가능성을 창조하는, 최고의 비상응적인 선물, 곧 사랑이다.[64]

그리스도의 사랑은 또한 다른 사람들에게 덕을 세우려 하셨고 지금도 계속하여 세우려 하신다. 그렇게 교회를 세워 가시고, 교회는 그 사랑을 이어간다. 이렇게 십자가는 최고의 사랑을 보여준다.

십자가는 어떻게 악에 대처해야 하는지 가르쳐 준다.

첫째, 악을 미워해야 한다(롬 12:9).
둘째, 악을 되갚아서는 안 된다(롬 12:17, 19).
셋째, 악을 이겨야 한다(롬 12:21).

악을 악으로 갚는 것의 비극은 악에 악을 더할 뿐이며, 따라서 이 세상의 악의 총계를 증가시킨다. 그것은 마틴 루터 킹이 말한 "악의 연쇄 반응"을 유발한다. 왜냐하면, "멸망의 하강 노선" 안에서 미움은 미움을 증대시키고 악은 악을 증대시키기 때문이다.[65]

반대로, 원수를 사랑하고 섬기는 것의 영광은 그로 인해 이 세상의 악의 총계를 감소시킨다. 그것을 가장 잘 보여주는 것이 십자가다. 그리스도는 인간의 조소와 하나님의 진노를 기꺼이 담당하심으로써 수많은 사람에게 구원을 가져다 주셨다. 십자가는 악을 선으로 바꾸는 유일한 방법이다.[66]

---

[64] Ibid., 198.
[65] Martin Luther King, *Strength to Love* (1963; Hodder & Stoughton, 1964), 51.
[66] Stott, 『그리스도의 십자가』, 376.

십자가는 악에 지지 않고, 선으로 악을 이기는 방법(롬 12:21)이다. 예수님은 십자가의 사랑으로써 악의 연쇄 고리를 끊으셨다.

예수님은 자기 사람들을 사랑하시되 끝까지 사랑하셨다(요 13:1). 예수님의 사랑은 양과 질 모두에서 측정할 수 없을 정도로 급진적인 사랑이기도 하다. 그래서 몰로니는 "그는 상상도 못 할 방식으로 사랑하셨다"[67]라고 해석한다.

요한이 명시적으로 이 사랑을 권세의 측면에서 언급하지는 않을지 몰라도, 이야기상으로 보면 왕이신 예수님(요 18:33-39; 19:3)께서 군림이 아닌 사랑으로 지배한다는 것이 분명하다.[68]

하나님 나라의 통치 원리는 바로 사랑이었음을 예수님께서 보여주신 것이다. 그분은 사랑으로 지배하셔서 세상을 정복하신다.

<쿼바디스>라는 영화가 있다. 1905년 발표되어 노벨문학상을 받고, 1951년에 영화로 제작되었는데, 2001년에 <쿼바디스 도미네>라는 제목으로 다시 제작되었다. 이 영화는 기독교의 핵심을 잘 보여준다.

마커스 비니키우스라는 사령관이 그가 사랑하게 된 그리스도인인 여인 리지아를 찾아 기독교공동체에 가는 장면이 나온다. 그들은 이런 대화를 나눈다.[69] 비니키우스가 묻는다.

> 그리스(헬라)는 철학과 미학을 낳았고, 로마는 권력을 낳았는데, 당신들은 무엇을 낳았소?

---

67 Francis J. Moloney, *Love in the Gospel of John*(Grand Rapids: Baker Academic, 2013), 105.
68 Gorman, 『속죄와 새 언약』, 214.
69 이 대화는 2001년에 제작된 <쿼바디스 도미네>에 나오는 대사다.

그리스도인은 대답한다.

　　우리는 사랑을 낳았지요.

　기독교인이라는 이유로 잡혀 로마 원형 경기장에서 사자의 먹이가 되던 기독교는 사랑으로써 엄청난 로마의 권력을 무너뜨렸다. Pax Romana의 평화는 헛되며, 그리스도의 사랑이 진정한 가치이며 승리임을 선포한 것이다.

　그 사랑은 밀라노 칙령(313년)과 테오도시우스의 기독교 국교화(380년)를 통해 그리스도의 사랑이 그리스(헬라)의 미학과 철학, 로마의 권력보다 더 강하였음을 보여주는 증거다.

　하나님은 그리스도의 십자가 사랑을 통해 자신의 나라를 통치하시고 교회를 통해 사랑이 이어지도록 하신다.

(7) 신자들이 따라야 할 통치 원리: 그리스도 사랑의 내러티브 패턴

　그리스도께서 우리를 대신하여 죽으심으로써 우리를 향한 하나님의 사랑을 선포하셨다. 그리고 그 사랑으로 통치하신다.

　빌립보서 2장에서 나타나듯이 그리스도의 사랑에는 합당한 패턴이 존재한다. 바울이 의도적으로 패턴을 사용하여 십자가의 사랑을 설명하고 있는 듯 보인다.

　그리스도의 사랑 패턴은 세 가지로 정리해 볼 수 있다.

첫째, 희생으로 보여준 사랑 패턴이라고 부를 수 있을 것이다. "죽으신 그리스도 예수"(롬 8:34), "그리스도가 모든 사람/우리를 대신하여 죽으셨다"(가령 고후 5:14)라는 표현이 있다.

둘째, 자기를 내어주신(버리신) 사랑 패턴으로 부를 수 있을 것 같다. "그가 자기 자신을 버리셨다"(갈 2:20; 갈 1:4), "그가 자기를 비우셨다"(빌 2:7), "그가 자기를 낮추셨다"(빌 2:8) 등의 표현으로 말미암는 것이다.

셋째, 가장 복잡한 패턴인데, 지위를 포기하신 사랑 패턴으로 부를 수 있을 것 같다. 위에서 말하는 공식, 곧 빌립보서 2장 6-8절에 나타난 패턴을 통해 가장 잘 볼 수 있다.[70]

> 그는 근본 하나님의 본체이시나 하나님과 동등 됨을 취할 것으로 여기지 아니하시고, 오히려 자기를 비워 종의 형체를 가지사 사람들과 같이 되셨다(빌 2:6-8).[71]

그리스도의 사랑의 패턴을 이야기한 후, 바울은 이런 패턴을 설명한다.

첫째, 그리스도의 사랑
둘째, 다양하게 표현된 신자들의 사랑

그리스도의 법은 십자가에 못 박히신 예수님이 자기를 내어주시고 다른 사람들을 생각하심으로 보여주신 사랑의 내러티브 패턴인데, 자기를 따르

---

70 Gorman, 『삶으로 담아내는 십자가』, 284-85.
71 Ibid., 287.

는 신자들 또한 이 사랑의 패턴으로 믿음을 표현할 것을 주장한다.

따라서, 이 "법"은 빌립보서 2장이 아주 충실하게 표현하고 있는 핵심 이야기다. 아울러 이 법은 신자들의 공동체에서 "삶의 규칙"이 된다.

앞에서 언급했듯이 빌립보서 2장 6-8절의 본문과 2장 34절의 본문이 평행을 이룬다는 점에서 그렇다.

> 아무 일에든지 다툼이나 허영으로 하지 말고 오직 겸손한 마음으로 각각 자기보다 남을 낫게 여기고 각각 다른 사람들의 일을 돌보아 나의 기쁨을 충만하게 하라(빌 2:3-4).

여기서 관심사는 사랑을 바라보는 바울의 근본 이해였다. 바울은 십자가에 못 박히신 그리스도의 사랑을 토대로, 사랑을 자기 이익을 부인하는 것이자(부정의 차원), 다른 사람들을 계발하는 데 마음을 기울이는 것(긍정의 차원)으로 이해했다.[72]

이런 의미에서 예수님의 생애, 특히 십자가에서, 그리스도의 사랑을 토대로 신약성경이 창세기 1장 26~28절의 문화명령을 어떻게 해석하는지 보게 된다. 피조 세계를 다스린다는 것은 우리가 도미네(Domine), 곧 주님이라고 부르는 분의 모범을 따른다는 뜻이다. 그 주님은 우리에게 십자가를 지고 자신을 따르라고 명하신다.

문화명령은 한마디로 섬김이고 사랑이다. 그러므로 '다스리라'는 부름은 통치의 대상을 위해 자신의 생명을 내려놓으라는 요청이며, 통치하라는 부름은 타인을 위해 자기 자신의 권력과 자기 자신의 소유를 희생하라

---

72 Ibid., 291.

는 부름이다.

이런 관점에서 문화명령을 읽어내고 또 예수님의 통치 방식, 곧 가시관을 쓰고 십자가에 달리신 예수님의 방식, 섬김과 사랑의 관점에서 하나님의 형상을 간직한다는 것이 예수님을 따르고 하나님의 형상을 간직한 공동체로 거듭나기를 바라는 교회에 주는 의미는 실로 엄청날 것이다.[73]

그러므로 그리스도의 사랑은 단순히 사람들이 행하는 수동적이거나 반사적인 사랑이 아니라, 더욱 적극적으로 공동체 안팎에 있는 모든 이에게 항상 선을 행할 기회를 찾는 사랑, 세상을 다스리고 변화시켜 나가라는 문화명령을 이행하는 사랑이다.[74]

그리스도의 사랑 패턴은 그분이 모범으로 보여주신 것과 같이 신자들이 따라야 할 하나님의 통치 원리, 문화명령, 모범, 삶의 규칙이라고 할 수 있다.

2) 예수님의 사랑 내러티브 패턴을 실천하는 사도

바울은 예수님의 사랑 내러티브 패턴을 본받고 따른다. 바울은 십자가를 삶에 적용하는 다양한 패턴으로 이야기하면서, 자기를 내어주시고 다른 사람들을 생각하는 그리스도의 사랑 속에서 하나님의 사랑이 현실로 나타난 것으로 해석하고 제시한다. 이는 "그리스도의 법"이요 십자가에 못 박히신 메시아 예수님의 내러티브 패턴이다. 십자가는 언제나 그리고

---

73 Brian J. Walsh, 『세상을 뒤집는 기독교』, 강봉재 역 (서울: 새물결플러스, 2020), 31-32.
74 Gorman, 『삶으로 담아내는 복음』, 179.

근본적으로 사랑, 특히 사랑으로 표현된 믿음을 구현한다.[75]

그러므로 사도의 사랑은 파생적 사랑이자 참여적 사랑으로서, 궁극적으로 하나님에게서 오며 십자가상에서 드러난 그리스도의 신실하심과 사랑의 모습으로 구현된 사랑이다.[76]

성령이 그 마음에 부으신 사랑을 체험한 사람들은 다른 사람들에게 십자가를 본받는 사랑을 표현하지 않고는 견딜 수 없는 심정과 그런 사랑을 표현할 수 있는 능력을 소유한 사람들이다.

바울은 자신이 그리스도를 본받은 자가 되었듯이 자신을 본받으라고, 교만이 아니라 간절함으로 사랑의 삶을 살 것을 요구한다(고전 11:1).[77]

그리스도의 사랑을 보고 배우며 그것에 따르고자 했던 바울은 모든 제자가 그 사랑의 모범을 따르기를 바랐다. 그래서 바울은 먼저 그리스도의 사랑 내러티브 패턴을 실천하고, 그의 제자들에게 따르기를 요청하고 있다.

(1) 사역의 근본적인 원리

레이몬드 브라운은 그리스도의 사랑을 "바울의 삶을 움직인 요인"이라고 부른다.

바울 자신이 말한 대로, "그리스도의 사랑이 우리를 강권한다"(고후 5:14). 바울이 목숨을 걸고 선교 활동을 할 수 있었던 것은 이런 사랑 체험의 자연스러운 연장선 위에 있었다. 선교는 그가 체험했던 넘치는 사랑을

---

75 Gorman, 『삶으로 담아내는 십자가』, 293.
76 Gorman, 『삶으로 담아내는 복음』, 159.
77 Gorman, 『삶으로 담아내는 십자가』, 293.

어쩔 수 없이 행동으로 옮긴 결과였다.[78]

그리스도에게 사로잡힌 자로서 바울은 자신의 감정을 빌립보 사람들에게 표현하면서, "내가 예수 그리스도의 심장으로 너희 무리를 사모한다"(빌 1:8)라고 말한다.

같은 문맥에서, 그는 "투기와 분쟁으로 … 순수하지 못하게 다툼으로" 그리스도를 전하는 사람들과 "착한 뜻으로 … 사랑으로" 그리스도를 전하는 사람들을 구별한다(빌 1:15-17).

주님의 복음을 들고 서는 사역자는 철저히 사랑으로 해야 한다.[79] 사랑이 근간이 되지 않으면 삯꾼이 될 뿐이다(요 10:12).

고먼은 예수님의 사랑의 패턴을 본받아 바울은 자신의 사역에서 근본적이고 구체적이며 서로 연관된 다섯 가지 차원을 낳았다고 설명한다.

첫째, 사도의 권리를 사용하길 거부하고, 특히 그가 복음을 전한 사람들로부터 재정 지원을 받을 권리를 사용하길 거부하고, 다른 사람들에게 짐을 지우는 것을 거부하는 대신, 도리어 자기 손으로 일하여 생활을 꾸려갔다.

둘째, 자기 스스로 다른 이들의 종이 되었다는 것을 보여주고자, 다른 사람들이 요구하는 것들에 더 널리 순응했다.

셋째, 설교, 가르침, 다른 형태의 봉사들을 통해 목자로서 무리를 돌보았다(pastoral care).

---

78 Raymond E. Brown, *An Introduction to the New Testament* (New York: Doubleday, 1997), 450.
79 Gorman, 『삶으로 담아내는 십자가』, 295.

넷째, 섬기는 사람들과 공동체들을 위하여 신체적으로나 정신적으로나 고난을 감내했다.

다섯째, 자신이 섬기는 사람들을 위해 죽음을 초월한 생명을 택했다.[80]

사도로서 바울은 예수님의 죽으심을 본받아 자신의 사역에서 죽기까지 사랑을 표현하고 있다. 바울이 볼 때, 이 각각의 행위는 그리스도 안에서 발견되는 패러다임인 십자가로 나타난 사랑의 내러티브 패턴을 온몸으로 실천했음을 대변한다. 이렇게 "모든 것을 아우르는 그리스도의 사랑"은 "바울이 깨어 있는 시간을 모두 바쳐 이루려고 했던 목표"였다.[81]

이런 패턴을 통해 사도 바울은 예수님의 사랑 패턴을 닮아 실천하려고 노력했다. 예수님의 사랑 패턴은 사도의 사역에 있어 근본적인 원리가 되었다.

(2) 예수님의 사랑 패턴을 자신의 윤리 패턴으로 삼은 사도

바울은 고린도전서 9장에서 자신이 사도로서 가진 권리들을 변호하고 먹고 마실 권리, 믿음의 자매 된 아내를 데리고 다닐 권리 등이 자신에게 있음을 변호한다.

그러나 바울은 지식의 근거가 된 자유와 권리의 윤리를 다른 사람들을 염려하는 심정(고전 8:9, 13)과 다른 사람들에게 덕을 세우는 자세(고전 8:1)로 표현되는 사랑의 윤리로 대체하려 한다. 이런 사랑의 윤리는 그리스도

---

80 Ibid., 297.
81 Brown, *An introduction to the New Testament*, 450.

께서 보여주신 십자가에 못 박혀 죽으심에 기초를 두고 있다.

십자가를 본받는 사랑은 타인에 대한 배려와 덕을 세우는 것인데, 이에 반대되는, 그릇된 윤리는 사랑 없음이다. 곧, 자기 자신에게만 관심을 두고 다른 사람들의 필요에는 등을 돌리는 반윤리다. 그러나 새 윤리는 자신에게는 관심을 내려놓고 다른 사람들의 필요를 살피며 지향하는 윤리다. 곧 이타적이며 덕을 세우는 윤리다. 다른 사람들을 염려하는 이 윤리는 아주 급진적이어서, 이 윤리를 따르는 사람은 다른 사람들을 위해 자신의 권리를 완전히 접어두려는 마음을 가져야 한다.

바울 자신도 "만일 음식이 형제를 실족하게 한다면 영원히 고기를 먹지 아니하여 형제를 실족하지 않게 하려"라고 했다(고전 8:13). 사랑으로 공동체의 덕과 유익을 위해서 자기 내려놓음, 자기 포기를 이루는 것이다.

또 바울은 사랑의 이야기를 공동체가 따라야 할 삶의 기본 윤리 패턴으로 소개한다. 그런데 바울이 자신을 그런 패턴의 모델로 제시할 수 있으려면, 자신이 권리를 갖고 있다는 것 그리고 이런 권리를 포기한 것이 나쁜 일이 아니라 좋은 일이라는 것을 동시에 확증해야만 한다.

그래서 바울은 자신도 지식 있는 자들처럼 모든 사람으로부터 자유로우며 누구에게도 매이지 않았으나(고전 9:1, 19), "더 많은 사람을 얻고자 스스로 종이 되었다"(고전 9:19)라고 전략적으로 말한다. 스스로 종이 되었다는 것을 이야기할 때, 바울은 두 가지를 언급한다.

첫째, 앞 구절들에서 자신이 어떤 권리, 특히 재정 지원을 받을 권리를 포기하고, 대신 천막을 만들어 생계를 꾸리면서 복음을 "값없이"(고전 9:18) 전하기로 했다고 말한다.

둘째, 이어지는 구절들에서 청중들이 제시하는 독특한 요구 사항들에 자신을 맞춰가기로 했다고 말한다.[82]

천막을 만드는 일은 보통 노예나 노예 신분에서 해방된 지 얼마 안 된 자유인이 하던 일이었다. 천막을 만드는 장인들은 열심히 일했으나, 보통 늘 가난했으며, 그들의 사회 지위는 아주 낮았다.[83]

교육받은 로마 시민이요 상당히 높은 사회 계층 출신이었던 바울에게 천막을 만드는 사람으로서 일하겠다는 결정은 스스로 종이 되는 행위, 곧 스스로 사회·경제적 지위를 낮추는 행위, 자기를 낮추는 겸손, 자신의 지위를 포기하는 행위였다. 바울이 천막을 만든 것은 단순히 권리를 포기하는 문제에 그치지 않고, 자신을 다른 사람들에게 맞추는 일이었다.[84]

나아가 고린도전서 9장을 통해 자신을 타인에게 맞춘 것이 바울에게는 효과적인 전략보다 훨씬 더 큰 차원의 문제였음을 다음의 네 가지를 통해 분명히 알 수 있다.

첫째, 바울은 자신이 사도라는 지위 때문에 누릴 수 있는(고전 9:1-12상) 권리들을 스스로 포기했다는 점을 강조한다. 바울은 성경도 자신에게 허가한 재정 지원을 받을 권리 또는 사도로서 행사할 수 있는 다른 권리를 전혀 사용하지 않았음을 역설한다(고전 9:12하, 15상, 18하).

---

82 Gorman, 『삶으로 담아내는 십자가』, 300.
83 Ronald F. Hock, *The Social Context of Paul's Ministry: Tentmaking and Apostleship* (Philadelphia: Fortress, 1980), 34-37.
84 Gorman은 바울이 스스로 종이 된 것은 사람들을 "얻어" 복음으로 인도하려는 그의 전략 일부였다고 주장한다. Gorman, 『삶으로 담아내는 십자가』, 301.

바울이 복음을 전하는 자가 된 것은 자의가 아니나, 복음을 전할 때는 값없이 자기 자신의 자유로운 의지로 전한다(고전 9:17-18). 결국, 바울은 자신의 사역을 자유로운 행위이자 순종하는 행위로 보는 셈이며, 그리스도의 죽음도 마찬가지였다.

둘째, 바울이 스스로 종이 되었다는 것은 다른 사람들을 이롭게 할 목적으로 자신을 희생하며 내어주었다는 뜻이다.

셋째, 바울은 다른 사람들을 이롭게 하고자 스스로 종이 된 것을 사랑을 나타낸 행위로 본다.

넷째, 바울은 자신이 스스로 종이 된 것을 "그리스도의 율법 아래에" 있는 것으로 본다.[85]

그러므로 그리스도의 "율법"은 법이나 어떤 원리라기보다 오히려 하나의 "패턴"이라고 볼 수 있다.

그리스도의 사랑 패턴에서 언급한 대로 빌립보서 2장 6-8절과 고린도전서 9장 19절에서 보여주는 구조의 평행을 이루고 있다.

"[x]인데도, [y]하지 않고 오히려 [z]함"의 패턴을 활용한다.

이것은 바울의 근본적 "자기 이해"와 존재 방식을 구성한다. 그런 사랑은 그의 행동 방식이다.

바울이 제시하는 패턴은 이제 지위 포기, 곧 "[x]인데도, [y]하지 않고 오히려 [z]함"의 패턴을 따라 요약할 수 있다.[86]

---

85 Gorman, 『삶으로 담아내는 십자가』, 303.
86 Ibid., 306-08.

바울 자신이 이런 윤리 패턴을 따라 사랑을 표현하는 삶을 살았다는 것이다.

(3) 그리스도 사랑의 패턴의 적용: 유연성이 있는 목회(돌봄)의 원동력

바울은 모든 사람을 "얻고자", 혹은 최소한 모든 민족과 모든 사회 계층에 속한 사람, 특히 유대인과 이방인과 "약한 자들"로부터 가능한 한 많은 사람을 얻고자 "스스로 모든 사람에게 종이 되었다"(고전 9:19-23).

그가 사도로서 발휘한 이런 적응성은 특히 어떤 결과를 낳았고 어떤 의미를 지녔던 것일까?

바울은 유대인을 섬길 때는 유대인처럼 행동했고, 이방인을 섬길 때는 이방인처럼, "약한 자들"을 섬길 때는 약한 자처럼 행동했다는 것이다.

만일 바울이 그 시대 교사들이 흔히 따랐던 소피스트 모델을 따랐다면, 그도 자신에게 주거와 도움을 제공하고 사람들을 가르치기에 적합한 장소를 제공할 부유한 후원자를 구했을 것이다. 그랬다면 십중팔구 그는 자신의 가르침에 값을 매기고 이런 가르침을 생계 밑천으로 삼아 배움을 받는 자들에게 대가를 요구했을 것이다.

바울 사도가 이런 길을 택했다면, 그는 분명 고린도와 다른 도시들에 사는 부자들 사이에서 더 많은 지인과 영향력과 지위를 얻었을 것이다. 하지만, 그는 노동자들과 사회의 가난한 사람들을 만날 수 없었을 것이며, 그들 사이에서 호소력과 존경을 잃어버렸을 것이다.

바울은 그 시대에 흔했던 소피스트 모델과 다른 길을 택했다. 그는 "낮은 쪽으로 내려가는 것"을 택하여 낮은 지위에 있는 자들과 같이 되고 그

들과 더불어 일했다.⁸⁷

이는 그가 그리스도를 본받아 닮아간 것을 보여준다. 그의 유연성에서 일관되게 나타나는 요소는, 유대인이나 이방인이나 약한 자들 가운데 어디서 활동하든지, 그의 활동이 십자가를 본받는 특성이 있었다는 점이다.

그의 특정 행위는 본질의 문제가 아니므로 사도 자신이 청중이 누구냐에 따라 그런 행위들에 맞춰가거나 그 행위들을 거부할 수 있지만, 복음의 복에 동참하기를 원한다면, 어떤 식으로든 자기 지위를 포기하는 패턴은 따라야 한다는 점을 분명히 밝히고 있다.

> 내가 복음을 위하여 모든 것을 행함은 복음에 참여하고자 함이라(고전 9:23).

즉, 십자가를 본받는 적용을 보여주는 특정 행위들은 유연하다. 그러나 십자가를 본받는 패턴 자체를 통틀어 보면, 이 패턴은 일관성이 있고 반드시 따라야 하며, 적어도 지금과 이후에 그리스도의 삶에 동참하길 원하는 사람들이라면 반드시 그래야 한다.⁸⁸

빌립보서 2장 6-8절과 데살로니가전서 2장 12절은 평행을 이루는 부분들이다. 여기서 바울이 데살로니가 성도들에게 사도로서 마땅히 권위를 주장할 수 있으나, 도리어 그들 가운데서 유순한 자가 되어 유모가 자기 자녀를 기름과 같이 하여 섬김과 유대감을 보여준 증거가 바로 그들에게 재정 부담을 지우지 않으려고 "밤낮으로" 일한 것(살전 2:9)이었으며, 심지

87　Ibid., 309-11.
88　Ibid., 312.

어 복음을 전한 행위 자체도 그리스도의 사랑을 본받은 섬김과 유대감을 증명하는 목회적 돌봄이었다.

고린도 교회에 대해서, 어머니와 희생이라는 이미지에 이어 아버지에게 쓰는 말로 바울과 교인들을 묘사하는 부분이 등장하는데, 여기서 강조하는 것은 가르침을 주고 가르침을 받는 관계다(고후 10:1,5). 그런데 그는 실제로 자신이 돈을 받기를 거부한 것을 논의하면서(고후 11:7-15) 다시금 자신이 그리스도를 본받고 있음을 역설한다.

바울은 철저히 자신을 낮추었다(고후 11:7). 바울은 부모의 심정으로 고린도 교회를 돌보았고, 종의 마음으로 그들을 섬겼다. 그 원동력은 바로 그리스도의 원리에 따른 십자가를 본받는 사랑이었다.[89]

빌레몬서에서 바울은 "사랑"이라는 명사를 세 번 활용하면서(몬 1:5, 7, 9), 주인인 빌레몬과 종/노예인 오네시모를 "사랑을 받는 자"(몬 1:1, 16)라고 부른다. 비록 종의 신분이었지만 그리스도의 십자가 사랑으로 사랑받는 자임을 표현하고 있다. 빌레몬에 관한 해석에 대한 의견은 분분하지만, 두 가지는 분명하다.

첫째, 바울은 새 회심자(몬 1:10)요 장차 복음을 전하는 데 "유익한" 종이 될 수도 있는 오네시모와 이미 바울에게 "사랑 받는 동역자"인 빌레몬 두 사람에게 모두 "영적 아버지"다.

빌레몬과 오네시모는 이제 같은 신자요 같은 아버지의 영적 아들이기 때문에 둘은 "형제"가 되었다(몬 1:16).

---

[89] Ibid., 320.

둘째, 바울은 자기 뜻을 따르도록 명령함이 없이, 오네시모가 순종하기를 바라고 있다. 그리고 그가 순종하리라고 확신하고 있다(몬 1:21).

빌레몬서(몬 1:8-10, 14)의 내러티브도 목회적 돌봄의 차원에서 그리스도의 사랑을 본받는 빌립보서 2장 6-8절의 패턴을 따르고 있다.[90]

바울은 사도로서 자기가 가진 권위를 행사하지 않고, 오히려 그리스도가 십자가로 보여주신 사랑을 본받음으로써 권위를 행사한다. 이보다 아이러니한 것은 바울이 그렇게 함으로써 자신의 사도직에 따르는 권위를 실제로 행사한다는 점이다.[91] 그것이 사도직의 본래 권위의 모습이기 때문이다. 사도로서 회심자들을 보살피는 그의 사역에 동인을 제공하고 그 사역을 형성해 준 것은 십자가로 나타난 그리스도의 사랑이다. 예수님께서 사랑으로 통치하셨듯이 바울은 사랑으로 그의 리더십을 실행하였다.

이는 한국 교회의 지도자들에게 매우 중요한 원리다. 카리스마적인 리더십을 넘어 자기 사람을 사랑하되 끝까지 사랑하는, 그렇게 사랑하는 것이 본래 사도의 권위를 보여주는 사랑의 리더십의 원리다. 십자가를 본받는 사랑은 목회적 돌봄의 원동력이 되는 것이다.

(4) 고난이 동반되는 십자가를 본받는 사랑

사도 바울이 사랑을 실천하는 데 심한 고난이 따랐다. 그에게 고난은 단순히 사탄과 악의 권세들의 공격에 그치는 것이 아니라 사랑의 표현이기

90　Ibid., 321.
91　Ibid., 323.

도 하다. 이런 측면에서 바울의 체험과 그 체험의 의미로서 사랑의 네 가지 핵심 요소를 발견한다.

첫째, 고난 덕분에, 바울은 그리스도 안에서, 곧 그리스도의 죽음에 나타난 자기희생적이고 보복하지 않는 하나님의 사랑과 자신을 동일시하고 그 사랑을 다른 사람들에게 표현할 수 있다.
둘째, 바울이 볼 때, 고난은 사도로서 그의 정체성과 영예를 규정하는 주된 원천이다.
셋째, 바울은 다른 사람들을 위하여 모든 것을, 심지어 자신의 목숨이나 자신의 구원까지도 희생하려 한다.
넷째, 심지어 고난 속에서도, 아니 특히 이 고난 속에서 바울은 성령을 통해 그리스도 안에서 나타난 하나님의 사랑을 체험한다.[92]

그러므로 고난은 사도의 사랑과 정체성의 표현이 되기도 한다. 고린도전서 4장 8-13절에서 바울은 자신과 자신의 동역자들이 종종 겪은 비참한 체험을 몇몇 고린도 사람들, 특히 지도자들일 가능성이 있는 사람들이 주장하는 고상한 체험과 대조한다.

> 너희가 이미 배부르며 이미 풍성하며 우리 없이도 왕이 되었도다 우리가 너희와 함께 왕 노릇 하기 위하여 참으로 너희가 왕이 되기를 원하노라 내가 생각하건대 하나님이 사도인 우리를 죽이기로 작정된 자 같이 끄트머리에 두셨으매 우리는 세계 곧

---

92 Ibid., 325.

천사와 사람에게 구경거리가 되었노라 우리는 그리스도 때문에 어리석으나 너희는 그리스도 안에서 지혜롭고 우리는 약하나 너희는 강하고 너희는 존귀하나 우리는 비천하여 바로 이 시각까지 우리가 주리고 목마르며 헐벗고 매 맞으며 정처가 없고 또 수고하여 친히 손으로 일을 하며 모욕을 당한즉 축복하고 박해를 받은즉 참고 비방을 받은즉 권면하니 우리가 지금까지 세상의 더러운 것과 만물의 찌꺼기 같이 되었도다(고전 4:8-13).

바울은 역설적인 풍자를 펼친다. 실상 고린도 성도들은 육에 속한 어린 아이에 지나지 않았다(고전 3:1-2). 그런데 그들은 이미 배부르고 부요하고 왕 노릇 하고 있다. 그러나 바울은 끝까지 겸손과 사랑의 행보를 보였고, 이는 그가 하나님의 종이며(고전 3:5; 4:1), 따라서 대가 혹은 처벌과 고난이 있을 것을 아는 데서 나온 것이다(고전 9:16-18, 23-27; 3:8, 14-15).[93]

진정한 사랑은 희생적인 것이기에, 고난을 감수하면서도 부끄러워하지 아니한다. 그 사랑에 따른 하나님의 능력이 주어지고, 하나님의 반전 소망을 믿기 때문이다.

바울은 이 본문을 로마서 12장 9-21절에서 보복하지 않는 사랑을 권면하면서 다시 들려주고 있다.

너희를 박해하는 자를 축복하라 축복하고 저주하지 말라 내 사랑하는 자들아 너희가 친히 원수를 갚지 말고 하나님의 진노하심에 맡기라 기록되었으되 원수 갚는 것이 내게 있으니 내가 갚으리라고 주께서 말씀하시니라 네 원수가 주리거든 먹이고 목마르

---

[93] 목회와신학 편집부, 『고린도전서 어떻게 설교할 것인가?』 (서울: 두란노, 2007), 112-13.

거든 마시게 하라 그리함으로 네가 숯불을 그 머리에 쌓아 놓으리라 악에게 지지 말고 선으로 악을 이기라(롬 12:14, 19~21).

그리고 고린도후서 1장 3-7절에서 자신이 사도로서 겪은 고초에는 하나님의 위로가 따랐으며, 이 고초와 위로가 결국은 고린도 사람들에게 유익을 끼치는 것이라고 주장한다.

우리가 환난 당하는 것도 너희가 위로와 구원을 받게 하려는 것이요 우리가 위로를 받는 것도 너희가 위를 받게 하려는 것이니(고후 1:6).

이 사랑으로 사도는 기꺼이 마지막 희생이 되려 한다. 삶을 초월하여 죽음을 택하는 희생이다. 로마서 9장 1-3절에서 바울은 이스라엘의 신실치 않음과 하나님의 신실하심을 다룬 자신의 유명한 논문을 시작하면서, 자신의 동족인, 그러나 믿지 않는 유대인들을 위하여 자신을 기꺼이 희생하겠다는 의지를 피력한다.[94]

나의 형제 곧 골육의 친척을 위하여 내 자신이 저주를 받아 그리스도에게서 끊어질지라도 원하는 바로라(롬 9:3).

고난으로 표현된 사도의 사랑은 그리스도 안에 있는 하나님의 사랑을 체험하는 계기가 된다.

---

94 Gorman, 『삶으로 담아내는 십자가』, 335.

로마서 8장 31-39절은 "신약성경에서 가장 뛰어난 수사 기술"을 구사한 부분 중 하나다. 분명 바울은 십자가에 표현된 하나님의 신실하심, 하나님의 사랑을 여전히 신뢰할 수 있다고 확신한다. 과거는 현재와 미래에 관하여 하나님이 하신 약속이다.

그 어떤 것도 바울 사도를 "우리 주 그리스도 예수 안에 있는 사랑"에서 끊을 수 없다면, 그 어떤 것도 바울이 그 사랑을 다른 사람들과 나누는 것을 제지할 수 없다.[95]

바울은 고난뿐만 아니라 이를 넘어선 죽음을 묵상한다. 바울은 자신이 그리스도와 교회들을 위해 겪은 많은 고난을 거듭 회상하는 대목에서 그가 겪은 고난을 열거하고 그 고난의 목적을 성찰한(고후 4:7-15) 뒤에 다음과 같이 고백한다.

> 우리가 담대하여 원하는 바는 차라리 몸을 떠나 주와 함께 있는 그것이라(고후 4:16; 5:1-2, 6, 8).

그러나 그는 그리스도의 사랑에 겨워 날마다 새로움을 느끼고 있다. 그래서 비록 겉사람은 늙고, 병들며, 낡아지지만 우리의 속사람은 날로 새워진다고 외치고 있다.

빌립보서 1장 20-23절에서 "죽는 것이 유익이다"라고 고백한다.

이 말은 자살을 다룬 고대 담화에서 흔히 볼 수 있다. 그래서 바울 같은 죄수가 자살할 수단을 가지려 했다고 생각하는 것은 결코 억지가 아니다.

---

[95] Ibid., 337.

세네카처럼, 바울도 그 자신에게 가장 좋고 가장 매력 있어 보이는 일을 행하라는 유혹을 받고 있다. 이런 유혹은 능동적 자살이었을 수도 있지만, 어쩌면 더 가능성이 큰 것은 소위 "수동적"(로마 당국의 구금으로부터 그를 석방해 결국 그가 순교자로 죽지 못하도록 만들 수 있는 어떤 조치에도 단호히 반대하는 것) 자살이었을 수도 있다.[96]

그러나 동시에 바울은 이 대목의 서두와 말미에서 그가 결코 죽지 않을 것이라는 절대 확신을 피력한다. 빌립보서 1장 23-36절에서 십자가를 본받는 사랑 패턴을 분명하게 표현하고 있다.

고먼의 번역을 보면 그 패턴이 명확하게 보인다.

> [x] 차라리 세상을 떠나서 그리스도와 함께 있는 것이 훨씬 더 좋으나(빌 1:23),
>
> [y] 나는 죽음을 택하지 않고(빌 1:25상),
>
> [z] 도리어 삶을 택하리라. 이는 내가 사는 쪽이 너희에게 더 유익하고, 너희 믿음의 진보와 기쁨을 위하여 더 유익하기 때문이다(빌 1:24, 25상-26절).[97]

결국, 바울을 이끈 것은 십자가에 못 박혀 죽으신 주님의 사랑이었다. 이런 고난 속에서의 사랑을 자신이 그리스도를 본받듯이 자신을 본받으라는 바울의 요구를 그리스도가 사랑하신 것처럼 사랑하고 싶어 하는 욕구 그리고 그가 섬기는 공동체들 역시 그리스도와 같은 사랑을 구현하길 바

---

96 Ibid., 342.
97 Ibid., 342.

라는 바울 자신의 욕구를 진지하게 표현한 것이다.[98]

헨리 나우웬의 고백처럼 바울은 고독과 고난 속에서도 그것을 이겨내는 하나님에게서 오는 사랑을 누리고 있었다.

> 예수님은 두려워하지 말고 마음속에서 그들과 대면하고 그들과 더불어 고투하라고 내게 말씀하신다. 그분은 내가 모든 거부감과 버려졌다는 느낌 너머에 사랑이 있음을 발견하기를 원하신다. 그것은 진정한 사랑, 계속되는 사랑으로 육체가 되셨으며 자녀들을 결코 홀로 내버려 두지 않으실 그 하나님으로부터 오는 사랑이다.[99]

사랑으로 인한 고난이었지만, 고난을 이겨낼 수 있는 사랑이었다. 그 사랑에는 고난을 이겨내는 능력이 수반되며 소망을 지향한다. 이런 사랑은 예수님께서 보여주신 사랑이었고, 그를 따르는 사도의 사랑이었다.

3) 믿음의 공동체가 보여주는 사랑의 내러티브 형태

예수님의 사랑을 사도들이 본받아 따랐고, 또한 그 사랑은 그의 제자들과 교회들에게 전수되었다.

교회는 믿음의 공동체다. 하나님을 믿는 믿음을 그리스도께서 보여주신 사랑으로 표현하며 실천하는 공동체다. 그러므로 교회의 정체성은 사랑에

---

[98] Ibid., 344.
[99] Henri Nouwen, J. M. 『예수님과 함께 걷는 삶』, 김명희 역 (서울: IVP, 2020), 36.

서 나타난다.

종교개혁자인 마틴 루터는 바울의 "핵심 이야기"라고 불리는 빌립보서 본문을 주석하면서, 십자가를 본받는 사랑을 권면하는 이 설교를 다음과 같이 표현했다.

> 빌립보서 2장 4절에서 사도가 이 규칙, 곧 우리는 다른 사람들을 이롭게 하는데 우리의 모든 수고를 바쳐야 한다는 규칙을 그리스도인의 삶에 적용될 규칙으로 규정한 것을 분명히 본다. … 사도는 그런 삶의 본보기로 그리스도를 든다(빌 2:5-8) … 바울이 말하고자 하는 것은 이것이다.
>
> 즉, 그리스도는 하나님의 형체가 충만하신 분이시며 모든 선한 것이 풍성하신 분이셨다. 따라서, 그분의 의를 얻고 구원을 얻기 위해 어떤 일도 하실 필요가 없었고, 어떤 고난도 당하실 필요가 없었다. 그러나 그리스도는 그것을 내세워 거드름을 피우시지도 않았고, 우리보다 자신을 높이시지 않았으며, 우리를 지배할 권세를 취하시지도 않았다. 그리하셔도 마땅한데, 그리하시지 않은 것이다. … 따라서, 그리스도인은 어떤 일(공로)도 할(쌓을) 의무가 없다.
>
> 그러나 그리스도인은 이런 자유 속에서도 자신을 비워야 하고, 스스로 종의 형체를 취해야 하며, 섬겨야 한다. … 그리스도인은 이런 생각을 가져야 한다. …
>
> "나는 아무 쓸모없고 저주 받은 사람이다. 그런데도 내 하나님은 내게 아무 공로가 없는데도 그리스도 안에서 내게 의와 구원의 온갖 풍성함을 안겨주셨다. … 그러므로 나는, 그리스도가 당신 자신을 내게 주셨듯이, 나 자신을 마치 그리스도처럼 내 이웃에게 줄 것이다."

… 이렇게 믿음으로부터 주님 안에 있는 사랑과 기쁨이 흘러나오는 것을 주목하라.[100]

하나님으로부터 긍휼과 의와 온갖 풍성함을 입은 사람은 그리스도께서 자신을 내게 주셨듯이, 자신을 마치 그리스도처럼 내 이웃에게 주는 삶을 살아가야 한다. 즉, 그리스도께 나 자신을 드리는 것은 이웃에게 나 자신을 주는 사랑이다. 이 사랑은 바울의 영성에서 아주 중요하며 그가 쓴 거의 모든 서신에서 아주 중요한 차원이다.[101]

이런 사랑은 참여적 사랑, 실천적 사랑, 선교적 사랑이라고 부를 수 있다. 사랑의 주된 사명은 다른 이들을 사랑함으로써 하나님의 사랑(즉, 하나님께로부터 받은 사랑)에 참여하는 것이다.[102]

바울에게 은혜란, 차라리 홀로 내버려두어지기를 좋아하는 무관심한 후원자로부터의 선물이 아니다. 하나님은 그냥 쏟아 부으신 것이 아니다. 그러므로 그것은 '아무런 조건이 붙어 있지 않은' 기부가 아니다.

반대로, 하나님은 복음에 따라 사는 개인적인 그리고 사회적인 실천을 바라셨다. 이는 바울이 의미하는 '믿음' 혹은 '신뢰'에 필수적이다.[103]

그러므로 십자가를 본받는 사랑을 참여적 사랑이라고 부르는 것이다.

---

100 Martin Luther, *The Freedom of a Christian, in John* Dillenberger, ed., Martin Luther: Selections from His Writings (Garden City, NY:Doubleday, 1961), 74-75.
101 Gorman, 『삶으로 담아내는 십자가』, 348-49.
102 Gorman, 『삶으로 담아내는 복음』, 177.
103 Barclay, 『바울과 은혜의 능력』, 179-80.

(1) 각 교회공동체에 적용된 실제적인 예

사랑은 분명 바울의 영성뿐 아니라 그의 그리스도 이해와 자기 이해에서도 중심을 차지한다.

한편으로 보면, 사랑은 자기 자신의 이익을 추구하지 않고 도리어 자기 지위와 권리를 포기하는 특징을 가진다. 다른 한편으로 보면, 사랑은 다른 사람들의 유익을 추구하고 다른 사람들을 염려하는 특징을 가진다. 바울이 이런 사랑 이해를 갖게 된 근거는 그리스도의 사랑이 표현된 십자가다. 수직적인 형태와 수평적인 형태의 사랑이다.

그리스도가 십자가에서 보여주신 사랑은 사랑의 패러다임이 되는 행위로서, 그리스도 안에 있는 사람은 바울이든 그가 섬기는 공동체든 누구나 본받을 수 있는 행위다.[104]

바울은 이 패러다임을 각 교회의 사정과 상황에 따라 적용하여 사랑에 따른 구체적인 행동이 어떠해야 하는지를 보여준다.

① 로마 교회: 보복하지 않고 환대하는 사랑

바울의 각 서신은 십자가를 본받는 사랑의 의미가 어떻게 나타나 적용되었는지를 보여준다.

먼저, 로마서 12-15장에서 바울은 보복하지 않고 환대하는 사랑, 그리스도 안에서 십자가로 나타난 하나님의 사랑이 그리스도인의 공동체가 공동체 밖이나 안에서 행하는 모든 일에 패러다임이 된다고 설명한다. 로마 신자들의 공동체를 구성하는 두 주요 그룹 간 먹는 것과 날을 지키는 것

---

104 Gorman, 『삶으로 담아내는 십자가』, 349.

등으로 발생한 갈등(이 갈등은 현실로 표출되었을 가능성이 더 크지만, 그냥 잠재되어 있었을 수도 있다)을 반영하고 있다.

그런데 두 그룹이 똑같이 갖고 있는 것이 있었다. 그런 바로 자기 그룹과 반대편 그룹이 중대한 오류에 빠져 있다는 확신이었다. 바울은 이런 태도를 적절치 못한 "비판 행위"라고 꾸짖는다.[105]

> 네가 어찌하여 네 형제를 비판하느냐, 어찌하여 네 형제를 업신여기느냐, 우리가 다 하나님의 심판대 앞에 서리라 … 이러므로 우리 각 사람이 자기 일을 하나님께 직고하리라(롬 14:10-12).

하나님이 그들(유대인과 이방인, 채소만 먹는 자와 고기도 먹는 자, 유대 율법을 지키는 자와 지키지 않는 자)을 받으셨음(롬 14:3)과 같이, 그들도 상대방을 용납해야 한다.

> 그러므로 그리스도께서 우리를 받아 하나님께 영광을 돌리심과 같이 너희도 서로 받으라(롬 15:7).

로마서가 말하는 진실한 사랑은 십자가를 본받아 원수에게 보복하지 않고 형제들을 환대하는 것이다. 12장에 나타나는 "거짓이 없는" 사랑(롬 12:9)은 크게 두 가지 형태로 표현된다.

---

105 Ibid., 394-95.

첫째, 원수에게 보복하지 않는 것
둘째, 형제 신자들을 판단하지 않고 환대하는 것

그러므로 복음은 그리스도 안에서 나타난 하나님의 사랑이다. 하나님은 죄를 지은 인류를 정식으로 기소하고 심판할 검사와 재판관이 가진 적의와 저주가 아니라, 사랑을 품고 활동하셨다.

리처드 헤이즈가 말하듯이, 바울서신은 "그리스도의 죽음을 하나님이 주도하신 평화 조치"(God's peace initiative)[106]로 해석한다.

② 고린도 교회: 교만하지 않고 다른 사람을 세워주는 사랑

고린도전서는 "사랑은 교만하지 않고 다른 사람들을 세워준다"고 말씀한다. 고린도전서 13장은 바울의 사랑 이해와 체험의 근본을 표현한 본문이다.

하지만, 고린도전서 13장을 벗어나면, "사랑"이라는 말은 불과 몇 번만 등장할 뿐이다. 그러나 13장 밖에 있으면서 "사랑"이라는 말을 담고 있는 본문 가운데 하나는 "사랑"이 이 서신의 근본 관심사임을 분명하게 밝히고 있다.

> 너희 모든 일을 사랑으로 행하라(고전 16:14).

---

106 Hays, Richard B. *Moral Vision of the New Testament: A Contemporary Introduction to New Testament Ethics* (San Francisco: HarperCollins, 1996), 330.

본문은 바울이 서신을 맺으며 모든 권면을 집약하여 제시한 권면 가운데 일부다. 이 사랑이 참된 공동체를 만들어 내고 지탱해 준다.[107]

계속해서 고린도전서는 사랑의 근본 특성이 무엇인지를 설명한다. 부정이라는 차원에서 보면, 사랑은 그 자신의 이익을 구하거나 그 자신을 세우려 하지 않는다. 긍정이라는 차원에서 보면, 사랑은 다른 사람들의 행복과 이익을 추구하고, 다른 사람들을 세우려 한다. 13장의 사랑의 의미를 고린도전서 전체로 확대해 보면 더 분명히 알 수 있다.

> 사랑은 오래 참는다 (고전 11:20-22, 33, 서로 기다리라).
>
> 사랑은 온유하다 (특별히 본문과 연관되지는 않지만, 바울은 헬라어[108] 언어 유희를 구사하려 했을 수 있다).
>
> 시기하지 않는다 (고전 3:3, 시기와 분쟁이 있으니).
>
> 자랑하지 않는다 (고전 4:7, 자랑하느냐?).
>
> 교만하지 않다 (고전 4:6, 교만한 마음을 가지지 말게 하려 함이라; 4:18-19, 교만한 자들; 5:1-2, 교만하여져서; 8:1, 지식은 교만하게 하며).
>
> 무례히 행하지 않는다 (고전 7:36, 약혼녀에 대한 행동이 합당하지 못한).
>
> 자기의 유익을 구하지 않는다[109] (고전 10:24; 10:33, 자기의 유익을 구하지 말고 남의 유익을 구하라).

---

107 Gorman, 『삶으로 담아내는 십자가』, 360.
108 '온유하다'의 헬라어 chresteuetai와 christos로 언어 유희를 구사하려 했을 수 있다. Gorman, 『삶으로 담아내는 십자가』, 362.
109 Gorman은 빌립보서 2:3-4의 아무 일에든지 다툼이나 허영으로 하지 말고, 오직 겸손한 마음을 각각 자기보다 남을 낫게 여기고, 각각 자기 일을 돌볼뿐더러 또한 각각 다른 사람들의 일을 돌보아 나의 기쁨을 충만하게 하라는 본문과도 연결시키고 있다. Gorman, 『삶으로 담아내는 복음』, 220.

성내지 않는다 (뚜렷한 평행 본문이 없으나, 분열과 반목을 가리키는 말일 것이다).

악한 것을 생각하지 않는다 (뚜렷한 평행 본문이 없으나, 법정 송사를 가리키는 말일 것이다).

불의를 기뻐하지 않는다(고전 6:1, 7-9, 불의한 자가 하나님의 나라를 유업으로 받지 못할 줄을 알지 못하느냐?).

진리와 함께 기뻐한다(고전 5:8, 오직 순전함과 진실함의 떡으로 하자).

모든 것을 참는다 (고전 9:12, 범사에 참는 것은).

모든 것을 믿으며, 모든 것을 바라며, 모든 것을 견디느니라(모든 이의 소망이요 인내의 근거인 육체의 부활을 고린도 사람들이 믿지 않음을 가리키는 말일 것이다).[110]

위의 내용에서 몇 가지를 분명히 알 수 있다.

첫째, 바울은 고린도 사람들의 모든 행위(그릇된 행위)와 사랑에서 비롯된 진실한 행위들을 하나씩 하나씩 연관 짓지 않는다. 그렇게 하나씩 연관 지으면, 너무 경직되고 억지스러운 것이 될 것이다.

둘째, 그러나 고린도전서의 13장과 다른 장들에는 서로 비슷한 문구들뿐만 아니라 정확히 평행을 이루는 말들이 존재하고 있다.

셋째, 바울은 "자기의 유익을 구하지 않는다"라는 문구로 사랑을 완전하게 묘사할 수 없다는 것을 인정한다. 그러면서도 그는 분명히 이 문구를 힘써 강조한다.[111]

110　Gorman, 『삶으로 담아내는 십자가』, 362-65.
111　Ibid., 366.

고린도전서 13장 5절에 나오는 "자기의 유익을 구하지 않는다"라는 말의 정반대 표현, "도리어 다른 사람들의 유익을 구한다"는 고린도전서 13장이 사랑의 특질로 명시하지는 않는다.

그러나 확실히, 그렇게 다른 사람들을 중심에 두는 것은 오래 참는 것, 온유한 것 또는 모든 것을 참는 것 같은 행위들의 특징 중 일부다.

> 우상의 제물에 대하여는 우리가 다 지식이 있는 줄을 아니 지식은 교만하게 하며 사랑은 덕을 세우나니(고전 8:1).

여기서 바울은 '사랑은 덕을 세운다'라고 말한다. 그리고 본문에 따른 결론을 담은 본문인 10장 23절에서 11장 1절에 "사랑"이라는 말이 등장하지는 않지만 바울은 이렇게 말한다.

> 모든 것이 가하나 모든 것이 유익한 것은 아니요. 모든 것이 가하나 모든 것이 덕을 세우는 것은 아니니 누구든지 자기의 유익을 구하지 말고 남의 유익을 구하라…나와 같이 모든 일에 모든 사람을 기쁘게 하여 자신의 유익을 구하지 아니하고 많은 사람의 유익을 구하여 그들로 구원을 받게 하라(고전 10:23-11:1).

이것은 다른 사람의 유익을 구하고 그들을 세우는 사랑을 보여준다.[112]

사실 바울은 고린도전서 1-7장에서도 사랑을 가르친다. 특히, 3장과 4장(고전 3:16-17; 4:18-19상, 21절)에서 바울은 분열을 사랑이 없는 결과로

---

112 Ibid., 367.

이해하고 있다.

고린도 사람들의 행위는 다툼과 분열을 부채질한다. 고린도 사람들은 자신들을 아주 "신령한" 사람들로 보았다. 그런데 정작 그들의 행위는 그들이 여전히 "육신에 속한" 사람들이라는 것을 증명해 주었다(고전 3:1, 3; 고전 5:3-6). 고린도 사람들이 행해야 할 사랑은 그들의 교만한 행위에서 돌이켜 겸손해지며, 그 공동체와 그 음행을 저지른 사람을 위해 그 사람을 공동체에서 "쫓아내어" 덕을 세우는 행위다.

고린도후서 8-9장은 십자가를 본받는 사랑으로 후히 베풂의 은혜를 이야기한다. 여기서 가장 눈에 띄는 단어는 '카리스'(Charis)라는 단어다. 8장에서 7번, 9장에서 3번 등장한다.

8장 8절, 24절이 분명하게 말하듯이, 바울이 고린도 사람들에게 근본적으로 권면하는 것은 그들의 형제인 예루살렘의 더 가난한 신자들을 "사랑하라"는 것, 사랑으로 세워주라는 것이다.

진실로 은혜/사랑을 체험한 사람들은 이제 온몸으로 그 내러티브를 실천하고 이어간다. 스스로 십자가를 본받는 은혜의 도구가 된 사람들에겐 짐이 되지 않고 모든 면에서 넉넉함을 누리게 되리라는 약속이 주어져 있다(고후 8:14-15; 9:6-12).[113]

③ 갈라디아 교회: 성령의 열매요 율법의 완성으로써 사랑

갈라디아서를 통해서는 '믿음이 원동력이 된 사랑은 성령의 열매요, 율법의 완성'이라는 의미를 설명한다. 바울은 자기 독자들에게 이방인 신

113　Ibid., 390-91.

자들은 두 가지 이유에서 할례를 받을 필요가 없다는 것을 납득시키려고 한다.

첫째, 할례는 율법을 완전히 "행하는 것"을 요구하지만, 율법을 행하는 것은 의롭다 하심을 얻을 수 있는 길이 아니기 때문이다.

둘째, 세례 받은 신자들은, 성령이 그들 속에서 그리스도를 닮은 사랑을 만들어 내는 한, 이웃 사랑이 그 본질인 율법을 실제로 "완성하기" 때문이다.

그러므로 갈라디아서는 믿음(바울이 설교했던 그 믿음)과 사랑의 연관 관계를 다룬 서신이다. 사도 바울은 사랑으로 역사하는 믿음(갈 5:6)을 말한다. 결국, 이것은 갈라디아서가 십자가와 성령의 연관 관계를 다루고 있다는 것을 의미한다.[114]

예수 그리스도의 십자가를 통해 아들의 영으로서 성령께서 역사하시며 성령께서 신자들이 그리스도를 본받아 십자가를 본받는 삶을 살도록 역사하심으로 성령의 열매, 곧 사랑을 맺도록 하신다.

갈라디아서 2장 20절은 하나님의 아들의 "믿음"(신실하심)은 자기를 내어주신 사랑의 행위다. 이것은 믿음과 사랑 사이에 결코 분리할 수 없는 상호 연관 관계를 만들어 낸다.

갈라디아서 4장 4-7절은 성령이 아들의 영이라는 점이다. 바울은 나중에 신자들이 성령으로 살고 성령을 따라 행한다고 말한다(갈 5:16, 25). 이

---

114 Ibid., 355.

는 신자들이 아들의 영을 따라 산다고 말하는 것이다.

다시 말해, 그들은 그들 안에 들어와 사시는 하나님의 아들로 말미암아 살고, 바울의 표현을 빌리자면, "하나님의 아들의 믿음으로"(갈 2:20) 산다. 성령은 아들, 곧 사랑(다른 사람들을 향한)으로 자신을 내어주심으로써 (아버지를 향한) 믿음을 증명해 보이신 아들의 영이다.[115]

그러므로 성령으로 사는 것은 사랑으로 사는 것이다. 사랑의 법은 "메시아(그리스도)의 법"이다. 사랑을 만들어 내는 믿음이라는 새 법은 더 명확하게 다음 두 가지 방법으로 정의할 수 있다.

첫째, 은유라는 방법을 써서, 이 법을 다른 사람들의 종, 서로에게 종이 되는 것으로 정의할 수 있다.

둘째, 구체적 이미지를 활용하여, 이 법을 "짐을 지는 것"으로 정의할 수 있다(갈 5:13-14; 갈 6:2).

종이 된다는 것은 성령의 열매인 자비와 양선을 나타내게 하여 공동체 안과 공동체 밖에 있는 모든 사람에게 착한 일을 하게 한다는 말이다(갈 6:10). 성령의 열매를 나타내는 첫 행위는 사랑이다(갈 5:22). 성령의 종이 되면, 성령의 능력이 죄와 육의 권세를 대신하게 된다.

바울은 종이 되는 것을 사랑의 지배를 받는 것으로 본다. 짐을 지는 것은 한편으로 보면 고립과 무관심의 반대말이지만, 다른 한편으로 보면 "서

---

115 Ibid., 356-57.

로 물어뜯고 잡아먹고"(갈 5:15)[116]의 반대말이기도 하다. 서로 짐을 지는 삶은 피차 멸망을 피하는 길이다(갈 5:15).[117]

④ 빌립보 교회, 데살로니가 교회, 빌레몬서: 하나님께 영광을 돌리는 행위로서의 사랑

빌립보서는 사랑을 다른 사람들과 공동체를 겸손히 염려하는 것으로 본다. 바울은 빌립보 사람들에게 사랑이 넘치는 한 그들이 그리스도의 날에 하나님께 영광을 돌리게 될 것이라고 말한다(빌 1:10-11).

바울은 "사랑"과 "영광"을 결합함으로써 그리스도의 사랑 이야기에 관한 자신의 해석이 하나님께 영광을 돌리는 행동으로 나타나기를 재차 기대한다(참고,빌 2:1, 11).[118] 그리스도 안에서 규범이 되는 것은 "권면"과 "사랑"이다. 교회 안에서 활동하시는 성령은 애정과 긍휼로 표현되는 교제를 만들어 낸다.

빌립보서 2장 3-4절은 두 번에 걸쳐 이기적 행위를 다른 사람들을 지향하고 다른 사람들을 위하는 행위와 대조한다. 빌립보 사람들이 하지 말아야 할 것은 그들이 해야 할 것과 정반대다.

빌립보서 2장 3-4절과 빌립보서 2장 6-8절에서 빌립보 사람들은 이기심을 "거부"하고 사랑으로 행동함으로써, 바울이 공동체의 삶에 본질적이라고 보았던 하나 됨을 만들어 내야 한다. 바울은 사랑하는 마음으로 자기 자신보다 다른 사람들을 더 염려하는 것이 곧 그리스도의 이익을 추구하

---

116 새번역의 표현이 명확하다. 개역개정은 "물고 먹으면"이라고 표현하고 있다.
117 Gorman, 『삶으로 담아내는 십자가』, 358-59.
118 Ibid., 405-06.

는 증거라고 본다.[119]

데살로니가전서는 십자가를 본받는 사랑의 본질을 증거한다. 데살로니가전서에 나타난 십자가를 본받는 사랑의 본질은 여섯 가지로 정리해 볼 수 있다.

첫째, 사랑은 믿음과 분리할 수 없다(살전 1:2; 3:6).

둘째, 사랑은 또 소망과 분리할 수 없으며, 소망을 보증하는 것이기도 하다(살전 1:2; 3:13; 5:23-24).

셋째, 사랑은 다른 사람들을 격려하고 계발하는 것이다(살전 4:13-5:11).

넷째, 사랑은 모든 것을 감싸주며 늘 다른 사람들에게 보복하거나 해를 끼치려고 하기보다 그들에게 선을 행하는 것을 의미한다(살전 5:15).

다섯째, 사랑은 하나님의 주도하심과 인간의 책임을 통해 이루어진다(살전 4:9-10).

여섯째, 바울 사도와 그의 동역자들은 자기를 잊고 자신을 내어줌으로써 사랑의 모범을 보여주었다(살전 3:12).[120]

빌레몬서는 힘을 포기하고 형제를 받아들이는 것을 사랑으로 본다. 바울은 만일 빌레몬이 진실로 믿음을 갖고 있다면, 그는 늘 그랬듯이(5절) 그 믿음을 한 성도(오네시모)를 향한 사랑으로 표현할 것이다. 바울은 빌레몬에게 빌레몬이 바울 자신에게 한 행위를 따라 빌레몬 자신의 힘과 권리를

119　Ibid., 406-12.
120　Ibid., 350-53.

행사하지 말고 사랑을 보이라고 요구한다.[121]

이런 사랑의 행위는 결국 하나님께 영광과 찬송이 될 것이다.

(2) 각 교회에 적용된 실제적 그리스도의 사랑 패턴

바울은 그리스도께서 보여주신 사랑의 패턴을 각 교회에 실제적으로 동일한 방식으로 적용하는데, 고먼은 그 예를 정리하여 보여주고 있다.

각 교회의 상황에 따라 일어나는 다양한 사건들에 대해, 즉 송사, 음식을 먹을 권리, 성찬, 은사, 용서와 화해라는 측면에 이르기까지 다양하게 성도들, 혹은 사회적으로 일어날 수 있는 일들에 대해 예수님께서 보여주신 십자가를 본받는 사랑의 패턴을 어떻게 적용하고 있는지 구체적인 예를 제시한다. 이는 그리스도인들이 실제 생활 속에서 적용할 수 있는 좋은 보기가 된다.

① 송사에 관한 십자가를 본받는 사랑 패턴의 적용

먼저 고린도전서에서 송사에 관한 적용이다. 6장 1-11절에서 송사를 좋아하는 고린도 사람들은 음행하고, 그들을 방치하며, 그러한 불의를 즐길 뿐만 아니라(고전 5:1-13), 아예 불의를 행한다. 그것도 분명 사랑과 거리가 먼 방식으로 행한다.

하나님, 주 예수님 그리고 하나님의 성령과 연합된 사람들은(고전 6:10-11) 옳지 않은 일을 당했을 때 보여야 할 사랑의 반응, 곧 십자가를 본받는 반응이 그 그릇된 행위에 보복하는 것이 아니라 그 행위를 받아들이는 것

---

121 Ibid., 413-16.

임을 알아야 한다.

"[x]인데도 [y]하지 않고 도리어 [z]하라"라는 사랑의 패턴으로 표현된다. 아래는 바울의 주장을 패턴에 맞춰 정리한 것이다.

> [x] 물론, 너희는 (로마 법정에서 문제를 해결할 수 있는 권리 외에) 너희 공동체의 법정과 공동체의 현명한 지도자들 앞에서 너희 불만을 호소할 수 있는 권리를 더 갖고 있다.
>
> [y] 그렇지만 이렇게 불만을 호소하려는 시도를 모두 포기하라. 이렇게 불만을 호소하는 것은 상대방에게 잘못을 범하는 것으로서 십자가와 모순되기 때문이다.
>
> [z] 도리어 그 대신 그릇된 행위와 속임수를 그대로 당하고 말라.[122]

이렇게 그릇된 행위와 속임수를 그냥 당하고 마는 것은 개인과 공동체의 삶 속에서 십자가를 철저히 실현하는 것이다(고전 6:7).

이는 오늘날 불의라기보다는 억울함을 참지 못하는 사람들, 특히 크리스천들에게는 중요한 가르침이다.

불의를 당하는 것이 아님에도, 조금의 손해도 원치 않는, 현대의 자본주의 제로섬의 원리를 따라 남에게 손해를 끼쳐서라도 나는 손해를 보지 않겠다는 주장이 크리스천에게도, 교회 안에서도 그대로 적용되고 있다.

최근 서울 재개발 지역의 소위 알박기 방법으로 송사를 통한 법원의 명령도 무시한 채 수백억의 보상금을 타낸 교회가 사회의 손가락질을 받고

---

122 Ibid., 372. Gorman의 해석이다.

있다.[123] 소송보다 더한 행위가 교회를 통해 나타나고 있음이 안타깝다.

② 음식 먹을 권리에 관한 십자가를 본받는 사랑 패턴의 적용

고린도전서 8-16장에서 타인의 유익을 구하며 덕을 세우는 의미의 사랑을 계속 이야기한다. 그것은 '권리 포기'로 시작한다.

바울은 우상에게 바친 고기를 먹을 권리가 있음을 부인하지 않는다. 그러나 바울이 부인하는 것은 그 행위가 다른 사람들에게 미칠 영향을 고려하지 않은 행위, 특히 다른 사람들의 행복, 나아가 심지어 구원에 심각한 위험을 미칠 수 있다는 점을 고려하지 않은 행위의 타당성이다.

사랑은 덕을 세우나 지식은 교만하게 한다. 때문에 바울은 지식이 있다는 신자들에게 사랑하는 신자가 되라고 당부한다. 신자들은 사도가 보인 모범을 따라야 한다.

> 만일 음식이 내 형제를 실족하게 한다면 나는 영원히 고기를 먹지 아니하여 내 형제를 실족하지 않게 하리라(고전 8:13).

사랑은 권리를 쓰지 않고(고전 9:15) 도리어 다른 사람들의 행복, 특히 구원을 위해 그 권리의 사용을 기꺼이 포기하는 것이다(고전 9:20-23; 10:33).[124]

---

123 온라인 자료, '알박기는 승리한다' https://www.mbn.co.kr/news/society/4826572
124 Gorman, 『삶으로 담아내는 십자가』, 374.

물론, 참되신 한 분 하나님이 지으신 모든 것을 먹을 권리가 있다. 그렇지만 만일 이 권리가 약한 자들의 양심에 상처를 입히고 심지어 그들을 멸망케 할 수도 있다면, 이 권리를 행사하지 않는다. 도리어 누구라도 실족하는 것을 예방하려면, 우상에게 바친 고기를 다시는 먹지 않으려고 결단한다. 나의 유익을 구하지 아니하고 다른 사람의 유익을 구하기 때문이다.

바울은 사랑은 권리를 쓰지 않고 도리어 다른 사람의 행복, 특히 구원을 위해 그 권리 사용을 기꺼이 포기하는 것임을 설명하면서, 다음과 같이 원리를 적용한다.

> [x] 물론, 너희는 참되신 한 분 하나님이 지으신 모든 것을 먹을 권리를 갖고 있다.
> [y] 그렇지만 만일, 이 권리가 약한 자들의 양심에 상처를 입히고 심지어 그들을 멸망케 할 수도 있다면, 이 권리를 행사하지 말라.
> [z] 도리어 누구라도 실족하는 것을 예방하려면, 우상에게 바친 고기를 다시는 먹지 않을 것이다.[125]

이런 예는 유교의 영향으로 제사 문화가 만연한 한국 사회에서 적용할 수 있을 것이다. 제사 음식을 먹는 것 자체가 과학적으로나 영양학적으로 다르고, 문제가 될 것이라는 생각으로 먹지 않는 것은 미신적 요소겠으나, 다른 사람의 신앙을 위해서나 하나님을 믿는 믿음의 문제에 있어 행하는 것은 덕과 유익으로써의 사랑과 관련된다.

---

[125] Ibid., 375.

③ 성찬에 관한 십자가를 본받는 사랑 패턴의 적용

성찬에서도 본받아야 할 십자가의 사랑을 설명한다.

고린도 교회에는 "주의 만찬이 되지 못한 채"(고전 11:20), 각기 따로 식사하는 것만이 이어지고 있었다. 그러나 모두 함께 모여 식사하는 것은 구체적 관심과 배려다. 지위 고하를 막론하고 모든 사람이 도착하길 기다렸다가 함께 식사하는 것만이 유일하게 사랑을 실천하는 것이다.

> [x] 물론, 사회적 지위와 관습은 너희에게 식사에 참여할 특권을 주었으며, 너희는 이 영예를 주님의 만찬과 결합된 식사에서도 사용했다.
>
> [y] 그렇지만 너희는 모든 사람이 도착하기 전에 (다른 형제 것까지 다) 먹고 (다른 형제 것까지 다) 마셔버리는 것처럼, 너희 지위와 결합된 (소위) 권리들을 이기적으로 사용하는 행위를 하지 말라(그런 행위는 하나님의 교회를 경멸하고, 가난한 자들에게 굴욕을 안겨주며, 그리스도의 몸을 분별하고 표현하지 못하는 행위다).
>
> [z] 도리어 너희는 한 몸임을 합당하게 서로 기다렸다가 모든 사람이 모이면 함께 주님의 만찬을 먹으라.[126]

이런 실제적 적용은 한국 교회에 만연한 성공주의, 엘리트주의에 대해 교회 본연의 존재 목적과 실제적 실천 방안에 주의를 요청한다.

많은 교회가 교회당에 단순한 편의를 넘어 최고급 시설을 갖추고, 고위층이 교회 오는 것을 우대하면서도 가난하고 어려운 사람들에게 문턱을 높이고 실제 구제 예산 책정에 인색한 것과 관련하여, 진정한 십자가를 본

---

[126] Ibid., 377-78.

받는 사랑이 무엇인지를 돌아보게 한다.

④ 은사를 행함에 있어 십자가를 본받는 사랑 패턴의 적용

은사를 행함에서도 십자가를 본받아야 함을 말씀한다.

고린도전서 12장 4-7절은 성령의 은사들을 바라보는 시각에 있어 자신과 다른 사람들이 소유한 은사들을 대할 때 가져야 할 올바른 태도를 시사한다.

우선, 성령이 어떤 사람에게 주신 은사는 그 사람을 크게 높이 만들거나 그 사람을 세우려는 것이 아니라, 도리어 다른 사람들의 유익을 도모하는 데 목적이 있다.

> [x] 물론, 너희는 성령의 은사들을 받았으며, 그 은사들 가운데 일부는 다른 은사들보다 더 긴요하고 더 유익한 은사처럼 보인다.
>
> [y] 그렇지만 너희는 이런 은사들을 내세워 거들먹거리지도 말고(그 은사들이 어디에서 왔으며 왜 주어졌는가를 기억하라), 다른 이들, 특히 더 약한 지체들의 은사들을 얕보지 말라.
>
> [z] 도리어 모든 은사(너희의 은사와 다른 이들의 은사들)를 받아들이고 사용하여 공동체의 유익을 이루라.[127]

은사는 결코 교만의 이유가 될 수 없다. 오히려, 십자가를 본받는 사랑은 온유하며 자랑하지 아니하며 절제하여, 공동체의 유익, 곧 그리스도의

---

[127] Ibid., 379.

몸을 세운다.

> [x] 물론, 너희는 하나님을 예배하고 너희 자신을 계발하는 데 써야 할 은사를 하나님으로부터 받았다.
> [y] 그렇지만 그 은사가 오직 너희 자신만을 계발하는(세우는) 것이라면, 사람들이 모인 자리에서는 그 은사를 사용하지 말라. 그렇게 은사를 쓰는 것은 이기적이다.
> [z] 도리어 통역하는 은사를 달라고 기도하거나, 다른 사람들에게 통역을 요청하거나, 통역이 없는 경우에는 침묵을 지켜 다른 사름들에게 덕을 세움으로써, 회중이 모임 가운데 이루어지는 모든 일이 그리스도의 몸을 세울 수 있게 하라.[128]

일부 한국 교회가 은사주의로 흐르면서 은사가 개인의 능력으로 오용되어 권력으로 형성되고 성도들을 조종하는 방편이 되는 것을 본다. 이것은 은사의 남용으로 철저히 말씀으로 검증되어야 하며, 사랑으로 점검해야 한다. 은사와 사랑의 관계는 십자가를 본받는 능력과도 연결된다.

---

[128] Ibid., 382.

⑤ 보복하지 아니하고 용서와 화해에 관한 십자가를 본받는 사랑 패턴의 적용

고린도후서는 십자가를 본받는 사랑으로 화해(화목)를 이야기하고 있다. 화해(화목)는 고린도후서 1-7장의 핵심 신학 용어다. 바울의 관심사는 하나님과 그리스도께서 십자가에서 보여주신 사랑의 복음에 고린도공동체가 올바로 응답하는 것이다. 화해에는 회개가 필요할 수 있다. 올바른 회개는 구원으로 이끈다(고후 7:10). 화해, 곧 십자가를 본받는 사랑은 비단 회개만을 의미하지 않는다. 그것은 동시에 용서를 의미하기도 한다.

특히, 고린도후서 2장 6-9절에서 십자가를 본받는 사랑 패턴은 혹시 고통을 주었던 사람이라 할지라도 용서와 화해, 위로라는 측면으로 등장한다.

> [x] 물론, 이 사람은 너희에게 고통을 안겨주었고 너희에게 잘못을 저질렀다.
> [y] 그렇지만 그를 더 벌하지 말라
> [z] 도리어 순종에서 우러나온 사랑으로 그의 유익을 위해 그를 용서하고 위로하라.[129]

바울이 용서와 화해라는 사랑 패턴의 적용은 한국 교회에 절실하다.

필자가 섬기는 교회에서 이미 여러 번 경험한 사안인데, "저 사람이 교회에 나오면 나는 교회에 안 나오겠습니다"라는 분이 많다. 그것도 믿음이 없는 초신자들이 아니라 이미 교회를 오래 다녔고, 스스로 신앙적 지식

---

[129] Ibid., 385-87.

이나 연륜이 있다고 하는 사람들의 얘기다. 목회자로서 만나서 대화하도록 중재하고 화해를 시도하지만, 꿈쩍도 하지 않는 분들이 계신다.

 십자가를 본받는 사랑, 즉 보복하지 아니하고 용서하고 화해하는 사랑이 무엇인지 새겨보아야 한다.

(3) 자기희생을 넘어선 자아 사랑의 의미: 영적 시너지 효과

 자기의 유익을 구하지 아니하고, 다른 사람의 덕과 유익을 구하는 사랑을 조금 다른 차원으로도 이해해 볼 수 있다.

 갈라디아서에서 나타난 의미를 본다면 사랑은 다른 사람의 유익을 위하여 자신을 희생하고 어떠한 대가도 바라지 않는 자기희생을 의미하지 않는다는 것이다.

> 온 율법은 네 이웃 사랑하기를 네 자신같이 하라 하신 한 말씀에서 이루어졌나니(갈 5:14; 참고, 레 19:18).

 구약의 인용은 여러 방식으로 이해될 수 있다. 이는 사랑으로 공유하는 유익 안에 자신의 자아를 배제하는 것이 아니라, 포함하는 것처럼 보인다는 것이다. 이는 아마도 "그가 여러분 자신에게 결합한 것처럼, 여러분의 이웃을 사랑하십시오"로 해석될 수 있을 것이다.

 다시 말해, 자아는 사랑 안에서 자신 밖으로 내버려지는 것이 아니라 다른 사람들과의 관계 속으로 결합하는데, 이 관계 속에서 모든 당사자는 유

익과 번영을 누리게 된다.[130]

즉, 이런 사랑은 자기의 유익을 구하지 아니하고 다른 사람의 덕과 유익을 구하는 사랑과 배치되는 것이 아니라, 그것을 넘어선다. 다른 사람을 사랑하여 유익하게 하는 것은 자아에 유익하고 자아를 사랑하는 비결이 되는 것이다. 현대적인 용어로는 제로섬 법칙이 아니라 시너지 효과 또는 윈-윈전략이 되는 것이다.

하나님의 은혜, 곧 그분의 사랑을 입은 자들은 공동체를 형성하고 하나님의 은혜와 사랑이 공동체의 삶을 통해 연쇄적으로 전달되어, 받은 은혜와 사랑이 신자들에 의해 다시 다른 사람에게 전해지고 그들 사이에서 공유되기를 기대한다.

그러므로 하나님께 보답 드리는 선물은 은혜와 사랑이 다른 사람을 향하여 전달되는 것이기도 하다. '보답으로 드리는 것'이 '다른 사람과 선물을 나누는 것'을 통해 수행되는 것이다. 신자들은 선물 공유에 참여함으로써(고후 8:7), "자신을 주께 드리는 것"이다(고후 8:5).

그러므로 십자가를 본받는 사랑은 서로 간의 직·간접적인 상호 관계 안에서 순환된다. 한 사람이 주면 공동체 안의 또 다른 곳으로부터 받음으로써 조화를 이루게 될 수 있다. 그러나 분명한 것은 사랑들이 순환됨에 따라 모든 사람이 이 주고받는 과정에 계속해서 관여하게 된다는 사실이다.

결국, 성장과 발전을 이루게 된다. 사랑이라는 선물을 주는 것은 하나님께 대해서는 예배의 행위이며, 선물을 받는 것은 하나님께 대한 감사를 만들어 낸다.

130　Barclay, 『바울과 은혜의 능력』, 172.

이 사랑은 공동체 내에서 주는 자와 받는 자를 묶어줌과 동시에, 둘 모두를 하나님께로 묶어준다.[131] 그러므로 교회는 하나님의 새로운 사회(Gos's New Socity)로서 세상 가운데 소금과 빛이 되는 온전한 공동체가 된다.

고먼은 고린도전서 13장에서 십자가를 본받는 삶의 관점에서 사랑에 바친 찬사를 개작하여 다음과 같이 아름다운 말로 표현한다.

> 십자가를 본받는 사랑은 행동하는 믿음이다. 이 사랑은 자기 자신의 유익을 구하지 아니하고 다른 사람들의 유익을 구한다. 실제로 이 사랑은 다른 사람들의 유익을 위해 권리들을 사용하는 것을 포기한다.
> 십자가를 본받는 사랑은 다른 사람들을 세워주고, 다른 사람들, 심지어 원수에게도 해를 끼치지 않는다. 이 사랑은 복수하거나 폭력을 행사하지 않는다.
> 십자가를 본받는 사랑은 다양성을 환영한다. 이 사랑은 판단하지 않지만, 십자가에 맞서는 가치들에게는 관용을 보이지 않는다. 가끔 이 사랑은 강인할 때도 있다.
> 십자가를 본받는 사랑은 공손하고 너그럽다. 가난한 사람들과 약한 사람들, 곧 다른 사람들에게 따돌림 받는 사람들이나 배척당하는 사람들에게 특히 그러하다. 이 사랑을 가진 사람은 세상에서 지위를 가질지라도 다른 사람들을 높이고자 자신은 낮은 자리로 내려간다. 이 사랑을 가진 사람은 자기 자신과 자기 소유를 내놓는다.

---

[131] Ibid., 281-304.

한 마디로, 십자가를 본받는 사랑은 새 시대 새 장소에서도 십자가 이야기를 이어간다. 십자가를 본받는 사랑은 얼마든지 상상해 볼 수 있다.[132]

하나님은 십자가에서 죄의 형벌을 요구하고 또 그것을 짊어지시는 동시에 악을 처벌하고 이김으로써 그의 거룩한 사랑을 나타내 보이셨다. 그러므로 십자가의 거룩한 사랑은 오늘날 악을 행하는 자들에 대한 우리의 반응을 특징지어야 한다.[133]

복수하거나 폭력을 행사하지 않는 것으로 성령의 역사하심에 순종하여 십자가를 본받는 사랑을 실천함으로써 그리스도를 통한 하나님의 사랑을 표현하고, 서로를 유익하게 하고 세워줌으로써 성령의 은사와 열매를 함께 맺어가며 하나님의 거룩한 공동체를 함께 세우고, 건강한 타인과 자아를 형성해 나갈 수 있다.

4) 두 번째 덕목의 결론

십자가를 본받는 사랑은 예수님의 십자가로부터 나타난 본으로 시작하여 사도들을 통해 실천되고 전수되었던 사랑이다. 그 사랑은 각 지역의 공동체에 실제로 적용되었고, 그 공동체를 넘어 사회와 세계를 향해 펼쳐졌다.

---

132 Gorman, 『삶으로 담아내는 십자가』, 425-26.
133 Stott, 『그리스도의 십자가』, 386.

십자가를 본받는 사랑은 막연한 것이나 정신이나 이상 세계에 머무는 형이상학적인 이론 체계가 아니라, 믿음을 고백하는 신자들의 삶 속에서 실제로 체현되고 실현된다.

그러므로 십자가를 본받는 사랑은 믿음의 경우와 마찬가지로 입으로 고백 되는 것을 넘어서 실천적이요, 참여적이며, 선교적인 사랑이다. 철저히 관계적인 상황에 적용되기에, 가정에서부터 교회공동체, 직장, 지역 사회 속에서 구체적으로 적용되어야 하는 사랑이다.

> 내가 할 수 있는 권위가 있지만, 이기적으로 사용할 것으로 여기지 아니하고, 이타적으로 덕을 세우기 위해 오히려 그 권위를 내려놓고 포기하는 것이다.

이와 같은 그리스도의 사랑 패턴의 본을 따라, 실제 바울 자신과 각 지역의 공동체에 적용된 사례와 구체적으로 적용될 수 있는 송사, 성찬, 은사, 용서와 화해 등 다양한 패턴을 제시하였다.

이제 오늘 여기서, 실제 우리의 삶에 그리스도의 사랑 패턴을 적용할 차례다.

어느 권사님의 간증이다.

권사님께서 삼십 대 중반 막 신앙생활을 제대로 해나가던 시절 평범한 회사원이었던 남편이 갑작스러운 사고로 돌아가셨다. 아들 하나, 딸 둘과 함께 남겨진 권사님은 가족들을 위해서 무슨 일이든 하셔야 했다. 권사님은 얼마 안 되는 남편의 회사 퇴직금을 받아 외진 골목 안 허름한 집을 하나 샀다. 삼 남매를 데리고 이곳저곳 전세로 전전하며 이사 다니는 것이 힘들 것 같아 판단하신 일이다.

그런데 시동생이 의심하고 나섰다. 형수의 명의로 집을 샀는데 나중에 아이들을 버리고 그 집을 팔고 도망가면 어떻게 하겠느냐는 것이었다. 당시 초등학교 5학년이었던 아들 명의로 해도 되는데 굳이 본인의 명의로 했다며 야단이었다. 그러나 당시 초등학생 명의로 집을 사면 세금이 많이 붙었다.

시동생은 비수같은 말들을 했다. 형수가 예수를 믿어 형님이 그렇게 됐다는 것이다. 그러면서 형수가 교회를 다니는 것을 매우 싫어했다.

그런데도 권사님은 회사에 취직하여 열심히 일하며 가족을 돌보면서 더욱 하나님을 의지하고 굳건한 신앙생활을 했다. 무엇보다도 그 시동생을 미워하지 아니하고 매번 시동생과 동서, 조카들의 생일을 챙기며 그 집을 돌아봤다.

처음에는 시동생이 형수의 방문을 반기지 않았다. 얼굴을 보고는 곧 방으로 들어가 버렸다. 몇 번이고 반복되는 모습을 보면서 권사님의 아들은 작은아버지가 이해되지 않았다. 도대체 왜 그렇게 행동을 하는지 화가 났다.

어머니께 여쭸더니 어머니께서 자초지종을 이야기하셨다. 형님이 돌아가신 것에 대한 안타까운 마음에 그러셨을 것이라고 말씀하셨다.

그러나 아들은 화가 났다.

어머니, 우리 작은 집과 관계를 끊읍시다.
어떻게 그런 얘기를 듣고 그 집을 챙길 수가 있습니까?
관계를 끊는 것이 더 편할 것 같습니다.

그랬더니 어머니이신 권사님께서 대답하셨다.

아들아, 예수님을 믿는 사람이 달라도 뭔가는 달라야 하지 않겠느냐?
우리는 사랑을 보여야지.

권사님은 악담을 듣고 마음이 상하셔서 관계를 끊을 수도 있었지만, 하나님을 의지하며 기도하고 그것을 극복하셨으며, 도리어 사랑으로 그들을 돌보셨다. 그러한 사랑은 시동생을 감동하게 했고, 이후 그 시동생은 권사님과 권사님의 가족을 돌보고, 도와주었다고 한다.
하나님의 사랑에 감사하며 하나님의 도우심의 능력으로 사랑을 실천하심으로 용서와 화해의 결과를 이루셨다.

아무에게도 악을 악으로 갚지 말고 모든 사람 앞에서 선한 일을 도모하라(롬 12:17).

3. 세 번째 덕목: 십자가를 본받는 삶의 능력

영적 엘리트주의에 사로잡힌 목회자는 신자들에게 자신을 특별한 능력의 존재로 각인시키기 위해서 애쓴다. "하나님은 아무도 보지 못한 일을 나에게 보여주셨다. 나는 하나님과 연합되어 있고, 나는 특별한 계시를 받았다"라고 말한다.
영적 엘리트주의는 '자신이 특별하다, 특별한 능력을 갖췄다'라는 의식을 전제하므로 다른 사람들과 자신을 구분하고 영적 권한을 남용하는 결

과를 가져온다.[134]

어떤 교회 모임에서 자신에게는 투시의 은사가 있다고 자랑하던 사람이 한 기혼 여성의 과거를 투시했다고 하면서, 사람들 앞에서 그녀의 비밀을 폭로해 버렸다. 그녀가 결혼 전 다른 남자와 깊은 관계에 있었다는 것이다. 결국, 그녀의 가정은 파탄에 이르렀다.

타인의 영적 비밀을 이용하여 자신의 영적 능력과 권위를 높이고자 부덕한 언행을 하고, 결과적으로 사역을 망치게 되는 영적 남용이 일어난 것이다.[135]

투시의 은사, 하나님의 신비한 능력이 있다는 것을 과시한 결과다. 그러면서 자신은 철저히 성령의 능력으로 하는 것이라 강변한다. 모든 문제를 귀신에 의한 것으로 보고 축귀로 해결하려는 시도들이 있다. 자신이 귀신을 쫓아내고, 병을 치료하는 능력이 있다는 것이다. 질병이나 문제에 대한 부적절한 대처로 상황이 악화하고 문제가 심화하는 위험이 발생하기도 한다. 의학적 치료를 거부하여 생명을 잃은 일도 있었다.[136]

모두 예수님의 이름으로, 예수님의 능력으로 행한다며 발생하는 문제들이다. 이런 사건들이 뉴스를 통해 소개되면서 한국 교회의 무지성, 무속성이 드러나면서 한국 교회의 신뢰를 실추시키고 있다.

성경에서 말하는 능력이란 무엇인가?

그 능력의 중심에 예수 그리스도가 계시고, 사도 바울은 그리스도의 십자가가 능력이라고 말하고 있는데 그 바른 의미는 무엇인가?

---

134 한기채, 『한국 교회 7가지 죄』 (서울: 두란노, 2016), 28.
135 Ibid., 30.
136 Ibid., 31.

그리스도인이라고 한다면 십자가를 본받는 능력을 제대로 아는 것이 필요하다.

1) 하나님의 능력은 약함의 역설에서부터

바울은 자신의 약함과 고난 속에서 하나님의 능력을 발견했다(고전 12:9). '약함 속에서 능력'이라는 이 역설을 바울이 십자가를 본받는 삶의 능력을 체험한 것으로 부를 수 있겠다.

고먼은 이 약함의 의미의 토대를 고린도전서를 통해서 설명한다.

> 고린도전서에서 이 권고(약한 자를 도우라-개역개정성경의 "힘이 없는 자들을 붙들어 주라"[살전 5:14])의 토대는 다음의 세 가지다.
>
> **첫째**, 복음 그 자체, 말하자면 십자가에서 하나님께서 자기를 계시하신 행위다. 하나님은 약한 자들을 통해 그리고 약한 자들 가운데서 일하시는 분으로 계시되었다. 그 약함은 메시아가 로마의 십자가 위에서 수치스러운 죽임을 당한 약함이었고, 그 약함이 실제로는 "하나님의 약하심"이었다(고전 1:25).
>
> **둘째**, 고린도공동체다. 고린도공동체의 다수를 차지했던 낮은 신분인 "비천한 존재들"의 약함이다. 그들은 하나님이 선택하신 약한 자들이다(고전 1:27b).
>
> **셋째**, 바울의 사역(1:18-2:5)이다. 바울 자신의 인격과 설교로 드러났던 그의 약함이다. 이 사도는 질병과 볼품없는 연설 기술로 괴로움을 당했고, 실제

로도 전반적으로 약한 존재였다(고전 2:3; 참조, 4:10; 고후 10:10).[137]

바울은 이런 약함 속에서 십자가의 능력을 체험했다. 이 체험은 하나님의 능력이라 여기는 십자가에 못 박히신 그리스도의 형상에 동참함으로써 결국 그 능력에 참여하는 것이다.[138]

죄에 빠진 인간들, 곧 타인들을 위해 십자가에 못 박혀 죽으심으로 그들을 살리신 것이 바로 십자가의 능력이었다. 그리고 가장 약한 그곳에서, 가장 약한 방법으로 하나님께서 친히 능력을 드러내신 것이다. 그 능력은 하나님께서 보여주신 사랑이고, 그 사랑을 실현하는 사람들, 혹은 공동체를 통해서 보여주신 하나님의 능력이기도 하다.

그러므로 십자가를 본받는 삶의 능력은 십자가를 본받는 사랑과 깊은 관련이 있다. 약함 가운데 있지만, 사랑함으로써 기도로 이어지고 그 가운데 역사하시는 하나님의 능력이 나타나기 때문이다.

사도 바울은 그의 서신 곳곳에서 약함의 역설에서 시작되는 십자가를 본받는 삶의 능력을 각 지역 교회들에 전달하려고 한다.

2) 능력에 관한 다양한 생각

능력(권세, 권력, 힘)은 정의하기가 쉽지 않다. 오늘날 능력은 사람이 "소유한" 어떤 것이라기보다 어떤 관계로 이해하는 경우가 많다.

---

[137] Gorman, 『속죄와 새 언약』, 183.
[138] Gorman, 『삶으로 담아내는 십자가』, 429.

물론, 우리는 능력이 관계라는 특성을 갖고 있음을 부인하지 않는다. 그러나 우리가 주로 관심을 기울이는 능력은, 선한 목적이든 악한 목적이든 가리지 않고, 사람들과 또는 역사에 의미 있는 통제력이나 영향력을 행사할 힘으로 이해되는 능력이다.

그런 점에서 능력은 어떤 형태를 만들어 내거나 기존 형태를 바꿀 힘(the ability to form or to transform)이라고 말할 수 있겠다.[139]

(1) 고대 세계가 생각하는 능력

> 고대 세계에서는 종교적 권위가 모든 사회 통제와 정치적 권위 및 정치적 힘의 근원이요 상징이었다.[140]

바울 시대에 인간으로서 가장 큰 권력을 쥔 자는 황제였다. 황제가 주도하는 로마의 평화는 오로지 그와 그의 신하들이 휘두르는 권력이 있었기에 이루어질 수 있었다. 이를 '팍스 로마나'(Pax Romana)라고 부른다. 다른 많은 사람이 볼 때, 황제가 주재하는 평화는 억압이요, 무시무시한 권력과 다를 바가 없었다. 황제가 로마 권력의 사다리에서 정점에 있었고, 그의 최측근 신하들이 바로 그 아래 있었다. 가장 힘 있는 자 밑으로 권력의 위계질서, "엘리트주의에 입각한 경쟁 문화"[141]가 자리하고 있었다.

---

139 Ibid., 430.
140 Dieter Georgi, *Theocracy in Paul's Praxis and Theology* (Minneapolis, MN: Fortress, 1991), 54.
141 이런 문화를 세속적 문화라고 부를 수 있겠다. 그런데 종교개혁 이전의 기독교는 교권화 된 종교 엘리트 문화였는데, 지금 한국 사회는 종교개혁 이전의 교육과 비슷한

이런 문화 속에서는 찬양과 존경과 인정이 아주 중요한 동기부여 요인이었다. 이런 정황에서는 "권력"과 "영광" 또는 "영예"는 높은 문화 및 지위와 결합되어 있었다. 로마는 부 자체를 숭배했다(페쿠니아[Pecunia]), 곧 라틴어로 돈이라는 뜻을 가진 신이 있을 정도였다.

돈, 권력, 명예는 타락한 세상 속에서 언제나 능력이다.

또한, 그리스와 로마에서는 신들과 사람들 이외에 별들과 다른 천체들 그리고 우주에 있는 세력에도 능력, 힘이 있다고 생각하는 경우가 자주 있었다. 운명은 여러 사악한 세력들과 결탁하여 각 사람들과 역사에 중대한 통제권을 행사한다고 믿을 때가 잦았다. 이런 우주의 세력들이 근심과 두려움을 만들어 낸다고 보았다.

종교 행위와 주술 행위에는, 적어도 일부나마, 이런 세력들의 기분을 즐겁게 하고 이들로부터 도움을 확보하려는 목적도 있었다.[142]

(2) 이스라엘이 생각하는 능력

이스라엘 민족은 열방의 다른 신들과 세상의 다른 세력들도 실제 능력을 갖고 있다고 보았다. 그러나 참되고 지극히 높으신 한 분 하나님 여호와가 과거에 그런 세력들을 누르고 승리하셨으며 미래에도 다시 승리를 거두실 것이라는 게 그들의 생각이었다.

모습으로 변질되고 있다고 손봉호는 지적한다. 하나님을 알고 이웃을 사랑하도록 가르치는 인간 교육이 아니라 좋은 직장을 얻고 더 많은 힘을 획득하기 위한 직업 교육이 되고 있다. 이에 교회가 편승되고 있다고 보여진다. 손봉호, 『주변으로 밀려난 기독교』(서울: CUP, 2014), 235.

142 Gorman, 『삶으로 담아내는 십자가』, 431-33.

주 하나님의 권능은 전쟁과 출애굽 같은 구원뿐만 아니라, 창조(창조 자체가 혼돈을 구성하는 여러 세력에 강력한 승리를 거둔 사건이었다)와 창조 이후에 계속하여 그 창조를 유지해 가시는 모습으로 표현되었다. 이스라엘은 하나님이 말씀하신 말씀의 능력 또한 힘써 강조했다(사 55:10-11; 렘 1:4-5, 9-12).

결국, 그들에게 하나님의 권능은 결국 구원을 베푸시는 하나님의 능력, 하나님의 구원을 의미했다.

바울이 활동하기 직전 몇 세기 동안에 등장했던 묵시주의 유대교는 권능을 가지신 한 분 하나님을 예배하는 히브리 전통을 유지했지만, 하나님보다 그 능력이 덜한 다른 권세들도 이 우주 안에 존재한다는 것을 발견했다. 그런 권세들 가운데 천사들은 하나님을 보필했지만, 다양한 귀신들로부터 도움을 받았던 사탄은 하나님을 대적했다고 믿었다.[143] 그들은 다양한 영적 세계의 능력을 인식하고 있었다.

(3) 바울이 생각하는 세상의 능력

바울에게 있어 "우주는 인격체로 묘사된 사악한 형상들로 가득했다."[144] 그렇기 때문에 바울은 고린도후서 4장에서 인간 위에 있는 사악한 권세들의 존재와 활동을 강조하면서, "이 세상의 신"이라는 말로 서두를 연다.

이 신은 "믿지 아니하는 자들의 마음을 혼미하게 하는"(고후 4:4) 자로서, 분명 사탄과 동일한 자다. 바울에게 "육체의 가시"를 주어 그를 "치게"(괴

143　Ibid., 434-35.
144　Jerome H. Neyrey, *Paul, In Other Words: A Cultural Reading of His Letters* (Louisville: Westminster/John Knox, 1990), 162.

롭게) 한 것도 사탄이요(고후 12:7), 신자들을 유혹하고 속이며 훼방하려 하는 것도 사탄이다. 사탄은 지금 권세를 갖고 있다. 그러나 하나님은 이 사탄을 "속히" 밟아 으스러뜨리실 것이다(롬 16:20).[145]

로마서 8장의 목록은 바울이 알고 있는 적대 세력들을 적어도 두 집단으로 묶어서 제시한다. 정치 세력들이 한 집단이요, 인류학적[146] 집단이 다른 한 집단이다. 바울은 정치 세력의 배후에 우주 차원의 권세가 있을 가능성이 크다고 본다.

하지만, 바울이 가장 큰 관심을 보이는 것들은 "인류학적" 능력들이다. 그가 로마서 8장 38절에서 언급하는 사망 그리고 죄가 바로 그 능력들이다. 죄와 사망은 힘을 합쳐 함께 인류를 "통치"함으로써(롬 5:14, 17, 21; 6:12, 14), 절망적인 한계 상황, 노예 상태를 만들어 낸다.[147]

인류는 용서를 받는 것은 물론이요, 이런 상황에서 해방되어 승리를 얻어야 한다. 한마디로, 인류에게는 하나님이 마지막 때 행사하실 능력(apocalyptic power)이 필요하다.

바울은 자신과 온 인류가 이 세대에 속한 적대 세력들[148]로부터 공격을 받고 있음을 발견한다. 바울은 하나님이 메시아이신 예수를 통하여 인류를 해방시키는 데 필요한 능력을 제공해주셨다고 말한다.[149]

---

145 Gorman, 『삶으로 담아내는 십자가』, 435.
146 Ibid., 436. Gorman은 더 적절한 말이 없어서 부득이 이 용어를 쓴다고 말한다.
147 Ibid., 437.
148 바울이 말하는 적대 세력은 사탄, 귀신들, "초등 학문", 통치자들과 능력들, 죄 그리고 사망이다.
149 Gorman, 『삶으로 담아내는 십자가』, 438-39.

바울은 해방을 안겨준 이 능력을 무엇이라 이해하고 무엇이라 체험하는가?

이것이 바로 바울이 경험한 진짜 능력이라고 할 수 있다.

3) 십자가의 죽으심과 부활의 복음이 하나님의 능력이다

> 이 복음은 모든 믿는 자에게 구원을 주시는 하나님의 능력이 됨이라 (롬 1:16-17)

하나님의 말씀인 복음은 구원을 주시는 하나님의 능력에 관한 것이 아니라, 복음이 곧 구원을 주시는 하나님의 능력 자체다. 복음은 예수 그리스도께서 십자가에 못 박혀 죽으심으로써 죄인 된 우리를 구원하신 것이다.

십자가 사건은 죗값을 치른 희생으로써, 하나님이 죄인을 사면하시고 화해를 이루셨음을 전한다. 그러나 이것이 십자가의 능력이 갖는 의미의 전부가 아니다. 불트만은 이렇게 말한다.

> 그리스도의 죽음은 죄에 따른 책임을 면제해 준 희생일 뿐 아니라, 이 시대의 능력들인 율법과 죄와 사망으로부터 해방을 얻게 해 준 수단이다.[150]

---

150 Rudolf Bultmann, *Theology of the New Testament*, trans. Kendrick Grobel (New York: Charles Scribner's Sons, 1951), 1:297-98.

신자들은 "죄와 사망의 법으로부터 해방되었다"(롬 8:2). 이 때문에 바울은 시대의 개벽을 계시하는 것이 그리스도의 죽음이 갖는 목적과 효과라고 선언한다. 이 죽음은 새 시대의 시작을 의미하는 시대의 변화를 불러왔고, 복음에 응답하는 이들을 옛 시대의 권세로부터 해방시켜 주었기 때문이다(롬 5:18, 21).[151]

갈라디아서(1:4; 2:15-21)와 로마서(1:17; 6장)에서 천명하는 명제는 은연중에 구원을 베푸시는 하나님의 능력과 예수의 죽음을 아주 긴밀하게 연결하고 있다. 하나님의 능력은 예수님의 죽음과 관계가 있다. 이는 고린도전서에서도 마찬가지다. 고린도전서 1장 17-18절, 21-25절에서 바울은 "능력"이라는 말을 세 번 사용하는데, "강함"이라는 말과 함께 쓴다.[152]

바울이 말하고자 하는 것은 십자가에 못 박히신 메시아인 그리스도, 나아가 오직 십자가에 못 박히신 이 메시아만이 하나님의 능력이며, 이 능력은 메시아를 선포함에서 흘러나온다는 것인데, 이 능력은 오직 십자가에 못 박히신 메시아를 선포할 때 흘러나온다. 하나님의 능력을 알고 싶다면 십자가에 못 박혀 죽으신 예수 그리스도를 아는 것에서 출발해야 한다.

그런데 여기서 중요한 사실은 바울이 십자가에 못 박히신 메시아의 약함을 결코 부인하지 않는다는 점이다. 바울이 볼 때, 그리스도는 약함 속에 존재하는 하나님의 능력이기 때문이다.

바울은 그리스-로마 세계가 약한 것, 그래서 어리석은 것으로 본 것을 하나님의 능력이요 지혜로 본다. 빌립보서 2장 6-11절은 이사야서에 네

---

151   Gorman, 『삶으로 담아내는 십자가』, 440
152   Ibid., 442.

번째로 등장하는 고난 받는 종 찬송을 재해석한 것으로서, 바울은 은연중에 혹은 어쩌면 이 그리스도 찬송을 사용하면서 아예 드러내 놓고 능력에 관한 두 상반된 이해를 대조하고 있을 수 있다.

이런 점은 빌립보서 저자와 독자의 마음속에 당시 능력의 대표적인 존재로서 로마 황제와 그리스도가 상반된 존재로 자리하고 있었으리라는 생각을 뒷받침한다. 그리스도 찬송은 그리스도를 자신에게 영예를 돌리기보다 자신을 낮춰 온몸으로 "영예라는 가치를 완전히 뒤집어 버리신 분"으로서 모범이 되는 분으로 이야기한다.

그리스도는 비움(kenosis)이라는 행위로 말미암아 당신 아버지로부터 영예를 받으셨다. 그리스도의 십자가는 하나님의 능력이 약함과 고난과 사랑으로 이루어져 있음을 보여준다.[153]

바울의 큰 소망은 그리스도의 부활 능력을 아는 것이다(빌 3:10). 그에게는 그 능력을 지금 어떻게 만나느냐가 문제다. 바울은 그 능력을 만나는 방법을 십자가를 본받는 삶이라고 본다.

그 능력은 사랑이다.

> 부활에서 생생히 드러난 그 능력은 그냥 막연한 능력이 아니다. 십자가는 그 능력에 '사랑의 능력'이라는 특성을 부여한다.[154]

---

153 Ibid., 444-45.
154 Charles B. Cousar, *A Theologi of the Cross* (Minneapolis: Fortress, 1990), 104.

결국, 십자가에서 발견되는 하나님의 능력은 생명을 주고 해방을 안겨 주는 능력이요 하나님의 사랑이 나타난 능력이다.[155]

그렇기에 바울은 세상의 지혜와 세상의 능력을 버리고 하나님의 지혜와 하나님의 능력을 선택했다. 하나님은 이 세상이 자기의 지혜를 통해서는 하나님을 알지 못하도록 작정하시고, 다음에는 계시되고 전파된 복음의 어리석음을 통하여 믿는 자들이 구원을 얻게 되기를 기뻐하셨다(고전 1:21).

따라서, 능력은 이 세상의 지혜에 있지 않고 하나님의 어리석음, 즉 십자가에 달리신 그리스도의 복음에 있음이 분명하다.[156]

4) 약함 속에서 하나님의 능력을 체험한 사도

사도 바울은 고린도후서 12장 9절에서 "내 능력이 약한 데서 온전하여 짐이라", 10절에 "내가 약한 그때 강함이라." 그리고 13장 4절에 "우리도 그 안에서 약하나 너희에게 대하여 하나님의 능력으로 그와 함께 살리라"라고 말한다.

바울이 제시하는 이 광범위한 일반 명제, 이 역설적인 주장은 정확히 무슨 의미인가?

적어도 세 가지 특별한 질문이 제기된다.

첫째, 바울은 어떤 면에서 자신을 약하다 여겼는가?

---

155 Gorman, 『삶으로 담아내는 십자가』, 447.
156 Stott, 『그리스도의 십자가』, 282.

둘째, 바울은 왜 약함이 사도로서 자신이 행하는 사역에 아주 긴요하다고 생각했는가?
셋째, 바울은 어떤 면을 보고 자신의 약함 속에 있는 능력을 발견했는가?[157]

여기에 십자가를 본받는 삶의 능력의 원리가 담겨 있다.

(1) 자신의 약함 속에서 본 그리스도의 모습

예수님은 세상의 힘에 의존하는 어떤 방식도 거절하셨다. 비록 하나님의 약함이 인간의 강함보다 더 강함에도 불구하고 예수님은 "약하심으로 십자가에 못 박히셨다."

이렇게 함으로써 예수님은 하나님께 불순종하지도 않으셨고, 그의 원수를 미워하지도 않았으며, 힘을 사용하는 세상의 방식을 흉내내지도 않으셨다. 예수님의 순종, 예수님의 사랑 그리고 예수님의 온유 때문에 예수님은 악의 세력에 대하여 위대한 승리를 거두셨다. 예수님은 자유롭고 때 묻지 않았으며, 타협하지 않으셨다. 마귀는 그런 예수님을 전혀 제압하지 못했으며, 패배를 인정해야 했다(고후 13:4; 고전 1:25; 요 14:30).[158]

이것이 예수님의 능력이었고, 싸움의 방식이었다.

이에 관해서 F. F. 브루스는 이렇게 말한다.

---

157 Gorman, 『삶으로 담아내는 십자가』, 447.
158 Stott, 『그리스도의 십자가』, 296.

그가 연약한 모습으로 손과 발이 나무에 묶인 채로 거기에 달리자, 그들은 자기들이 그를 이겼다고 생각했으며, 악의를 가지고 그에게 달려들었다. … 그러나 그는 그들과 싸웠으며 그들을 이겼다.[159]

바울서신을 살펴보면, 사도 자신의 시각으로부터 약함이 그의 사역을 규정하는 근본 특성이었음을 발견하게 된다. 실제로 약함은 그의 행동 방식이었다.

분명 바울은 청중의 인정과 환영에 연연하지 않았다. 그의 성공은 때로 많은 핍박 속에서 이루어졌기 때문이다. 그는 자신의 신체적 강인함이나 능력은 물론, 심지어 정신적 힘이나 능력에도 의존하지 않았다. 갈라디아 사람들을 섬길 때는 그의 몸이 아프고 약했고(갈 4:13), 고린도 사람들을 섬길 때는, 그 자신도 인정하듯이, 그의 마음이 피폐한 상태였다(고전 2:3). 바울은 그렇게 아프고 약하고 피폐한 상황 속에서 예수 그리스도를 보았는데, 예수 그리스도 역시도 그러한 모습이셨다.

신자들이 영적으로 종종 경험하게 되는 것이 있다. 잘 나간다고, 강하다고, 형통하다고 느낄 때는 나를 보게 되고, 교만하게 되지만, 실패하고, 고통하며, 좌절할 때 비로소 주님의 모습을 보게 된다는 것이다. 벼랑 끝 절망에 서서 하나님을 향해 울부짖으며 호소할 때 하나님의 음성을 듣고 새 힘을 얻으며 하나님의 역사를 체험하며 이기는 경험이다. 나의 힘은 빼고 하나님의 능력이라 인정할 수밖에 없으며 예수님의 능력을 본받게 된다.

---

159 E. K. Simposn, and F. F. Bruce, *Commentary on the Epistles to the Ephesians and the Colossians, New London Commentary* (Marshalls, 1957); *New International Commentary on the New Testament* (Eerdmans, 1957), 239.

그제서야 잘나가고, 강하고, 형통할 때도 겸손하게 되며 이것은 하나님의 능력이라고 고백하게 된다.

자신의 약함 속에서 그리스도를 본다. 그리스도 역시 십자가에 달려 못 박힌 연약한 모습이시다.

(2) 예수님의 약함을 본받는 사도

바울은 자신의 약함을 고백한다. 바울이 자신의 사도 사역을 약함이라고 이해한 연유를 다섯 가지 측면에서 찾아볼 수 있다.

외모와 수사 기술, 그의 끊임없는 고난, 불가사의한 그의 "육체에 있는 가시"(고후 12:7), 재정 지원을 거부하고 직접 노동하여 생계를 꾸려간 점 그리고 그의 겸손하고 유순한 태도가 바로 그것이다.[160]

첫째, 외모와 수사 기술의 약함에 대한 고백은 고린도후서 10장 9-10절, 11장 5-6절, 고린도전서 2장 1-5절, 1장 17절과 같은 구절들에 나타난다.

바울은 대중 연설가로서 "카리스마"가 없는 인물이었다. 그러나 바울은 자신에게 세련된 수사 기교가 없는 것은 자신의 설교에 대한 고린도 사람들의 응답이 인간의 지식이나 교묘한 감정 조종이나 수사 기교가 아니라, 하나님의 능력, 십자가의 능력에서 비롯된 결과임을 확실히 보여주기 위함이라고 단호하게 주장한다(고전 1:17).

---

160 Gorman, 『삶으로 담아내는 십자가』, 448.

바울에게 중요한 것은 그의 약함 때문에 하나님의 능력이 드러나게 되었다는 점이다.[161] 바울은 자신의 기교나 수법이 결코 복음을 가리기를 원치 않았고, 도리어 복음 자체의 능력이 드러나기를 바라고 있었다.

둘째, 고난이라는 약함에 대해서 바울은 먼저 자신을 "약하다"고 규정하면서(고전 4:10), 자신이 겪은 각 고난을 "약함"으로 간주한다. 역설적으로 그리고 신비롭게도, 이 약함으로 말미암아 그리스도의 능력이 현실로 나타난다는 것이다.

> 이것이 내게서 떠나가게 하기 위하여 내가 세 번 주께 간구하였더니 나에게 이르시기를 내 은혜가 네게 족하도다 이는 내 능력이 약한 데서 온전하여짐이라 하신지라 그러므로 도리어 크게 기뻐함으로 나의 여러 약한 것들에 대하여 자랑하리니 이는 그리스도의 능력이 내게 머물게 하려 함이라 그러므로 내가 그리스도를 위하여 약한 것들과 능욕과 궁핍과 박해와 곤고를 기뻐하노니 이는 내가 약한 그 때에 강함이라 (고후 12:8-10).

셋째, 바울은 자신을 사형 선고를 받은 자요, 그의 몸에 예수의 죽음을 짊어진 자로 여긴다(고전 4:9; 고후 4:7-12). 자신의 약함을 인정하고 예수님의 약함을 본받을 때 비로소 하나님의 능력이 현실로 나타난다는 것을 그는 알았기 때문이다.

이것은 곧 보게 되겠지만 십자가를 본받는 삶의 소망과도 연결되는데, 약함 속에서 소망은 충만해진다. 그는 그리스도의 고난에 동참한다(고후 1:5)는 말, 또는 그리스도의 죽음까지 "본받는다"라는 말(빌 3:10-11)을 사

161　Ibid., 449-50.

용한다.

루이스 마틴은 갈라디아서 6장 17절이 언급하는 바울의 몸에 있는 흔적을 주석하면서 이렇게 쓰고 있다.

> 따라서, 바울에게 육신은 사람들이 이 세상에서 구원자가 지금 활동하고 계심을 보여주는 표지를 발견하는 장소다. … 예수님이 죽으심으로 구원을 베푸셨다는 기쁜 소식을 그 죽음에 기어코 참여할 수밖에 없는 한 사람(바울)이 전하고 있다. 그가 사도로서 겪는 고난은 역설적이게도 하나님이 선물로 주신 생명이 머무는 자리요, 예수가 몸소 보여주신 죽음-생명 패턴의 현존 형태다.[162]

바울은 "육체의 가시"라는 약함을 나타낸다. 고후 12장에 나오는 "육체의 가시"는 그가 체험한 고통과 밀접한 관련이 있다. 사람들은 대개 이 "가시"를 어떤 질병, 신체 기형, 또는 다른 가벼운 신체 질환과 연계해 왔다. 본문이 "약한 것들"이라는 일반 범주 속에 "그리스도를 위하여 겪은 능욕과 궁핍과 박해와 곤고"(고후 12:10)를 포함하고 있기 때문이다.

하지만, 일부 해석자들은 종종 바울의 반대자들 속에서 이 수수께끼의 해답을 찾곤 했다. 바울의 반대자들이 바울의 육체에 있는 가시를 이룬다는 게 이들의 주장이다. 바울이 그 가시를 "사탄의 사자"(고후 12:7)라고 부르는 것을 보면, 이런 주장도 일리가 있다.

---

[162] J. Louis Martyn, *Galatians: A New Translation with Introduction and Commentary*, Anchor Bible 33A (New York: Doubleday, 1997), 569.

어쨌든 바울이 중시하는 것은 그 가시의 정체가 아니라 그 가시가 갖는 풍성한 의미다. 우선 바울은 그 가시를 그가 자만하지 못하게 견제하는 것으로 체험한다(고후 12:7). 이 가시는 그가 한 영적 체험의 근원이 하나님이시라는 것을 일깨워 준다. 이 체험은 십자가를 대치하는 것도 아니요, 그 체험 자체가 어떤 궁극적 의미가 있는 것도 아님을 알려준다.

그런가 하면, 이 가시는 교육 기능을 한다. 바울에게 하나님의 은혜가 족하다는 것 그리고 하나님의 능력이 인간의 약함 속에서 나타난다는 것을 가르쳐주기 때문이다.[163]

넷째, 바울은 또한 후원을 거부하고 손으로 노동함으로써 약함을 드러낸다. 바울은 재정 지원을 거부하고 더 낮은 사회적 지위로 내려간 자기 자신의 내러티브 속에서 예수의 이야기를 온몸으로 실천하는 모습을 발견한다.

바울은 다른 사람들에게 폐를 끼치지 않기 위해 자신의 권리를 포기하고 심지어 자신을 다른 사람의 종으로 내어주기까지 한다고 고백한다(살전 2:9; 고전 9:12,15,18-19; 고후 11:7-11; 12:13). 이는 그가 십자가에서 나타난 사랑의 능력 이야기를 본받아 살아가는 데 철저히 헌신했기 때문이다.[164]

다섯째, 바울의 태도 역시 약함을 나타내는데 그것은 겸손과 온유다. 바울은 그리스도를 본받아 하나님과 다른 사람들을 늘 겸손과 온유로 대하는 태도를 함양했다. 이런 태도는 약함 속에 존재하는 그의 능력이 가진 또 다른 차원, 곧 또 다른 차원의 능력이다.

---

163 Gorman, 『삶으로 담아내는 십자가』, 458-59.
164 Ibid., 460-61.

세상은 이것을 이해할 수 없다. 겸손은 성경과 유대인에겐 분명 미덕이었지만, 헬라인이나 로마인에게는 그렇지 않았다. 그런데도 바울은 겸손한 태도를 보인다. 왜냐하면, 그가 자랑하는 것은 그 자신이 아니라 그를 통해 역사하는 하나님의 능력이기 때문이다(고전 3:7).

물론, 그도 필요한 경우에는 사도로서 권위를 행사한다(고후 10:2-11). 그러나 그 경우에도 바울은 제멋대로 구는 자신의 양떼를 자신이 선호하는 방법으로 대한다.

> 너희가 무엇을 원하느냐, 내가 매를 가지고 너희에게 나아가랴, 사랑과 온유한 마음으로 나아가랴(고전 4:21).

바울이 겸손을 포기하려 할 때, 그 이유는 단 하나다. 자신의 독자들에게 살아가는 방식을 바꿔야 한다는 확신을 심어주지 못했다 하여 하나님께 부끄러운 일을 당하지 않으려는 것이 그 이유다(고후 12:21). 바울은 사도로서 자신이 지닌 무게를 과시하기보다 온유의 영이신 성령 속에서 활동함으로써 복음에 합당한 삶을 살아갈 것을 데살로니가 사람들과 빌레몬에 촉구한다(갈 5:23).[165]

바울에게 있어서 사도의 능력은 약함 속에 존재하는 것이다. 고린도후서 12장 9-10절에서 바울은 "내 능력이 약한 데서 온전하여짐이라"라고 말함으로써, 오직 약할 때만 그리스도의 부활과 생명을 창조하시는 그리스도의 능력이 자신 안에서 그리고 자신을 통하여 역사한다고 진실하게

---

165 Ibid., 461-62.

믿고 있다(참고, 빌 4:13).

　사도로 산다는 것은 매일 그 몸에 "예수님의 죽음을 짊어지고" 그 자신을 "죽음에 내어주는" 삶을 살아감으로써 역설적으로 예수님의 생명이 그 죽음 속에서 나타날 수 있게 하는 것이다. 바울은 약함에 있는 그의 능력 역시 그리스도의 십자가와 마찬가지로 사랑의 표현이라고 본다.[166]

　그렇기에 바울에게 있어서 능력은 역설이라고 할 수 있다. 예수님의 약함을 본받는 역설의 능력이다. 사도는 세상에 맞게, 시대 상황에 맞게 자신을 포장하려고 애쓰지 않았다. 세상에 맞춰 그럴듯한 능력을 보이려고 하지 않았다.

　오히려 예수님의 약함을 본받아 자신의 약함을 그대로 드러내며 철저히 하나님을 의지했다. 거기서 하나님의 능력이 발휘되고 바울에게 능력으로 나타났다. 그는 십자가를 본받는 종 됨이라는 삶의 양식이 자신을 통해서가 아니라 그리스도를 통해서, 오직 부활 이후에만, 그리고 부활의 능력 안에서만, 오직 부활을 통해 올 수 있는 성령 안에서만 가능하다는 사실(요 20:22)을 알았기 때문이다.[167]

　믿음을 따라 하나님의 능력을 소망하는 사람은 예수님을 본받아 약함에 처할 줄 아는 능력을 갖게 된다. 왜냐하면, 그곳에서 예수님께서 나타내신 능력이 나타나는 줄 알기 때문이다. 하나님의 능력은 예수님의 약함을 본받는 사람을 통해 드러난다.

---

[166]　Ibid., 463-64.
[167]　Gorman, 『속죄와 새 언약』, 215.

(3) 하나님의 역학으로 작용하는 십자가를 본받는 능력

사도 바울이 약함을 통해 하나님의 능력을 전달하는 것은 당시 사회에서는 이해하기 힘든 것이었다. 당시의 상식에 반하는(counterintuitive) 이런 메시지를 전달한 것은 사회적으로 놀라운 결과들을 낳는다.

바울이 고린도 교회의 회중을 구성하는 사람들을 인간적인 기준을 통해 말할 때 그들 중 소수만 현명한 사람이었고, 소수만 권력을 가진 사람이었고, 소수만 가문이 좋은 사람이었다(고전 1:26).

교육 수준, 사회적 영향력 그리고 좋은 가문은 로마 세계에서 표준적인 사회적 가치, 능력의 척도였다. 그러므로 당연히 누군가는 하나님이 '존경받을 만하고' 권력이 있는 사람들을 선택하실 것이라고 예상하지만, 실제로 하나님은 그 반대로 하셨다.

> 하나님은 지혜로운 사람들을 부끄럽게 하시려고 세상의 어리석은 사람들을 택하셨으며, 강한 사람들을 부끄럽게 하시려고 세상의 약한 사람들을 택하셨다. 하나님은 세상에서 비천한 사람들과 멸시받는 사람들, 즉 존재하지 않는 것들을 택하셔서 존재하는 것들이 없어지게 하셨다. 이는 하나님 앞에서 아무도 자랑하지 못하게 하기 위해서다(고전 1:27-29). 이것이 바로 십자가에 달리신 그리스도의 비범한 메시지와 어울리는 주장이고, 능력이다.[168]

---

168 Barclay, 『바울과 은혜의 능력』, 266.

이것은 인간적 능력으로 보는 상징 자본, 곧 인간적인 자랑의 유형들을 전복시킨다. 결국, 바울에게 있어서 상징 자본은 외부 중심적, 즉 그것에서 나오는 것이 아니라 인간적 가치의 부재 속에서 역사하시는 하나님의 능력으로부터 나온다는 것이 강조된다.

이것이 인간의 약함 속에서 역사하시는 신적인 능력, 즉 은혜의 문법이다. 약함 속에서의 강함이라는 역설은 십자가 처형의 무력함 속에서 발현되는 하나님의 역학(dynamic), 즉 바울이 말하듯 십자가의 약함과 부활의 능력을 반영한다(고후 13:4).

그러므로 은혜에 따른 십자가를 본받는 능력은 신자들이 확신하는 인간적인 능력인 상징 자본('자랑')을 약화시키고, 신뢰 안에서, 그들에게 유일한 가치가 되는 것, 곧 그리스도 안에 있는 하나님의 은혜에만 기대도록 한다.[169] 그 은혜 속에서 하나님의 역학이 작용하는 것이다.

5) 하나님의 능력이 요구되는 이유? 사랑하기 위해서!

우리가 착각하지 말아야 할 것이 있다. 하나님의 능력은 사랑을 위한 것이지, 자랑을 위해서 어느 개개인의 능력을 나타내 보이기 위한 것이 결코 아니다.

하나님의 능력은 세상적인 것이 아니라 복음과 관련이 있다. 그 능력은 예수 그리스도의 십자가를 통해 드러난다. 그리스도의 십자가는 하나님의 사랑의 증거이다.

169　Ibid., 269-70.

바울이 말하는 사랑과 능력을 다룬 본문들을 분석해 본 결과 바울의 영성을 규정하는 특징들은 사랑으로 연결된다. 사도의 생각과 체험에서 능력 행사는 그리스도의 사랑을 표현하는 것이요, 사랑 실천은 그리스도의 능력을 표현하는 것이다.

다시 말해, 바울은 공동체의 삶을 자신이 제시한 기준들에 따라 규율해 가려는 소망을 하나님의 뜻을 표현한 것, 특히 십자가를 본받고 그리스도 이야기에 신실한 공동체를 형성하고 싶어 하시는 하나님의 바람을 표현한 것으로 본다. 이런 공동체들은 서로 비슷하지만 똑같지는 않다. 각 사람들도, 비록 바울이나 그리스도를 본받긴 하지만 그래도 바울이나 그리스도와 똑같지 않다. 바울의 영성을 규정하는 특징은 하나님의 능력이 약함 속에서 다양하게 표현된다는 것을 긍정하는 힘이다.[170]

결국, 능력으로 할 일은 사랑의 행위다. 고린도후서 13장 1-5절과 8-9절에서 바울은 자신과 그리스도와 하나님의 능력을 십자가의 능력이라 말하는 자신의 개념과 모순되는 말을 하는 것 같다(특히, 고후 13: 4).

하지만, 그는 고린도에 가서 고린도 사람들의 문제를 처리할 때 능력으로 할 작정인가(고후 13:4), 약함으로 할 작정인가(고후 13:9)를 묻는 것이 아니다. 사실 둘 다 맞다.

십자가를 본받는 삶을 사는 것은 고린도후서 10-12장이 묘사하는 거짓 사도들, 지극히 크다는 사도들과 다른 삶을 사는 것이요, 바울 및 그의 동역자들과 같은 삶을 사는 것이다. 능력의 동력원은 오직 사랑이었으며, 그 능력을 만들어 낸 것도 약함 속에 있는 그리스도의 십자가를 본받는 능력

---

[170] Gorman, 『삶으로 담아내는 십자가』, 466.

이었다.[171]

하나님의 능력은 예수님께서 십자가에 못 박혀 죽는 약함을 살려내어 살아 계시도록 하는 능력이기 때문이다(고후 13:4). 그 살아 계신 예수님께서 자신의 영, 곧 그리스도의 영으로서 신자들의 마음에 내주하시며 그리스도와 연합하여 그리스도의 능력의 삶을 살게 하신다.

이런 그리스도의 약함의 능력, 사랑의 능력은 일반 신자들에게도 하나님의 능력으로 나타난다. 초기 그리스도인들은 자신들을 십자가에 못 박히셨다가 부활하신 메시아 예수님으로부터 연유한 능력이 사로잡은 사람들, 그 능력이 정의한 사람들로 여겼다.

이 능력은 다음 몇 가지 방식으로 신자들의 삶에 영향을 미친다.

첫째, 능력은 도덕적 변화를 일으켜 거룩함을 갖게 한다. 자기 자신에서 하나님의 통치권으로 영역이 바뀌고 영향을 미치는 능력이 바뀜에 따라 신자들의 삶에는 변화가 나타난다. 능력이 변화를 일으킨다. 자기 밖에서 유래하는 이 능력 때문에 신자들은 처음으로 극적인 변화를 체험할 때뿐 아니라 이후 매일의 삶에서도 자신을 통제할 수 있게 되며[172] 하나님께서 원하시는 뜻과 싫어하시는 것들을 분별하며 통제하고 실행할 수 있는 능력을 갖게 된다.

둘째, 능력은 지위를 초월하고 뒤집어 버린다. 고대에는 사회적 지위가 통제력과 힘을 측정하는 잣대였다. 하지만, 바울의 공동체 안에 있는 신자

---

171 Ibid., 467-71.
172 Ibid., 472.

들의 경우에는 세상에서 능력(힘)을 규정하는 기준들이 거꾸로 뒤집혔다.

인생을 변화시키는 하나님의 능력을 체험한 이들은 사회에서 높은 자들이 아니라 사회에서 낮은 자들이었다(고전 1:26-30). 지금 하나님은 십자가에서 보여주신 패턴을 따라 일하신다. 이제 바울의 공동체는 지위를 초월할 뿐 아니라 지위를 뒤집어 버린다.[173] 그러므로 세상적 지위를 결코 자신의 능력 자본으로 삼지 아니하고 그것을 자랑하지도 않는다.

셋째, 예수 그리스도의 십자가의 능력을 체험한 신자들은 고난을 자랑하고 고난 속에 승리한다. 고난의 체험은 패배를 체험하는 게 아니라, 오히려 승리를 체험하는 것이요 능력을 체험하는 것이다. 이것이 진리일 수 있는 것은 오로지 그리스도의 십자가 속에서 하나님의 사랑이 나타나고 그 속에서 그 사랑을 체험했기 때문이요, 그리스도의 부활이 사망과 다른 모든 권세들을 정복했기 때문이다.

하나님의 사랑은 하루하루 삶에서, 심지어 고난의 삶 속에서도 역사하는 하나님의 능력이다(롬 8:35, 38-39).[174] 하나님의 능력을 체험함으로 그 고난을 이겨나가고 감사와 사랑의 삶을 견지한다.

결국, 능력은 십자가를 본받아 다른 사람들을 사랑하는 것, 특히 "가난한 자들과 약한 자들"을 돌보는 것으로 나타난다. 십자가를 본받아 다른 사람들을 보살피는 능력, 고난을 당함으로 사랑을 베푸는 능력이다.

---

173 Ibid., 473-75.
174 Ibid., 476-77.

빌립보서에서 말씀하는 대로 비움의 능력, 자기를 낮추고 자신을 내어 주는 능력이다.

6) 세 번째 덕목의 결론

하나님의 능력은 역설적으로 약함 속에 있다. 성경이 말씀하는 능력은 그리스도인들과 그들의 공동체가 살아가던 세상 문화가 능력이라 이해하던 영예와 존경과 통제력이 아니라, 십자가라는 표지와 고난으로 표현하는 사랑의 능력과 약함 속에 존재하는 하나님의 능력을 가리키는 것이다.

십자가를 본받는 능력은 개인을 나타내기 위한 능력이 아니기에 결코 권력이 될 수 없다. 내주하시는 성령으로 말미암아 겸손함으로 다른 사람을 사랑하되, 특히 가난한 자들과 약한 자들을 돌보며 그들을 세워주는 능력이기 때문에 그렇다. 그러므로 이 능력은 사랑하기 위한 능력이다. 이 역설적 능력이 그리스도인 한 사람 한 사람 그리고 그들의 공동체에 생명과 소망을 준다.[175]

그렇기에 십자가를 본받는 능력은 하나님의 역학(Dynamic)을 통해 사랑으로 드러난다.

복음이 진리인데, 하나님은 어떻게 진리를 드러내시는가?

사람들은 대개 진리 입증을 위해 논리적 정당성을 요구한다. 그리고는 진리 입증을 위해 능력 과시를 요구한다. 예수님께서 마귀에게 시험받으실 때 "네가 만일 하나님의 아들이어든"(마 4:3, 6), "돌덩이가 떡 덩이가 되

---

175 Ibid., 479.

게"(마 4:3), 성전 꼭대기에서 "뛰어내리라"(마 4:6)라는 요구를 받으셨다. 십자가에 달리셨을 때도 "하나님의 아들이거든 자기를 구원하고 십자가에서 내려오라"(마 27:40)는 조롱 섞인 요구를 받으셨다.

하나님의 아들됨을 증명하기 위해 능력을 보이라는 요구를 받으신 것이다. 그러나 하나님은 논리와 능력을 통해 진리를 드러내시지 않으셨다. 대신 하나님은 사랑으로, 십자가의 희생으로 진리 됨을 보이셨다.

마귀가 가질 수 없는 능력이 바로 사랑이다. 하나님은 사랑으로 그 능력을 증명하셨다.[176] 하나님의 역학(Dynamic)은 사랑을 통해 활성화된다.

그러므로 한국 교회는 능력에 대한 개념을 십자가를 통해 바로잡을 필요가 있다. 특히, 한국 교회에 만연한, 개인적으로 자랑삼는 은사 중심으로 나타나는 능력을 바로 잡아야 한다. 그 능력은 대부분 개인의 능력으로 사유화되며 영적 권위로 작용하여 권력이 되며 영적 남용으로 이어진다.

성령은 이런 능력을 철저히 죽이시고, 약함을 자랑하도록 이끄신다. 그리고 그리스도의 십자가를 본받아 사랑을 실천하게 하려고 능력을 베푸신다. 그러므로 능력은 사랑이라는 동기와 결과를 통해 점검되어야 한다.

다시 한번 강조하지만, 하나님은 사랑하도록 능력을 베푸신다.

---

176 안점식, 『세계관 종교 문화』 (서울: 죠이선교회, 2016), 75.

4. 네 번째 덕목: 십자가를 본받는 삶의 소망

한기채는 한국 교회에 만연되어 나타난 7가지 죄를 지적한다.[177] 그중 여섯 번째로 거론되는 죄가 '송사 신드롬'이다. 교회 안에서 억울하고 분함을 참지 못하고, 은혜로 해결되지 않으니까 세상 법정까지 끌고 가는 일들이 한국 교회에 만연하다는 것이다.

그러면서 이는 그리스도께서 십자가를 통해 이루신 화해, 화목이 삶에 적용되지 못한 결과일 뿐만 아니라 궁극적으로 하나님께서 나의 억울함을 푸시고, 최후에 심판하실 것이며, 온전한 하나님의 나라를 이루실 것이라는 소망이 부족하기 때문이라고 진단한다.[178]

그뿐만 아니라, 소망에 대한 확신이 없기에 억울함이나 원통함을 이 세상에서 강제적으로 풀려고 하기도 하고, 은혜를 받아 헌신적인 노력을 하고도 그에 대한 보상을 현재적으로 바라고 획득하려고 함에 따라 인내와 오래 참음이라는 열매를 거두지 못할 뿐만 아니라 심지어 섭섭함이나 분노로 인해 교회를 떠나고, 믿음에서 떠나는 결과가 나타나기도 한다.

성경, 특히 시편에서 나타나는 내용의 많은 부분이 하나님을 소망하기에 현재의 억울한 환경은 하나님께서 허락하시는, 나를 성숙시키는 섭리일 수 있음을 받아들이고, 소망은 아픔과 고통을 감내하고 이겨내어 사랑을 견지하는 방편이 된다.

헨리 나우웬은 고통을 이겨내는 사랑의 소망을 이렇게 쓰고 있다.

---

[177] 한기채가 지적하는 7가지 죄는 1. 영적 남용, 2. 공(公)의 사유화, 3. 신앙생활의 사사화, 4. 친목 과다 신드롬, 5. 공로자 신드롬, 6. 송사 신드롬, 7. 무례한 기독교다.
[178] 한기채, 『한국 교회 7가지 죄』, 139.

나는 항상 찾고 기다리고 소망할 것이다. 고통당하신 그분의 얼굴은 나를 절망시키는 것이 아니다. 나의 슬픔은 나의 갈망을 보여주고, 나의 외로움은 나의 갈증을 보여준다. 우리는 서로 만날 때에야 비로소 알게 된다. 우리에게 고통을 주는 그 사랑이, 바로 고통이 머무를 수 없는 삶의 씨앗임을.[179]

십자가를 본받는 삶은 소망과 아주 밀접하게 연결된다.

1) 고난을 극복하고 영광을 확신하는 소망

소망 역시 믿음, 사랑과 더불어 바울 영성의 바탕을 이루는 한 차원이며, 사도가 보기에 성령이 주신 주요한 복 가운데 하나다.

바울서신을 보면, "소망"은 앞뒤 본문을 연결해 주는 핵심 부분에 등장한다. 또 이 말은 바울이 천명하는 소위 세 "신학적 미덕들", 곧 믿음과 사랑과 함께 하나다.

성경 속 소망의 내용은 다양하게 표현되는데, 영생, 의, 구원, 장래의 노하심을 피함, 부활, 우리 몸의 속량, 주님과 함께 있음, 하나님의 상속자가 되는 것 그리고 영광이 포함된다.[180]

이런 소망은 고난과 관계된다.

… 우리가 그와 함께 영광을 받기 위하여 고난도 함께 받아야 할 것이니라(롬 8:15-17).

---

179 Nouwen, 『예수님과 함께 걷는 삶』, 56.
180 Gorman, 『삶으로 담아내는 십자가』, 483-84.

바울은 그리스도 안에서 동행하며 장차 그의 영광에 동참하길 소망하는 사람들에게는 고난이 반드시 필요함을 시사한다. 그래서 바울은 고난과 소망을 긴밀하게 연결 짓는다.

로마서 8장 후반부의 주제는 소망이다. 고난은 절망을 낳는 게 아니라 미래에 있을 구원과 영광을 확실히 보장한다. 이것은 바울이 핍박과 다른 역경들로 점철된 그의 삶을 단순히 위로할 목적으로 만들어 낸 희망 섞인 생각이나 정교한 철학 논리가 아니다.

오히려 바울은 고난의 불가피성과 미래에 얻을 영광의 확실성을 신학과 영혼의 필수 요소로 본다. 소망은 십자가를 본받는 삶의 미래가 예수님에게 그랬듯, 부활과 높이 들림이라는 확신, 다시 말해, 영광이 되리라는 확신이다.[181]

그러므로 소망은 믿음과 밀접한 관계다. 소망을 묘사하는 방법의 하나는 믿음을 미래 시제로 묘사하는 것이다. 하나님의 열망과 약속을 소망으로, 하나님 신실하심의 미래 시제로 묘사할 수 있다.[182]

폴 트립의 말처럼 그리스도인의 소망은 "하나님의 경이로운 능력, 사랑, 신실함, 은혜, 인내, 지혜에 근거"를 둔다.[183]

펠트마이어와 스피커만은 이렇게 말했다.

181　Ibid., 483-85.
182　Gorman, 『삶으로 담아내는 복음』, 150.
183　Paul David Tripp, 『소망 묵상』, 오현미 역 (서울: 생명의말씀사, 2021), 21.

소망은 미래를 예견(anticipation)하는 것이 아니라 하나님께 참여(participation)하는 것이다.[184]

이 의미를 약간 수정하면 다음과 같이 재정의할 수 있다.

바울에게 소망이란 단순히 미래에 대한 예상이 아니라 미래, 특히 하나님의 종말론적인 영광의 약속에 현재적으로 그리고 앞을 내다보며 참여하는 것이다(예. 롬 8:17-39; 고후 3:18; 4:17; 살전 2:12).[185]

이것을 '기대적(예언적) 참여'(anticipatory participation)라고 할 수 있을 것이다. 소망은 장차 이루어질 미래에 대한 기대와 믿음에 실존적으로 참여하는 것이다.

2) 소망에 관한 구약성경과 유대 전승에 나타난 패턴들[186]

바울이 가진 유대교 배경은 그에게 서로 구별되면서도 소망에 관한 유사한 전승들을 적어도 네 가지 제공해 주고 있다. 하나님이 겸손한 자들을 높이신다는 전승, 하나님이 핍박을 받는 자들과 고난당하는 의인을 옹호하신다는 전승, 하나님이 새 시대가 되면 메시아가 겪으신 "산고"를 결국

---

184 Reinhard Feldmeier and Herman Spieckermann, *God of the living: A Biblical Theology*. trans, Mark E. Biddle (Waco, TX: Baylor University Press, 2011), 12-13.
185 Gorman, 『삶으로 담아내는 복음』, 183.
186 Gorman은 이 소망의 패턴을 "뒤집음 패턴"이라는 용어로 사용하고 있다. 개인적으로 소망의 더 극적인 효과를 표현하기 위한 용어 사용인 것으로 여겨진다.

해결하시리라는 전승 그리고 하나님이 죽은 자들을 다시 살리시리라는 전승이다.

첫째, 하나님은 겸손한 자들을 높이신다. 지혜서와 예언서의 전승들이 유대교의 근본적 통찰을 제공했다. 하나님은 교만한 자들과 스스로 중히 여기는 강자들을 낮추시고, 하나님을 의지하는 겸손하고 가난한 이들을 영화롭게 하시고 높여주신다(잠 3:34; 집회서 2:17; 3:17-20; 10:12-15; 시 18:27, 25:9; 149:4-5).

둘째, 하나님은 핍박 받는 의인들을 옹호하신다. 시편의 시 중에는 하나님을 섬기다가 핍박을 받는 사람들을 구해달라는 호소 그리고 그들을 인정해달라는 호소를 담은 시가 많다(시 35:24-28; 43:1). 또한, 바울은 앞의 시들보다 다소 덜 낙관적이고 더 큰 분노를 담고 있으면서도 소망을 잃지 않는 시편 44편을 이용한다(롬 8:36).

신구약 중간기를 알 수 있는 외경 중 하나인 마카베오하 7장은 고난을 겪을 때도 믿음을 지키는 신실한 자들이 품고 있는 이 소망이라는 주제를 의미심장하게 전개해 가면서, 그들의 신앙을 지키고 타협을 거부하다 안티오쿠스4세 에피파네스(재위 주전 175-164) 시대에 죽은 사람들을 하나님이 옹호하시고 부활시켜 주시리라는 유대인의 소망을 피력한다. 그때 일곱 형제와 그들의 모친은 순교했다.

구약성경에서 이사야 52장 13절에서 53장 12절만큼, 서로 긴밀하게 연결된 하나님의 변호하심(vindication)과 하나님의 높이심(exaltation)이라는 두 주제가 함께 등장하면서도 이 주제들을 생생하게 표현하고 있는 곳이 없다. 우리는 이사야서 본문이 바울의 그리스도 찬송(빌 2:6-11)에 끼친 영향을 알고 있다. 본문의 13-15절은 하나님이 높이신다는 주된 주제를 천명하는 역할을 한다. 이 본문은 비록 많은 부분이 굴욕을 당하고 고난을 겪는 모습을 묘사하고 있지만, 시작하는 부분이 천명하듯이, 결국 승리의 찬송이다.

셋째, 하나님이 메시아의 비애에 마침표를 찍으신다. 영광스러운 미래의 하나님 나라가 도래하기 전에 하나님의 백성들이 혹독한 고난과 고통을 겪는 시기가 임하리라는 확신이 생겨났다(단 12:1-4). 그러나 그날이 오면 죽은 의인들이 부활하여 생명을 얻고 악을 행한 자들이 벌을 받게 될 것이다.

넷째, 하나님이 죽은 자들을 일으키신다. 부활을 이야기하는 본문은 다니엘 12장 2-3절, 이사야 26장 19절이 있다. 고대 이스라엘이 믿었던 것들이 정확히 무엇이든, 부활을 믿는 신앙의 원료는 하나님이 신실한 자들을 무덤으로부터, 특히 스올(Sheol)로부터 지켜주시리라는 소망 속에(가령, 시 6:4-5; 16:10), 하나님이 이스라엘의 포로로 끌려간 처지에서 구해주심으로써 그 민족을 죽은 자들로부터 부활시켜 주시리라는 소망 속에(겔 37장, 특히, 겔 37:12) 존재하고 있었다.[187]

3) 예수님께서 보여주신 죽음-부활, 굴욕-높이 들림의 소망 패턴

바울은 믿음, 사랑 그리고 심지어 능력과 달리, 소망을 그리스도의 속성을 이루는 특질로 분명하게 이야기하지 않는다.

---

[187] Gorman, 『삶으로 담아내는 십자가』, 485-94.

그러나 소망이라는 "미덕" 자체를 그리스도 내러티브 안에서 발견하고 있지 않더라도, 그가 소망의 실질적인 면을 그리스도의 굴욕을 당함-높이 들림 패턴 속에서 찾아내고 있음을 알 수 있다.

소망의 내러티브는 두 패턴이 서로 긴밀하게 연결된 것으로 보는 것이 더 정확하고 도움이 된다. 두 패턴 중 하나는 죽음 뒤에 부활이 따르는 패턴이며, 다른 하나는 굴욕 당함 뒤에 높이 들림이 뒤따르는 패턴이다.[188]

첫째, 죽음-부활에 관한 패턴이다. 로마서 4장 24-25절에서 볼 때 예수님은 절대적으로 수동적인 입장에서 그 역할을 수행하고 계신다. 예수님은 "내어줌이 되고" 또 "살아나셨다."

예수님을 살리신 분은 분명 하나님이시다. 그러나 예수님을 "내준" 주체는 분명하지 않다. 적어도 위에서 인용한 로마서 본문 자체에서는 바울이 해석의 범위를 더 넓혀 그 주체까지 언급하고 있지 않기 때문이다. 그 주체는 가룟 유다, 사람들 전체, 또는 하나님이었을 수 있다.

로마서의 나머지 부분(특히 롬 3:21-26; 5:6-8; 8:3-4,32)에 비춰보면, 바울은 자기 청중이 예수님을 죽음에 내준 이도 하나님으로 추정하기를 원하고 있는 것이 거의 확실하다.

따라서, 그리스도의 죽음과 부활은 모두 하나님의 뜻과 능력에 따른 결과다. 이 두 사건에서는 하나님의 뜻이 표현되고 있으며, 이 뜻은 이 두 사건과 결코 분리될 수 없다. 인간의 구원도 이 두 사건과 연결되어 있으며,

---

[188] Ibid., 495-96.

역시 이 두 사건과 결코 분리할 수 없다.[189]

요한복음에서 예수님은 세 번 죽음을 언급하시면서 영광을 함께 언급하셨다.

(1) 십자가에 못 박혀 죽으시는 상황에서 "인자의 영광을 얻을 때가 왔도다"라고 말씀하신다(요 12:20-28).
(2) 가룟 유다가 다락방에서 나가 어둠 속으로 사라졌을 때 "지금 인자가 영광을 얻었고 하나님도 인자를 인하여 영광을 얻으셨도다"라고 말씀하셨다(요 13:30-32).
(3) 예수님께서 다락방에서 그들과 함께 지내신 그 밤을 마감하시면서, 위대한 기도를 시작하셨다.

> 아버지여, 때가 이르렀사오니 아들을 영화롭게 하사 아들로 아버지를 영화롭게 하게 하옵소서(요 17:1).[190]

십자가는 영광과 연결되며 그것은 곧 아들의 영광이기도 하지만, 아버지의 영광이기도 하다.

고린도전서 15장 3-6절은 죽음-부활 내러티브 패턴을 만들어 낸다. 그리스도께서 죽으셨고, 장사 지낸 바 되었다가 다시 살아나셨다. 하나님은 예수님을 다시 살리신다. 이것은 고린도전서 15장 17, 19절과 연결되어 그

---

189 Ibid., 496-97.
190 Stott, 『그리스도의 십자가』, 257.

리스도인의 소망에도 절대 긴요하다는 점을 분명하게 밝히고 있다. "만일 그리스도께서 다시 살아나신 일이 없으면 너희의 믿음도 헛되고, 너희가 여전히 죄 가운데 있을 뿐"이라는 것이다.

로마서 6장 3-10절, 특히 10절이 분명하게 강조하는 것은 그리스도의 죽음이 죄를 격파하고 "죄에 대하여 죽음" 자체에 승리를 거두신 사건으로서 최종적 확정성(Finality)을 지니고 있다는 점이다. 이 확정성은 신자들이 따라야 할 두 패턴을 제시해 준다. 죄의 종식, 곧 죄에 대하여 죽음이라는 은유적 죽음과 부활의 전주곡인 육체의 죽음의 패턴이다.

빌립보서 3장 10-11절, 고린도후서 1장 5절의 본문은 그리스도의 고난은 모두 사도들과 다른 신자들이 겪는 고난과 연결되어 있고 또한 뒤이은 결과인 부활에 초점을 맞추고 있다.[191]

둘째, 굴욕 당함-높이 들림, 하나님께서 예수님을 높이심 패턴이다. 핵심적인 본문은 빌립보서 2장 6-11절이다. 예수님께서 자기를 비우시고 죽기까지 순종하신 것(빌 2:6-8)에 하나님이 사태를 뒤집어 예수님을 높이심으로 응답하고 계신다(빌 2:9-11).

이 본문은 구약의 이사야 52장 10-13절과 연결된다.

> 보라 내 종이 형통하리니 받들어 높이 들려서 지극히 존귀하게 되리라(사 52:13).

여기에 사용한 언어는 높이심이 부활과 같은 것임을 시사하지만 그 정확한 의미가 무엇이든, 그 높이심은 분명히 굴욕을 당하고 죽음을 당한 것

---

191 Gorman, 『삶으로 담아내는 십자가』, 499-500.

에 따른 결과요 보상이다.

빌립보서 2장 6-11절의 결론은, "신성 모독처럼 들리는 말로" 보일 수 있다. 이사야 45장 23절에 나타난 대로 아울러 모든 유대인이 오직 하나님에게만 적용하는 것을, 주님이신 그리스도에게도 적용하고 있는데, 이는 곧 예수 그리스도를 주권자이신 주님으로 인정하는 것이다.[192]

그러므로 바울은 소망의 근거를 예수 그리스도의 십자가에 둔다. 하나님은 각 사람에게 그 행한 대로 보응 하시는데(롬 2:6), 최후 심판 때에 선행과 악행이 구별되고 "선한 행위"(롬 2:6-11)에 부합하는 하나님이 칭찬이 있을 것이라고 말한다. 그 부합됨의 근거, 즉 영원한 삶으로 이끌어 주는 계속적인 선한 행위의 근원과 틀은 신적인 능력의 행위, 곧 은혜라는 것이다.

이 신적인 능력의 행위는 죄인인 인간에게 주어지는 비상응적인 선물로서, 변화하는 효력을 주어 최후 심판에서 그들의 선한 행위가 분명히 드러나게 해준다(롬 2:12-15). 이 비상응성, 곧 신실하지 않음에 대한 하나님의 신실하심이야말로 죄의 보편적인 효력에 의해 타락한 세상에서 바울이 가지는 소망의 근거다.[193]

인간의 의에 근거하지 않고 선물로 주어진 하나님의 은혜는 종말에 십자가를 본받는 삶을 살아가는 모든 신자에게 동일하게 부활이라는 선물이 주어질 것이라는 분명한 소망의 근거가 된다.

192　Ibid., 503.
193　Barclay, 『바울과 은혜의 능력』, 194.

하나님께서 이런 비상응적인 은혜, 곧 사랑을 십자가를 통해 보여주셨다면 신자들이 구원을 이루기까지의 여정 내내, 그들이 마주하게 될 모든 우여곡절 속에서도(롬 5:3-5) 하나님의 사랑이 끝까지 변치 않을 것을 강하게 확신할 수 있다(롬 5:10).[194]

이것이 십자가를 통한 소망의 근거다.

4) 현재적 십자가를 본받는 삶과 미래적 영광의 삶이 공존하는 소망 내러티브 패턴

신자들은 예수님의 죽음에 동참함으로써, 예수님의 생명에도 동참하게 될 것이다. 예수님의 죽음에 동참할 때, 굴욕 당함과 죽음으로부터 부활과 높이 들림으로 이어지는 소망을 이야기하는 그리스도의 내러티브 패턴 역시 그들의 것이 된다.[195]

바울의 종말론, 곧 장래에 우리 인간이 하나님과 함께하리라는 바울의 믿음은 현재 완전히 "실현된" 종말론이 아니다. 장차 임할 시대의 완전한 도래는 그리스도의 재림을 기다려야 하는 종말론이다.

로마서 6장에서 보듯이, 신자들의 몸의 부활은 미래의 일이다(롬 6:5). 비록 지금 그들의 실존이 부활하여 새 생명으로 거듭났다 할지라도(롬 6:4), 몸의 부활은 미래의 일이다. 그러나 역설적으로, 그들이 부활하여 얻은 새 생명은 매일 죽은 생명, 그리스도와 함께 십자가에 못 박히는 생명, 십자

---

194 Ibid., 198.
195 Gorman, 『삶으로 담아내는 십자가』, 505.

가를 본받는 삶의 생명이다(빌 3:8하, 10).[196]

그러므로 신자는 장차 부활하여 얻은 새 생명을 얻은 존재지만 현재적 십자가를 본받는 삶의 생명이다. 곧, "두 시대가 중첩되는 시기"에 사는 것이다.

"두 시대가 중첩되는 시기"에 살고 있다는 것은 메시아의 고난과 죽음이 현존하는 시대를 살아가는 동시에, 완전하지는 않지만 부분적이나마 미리 앞서 부활과 영광의 시대 속에서 살아간다는 말이다.

바울은 미래를 무너뜨리고 현재 속에 갇혀 버리는 것(바울은 고린도 교회의 일부 지도자들이 이런 일을 저지르고 있다고 믿었을 수 있다)을 근본적 오류로 여기곤 했다. 그들은 이미 배부르며 이미 풍성하여 왕이 된 것처럼 행동했기 때문이다(고전 4:8-9).

그렇다고 해서 현재에 영광을 미리 맛볼 수 있음을 부인하는 것 역시 그에 못지않은 오류일 것이다. 성령은 미래에 실제로 존재할 구원의 "보증" 내지 "계약금"(고후 5:5)이시다. 우리는 장차 완성된 최종의 영광을 누릴 것이지만, 이미(already) 수건을 벗은 얼굴로 거울을 보는 것 같이 주의 영광을 보고 있기 때문이다(고후 3:18).

따라서, 바울이 볼 때, 현세의 삶은 소망을 가진 삶이다. 현세에 십자가를 본받는 삶을 살아감으로써 그 열매로 "하나님의 영광에 동참하게 되리라는 소망"(롬 5:2)을 가진 삶인 것이다. 그 소망은 현재의 변화된 형태가 죽을 때에 끝나는 게 아니라 죽을 때에 완성되리라는 기대이기도 하다.[197]

---

196 Ibid., 506.
197 Ibid., 507-8.

이것이 현재적 십자가를 본받는 삶과 미래적 영광의 삶이 공존하는 소망 내러티브 패턴이다.

그래서 바울은 죽음과 부활을 체험한다. 로마서 6장의 주제는 죽음과 부활의 체험 속에서 그리스도와 신자가 하나가 되는 것이다. 그리스도와의 연합을 체험한다. 바울은 그리스도와 함께 죽음 뒤에는 두 단계로 이루어진 부활이 뒤따른다고 본다.

첫째, 그리스도 안에서 새 생명으로 부활하는 단계
둘째, 그리스도 안에서 영원한 생명으로 부활하는 단계(롬 6:3-8)

현재적 새 생명과 미래적 영원한 생명이다.

소망은 현재 십자가를 본받는 삶이 변화해 가는 과정이며 이 변화하는 과정은 이미 영광을 받으신 그리스도의 형상을 그대로 이뤄내는 최종 목적지에서 정점에 이른다는 바울의 확신과 일치하는 것이기도 하다.

고린도전서 15장을 시작하면서 바울은 자신이 고린도 사람들에게 전한 복음과 일치하는 초기 기독교 신경을 하나 인용한다(15:3-7). 이 신경은 복음을 이루는 네 가지 사실, 곧 그리스도가 죽으시고, 장사 지낸바 되셨다가, 다시 살아나셔서, 사람들에게 보이셨다는 사실을 강조한다.[198]

부활은 죽음을 뒤집어 버린다. 죽은 자들은 부활로 말미암아, 그리스도 안에서 모든 사람이 삶을 얻을 것이다(15:22).

---

198 Ibid., 509-10.

그리스도가 하신 체험은 예외가 아니다. 그리스도에게 일어난, 하나님이 그를 다시 살리신 일은 그리스도에게 "속한 자들" 또는 그리스도 "안에" 있는 모든 사람에게 그대로 일어날 것이다.

죽음이 생명으로 뒤집히게 되면, 필연적으로 변화가 일어나게 된다(고전 15:50-53). 부활하신 그리스도와 같은 형상으로 변화하게 될 것이다.[199] 십자가를 본받는 삶을 통해 소망하기에 인내와 오래 참음으로 사랑이라는 성령의 열매를 맺으면서도 희락(기쁨)을 잃지 아니하고 충성하며 절제하는 소망의 성령의 열매도 함께 맺어간다.

이런 소망은 고난과 관련한 조건부 소망이다. 로마서 8장에 등장하는 모티프들 가운데 가장 두드러진 것은 소망이다. 이 소망은 분명 특성 면에서 십자가를 본받는 삶의 소망이며, 조건부 소망이다.

바울은 "만일, 정말로, 우리가 그와 함께 영광을 받기 위하여 고난도 함께 받는다면"(롬 8:17하)이라는 조건절에 "그리스도와 함께 한 상속자니라"라는 주장을 덧붙임으로써, "그리스도 안에 있는 삶을 설명하다가 그 설명 방향을 별안간 확 틀어버린다."

이 조건절은 그리스도 재림의 이쪽 편에 있는 그리스도인의 실존에 관한 바울의 이해를 끊임없이 규정하는 '종말론적 유보'(eschatological reservation)의 도입 부분이다.[200]

그리스도와 동행하며 십자가를 본받는 삶을 살아가는 사람들에게는 종말의 영광이 예약, 보증이 되었다는 것이다. 그러므로 십자가를 본받는 삶

---

199 Ibid., 511-12.
200 Richard B. Hays, *the Moral Vision of the New Testament: A Contemporary Introduction to New Testament Ethics* (San Francisco: HarperCollins, 1996), 25.

은 두 조건을 포함한다. 하나는 끊임없이 육에 대하여 죽는 것이요(롬 8:1-17), 다른 하나는 고난이다(롬 8:18-39). 그리고 결과는 승리요, 영광이다.

현재적 십자가를 본받는 삶이요, 미래적 영광을 누리는 삶이다.

5) 고난을 정복해 버리는 '십자가를 본받는 삶'의 소망

부활과 영광을 소망하는 것은 '십자가를 본받는 삶'과 관련하여 필요하다는 것을 알 수 있다. 그런데 십자가를 본받는 삶의 과정에서 고난이 따른다. 이것은 마치 바울이 볼 때, 십자가를 본받음은 2부작 드라마와 같은 내러티브의 성격을 갖는다고 볼 수 있을 것이다. 이 내러티브는 고난/죽음에 이어 부활/높이 들림이 뒤따르는 2부작 드라마다.

그리스도 안에 있는 공동체의 내러티브는 그 주님의 내러티브와 일치할 수밖에 없다.

> 부활에서 그리스도를 본받는 것과 아들의 형상을 본받는 것은 논리상 자아에 대하여 죽는 삶과 복음을 위하여 고난 겪는 삶에 당연히 이어지는 속편이다.

이 속편은 그리스도의 죽음과 부활로 구성된 내러티브와 일치한다. 우리가 위에서 언급했던 "조건부 약속"은 그 내러티브를 구성하는 두 부분, 죽음과 부활이 불가분임을 의미한다.

로마서 8장의 전반부는 십자가를 본받는 삶의 소망이 지닌 첫 번째 차원, 곧 "몸의 행실을 죽이는 것"(롬 8:13)을 이야기한다. 바울은 이 "몸의 행실을 죽이는 것"을 다른 곳에서는 "육체를 십자가에 못 박음"(갈 5:24), "죄에 대하여 죽음"(롬 6:2) 그리고 "옛사람을 그리스도와 함께 십자가에 못 박음"(롬 6:6)이라고 부른다.

바울은 분명 몸 자체나 몸의 행위들을 비판하지 않는다. 바울이 진짜 문제 삼는 것은 몸이 아니라 "육"(하나님과 단절되어 있고 하나님과 대립하는 것으로 여겨지는 인간의 인격)과 죄를 낳는 마음이다.[201] 그러므로 소망이 있기에 그리스도 십자가의 능력으로 죄를 죽이고, 육체에 대하여 죽는다.

로마서 8장 후반부(롬 8:18-39)는 십자가를 본받는 삶의 소망이 가진 두 번째 차원, 곧 소망을 이야기한다. 그의 배경과 체험에 비춰볼 때, 고난을 해석한 주요 견해 가운데 바울이 선택할 수 있는 것만 해도 최소한 네 가지다.

첫째, 그 시대를 마지막 때로 보는 입장에서 고난을 해석한 견해다(묵시주의 해석론). 이 견해는 고난을 하나님 나라가 도래하기 직전의 시기, 곧 "메시아의 비애"가 존재하는 시기에 견뎌야 할 어떤 것으로 이해했다.

둘째, 바울 자신의 체험을 의로운 자가 겪는 불의한 고난으로 이해하는 견해다.

셋째, 고난을 인격 교육이나 하나님이 주시는 연단으로 받아들이는 견해다.

---

201 Gorman, 『삶으로 담아내는 십자가』, 516.

넷째, 스토아학파의 접근법을 따라 고난을 이해하는 견해다. 이들은 고난을 참된 내면의 자아에 영향을 미치지 못하는 것이라 여기고 무시함으로써, 이 고난을 "극복해 버렸다."[202]

사실, 이런 해석론들에 비추어 바울이 겪은 고난들을 해석한 결과 중 어떤 것도 바울을 완전히 만족시켜 주지 못했다. 고난은 단순히 마지막 때의 일이라 여기며 신실하게, 혹은 가르침을 주는 것으로 여겨 견뎌내야 할 것이 아니었다. 특히, 스토아학파의 방법을 좇아 "극복할" 대상도 아니었다.

오히려, 고난은 압도하며 정복해야(overwhelmingly conquered) 할 것이었다. 신자들은 "넉넉히 이기는 자들"이기 때문이다(롬 8:37).

그리스도의 고난은 결국 하나님이 당신의 사랑을, 당신이 우리를 위하신다는 것을 보여주신 증거다(롬 8:31-39).[203]

신자들이 이 증거를 믿으며 기도하며 미래의 영광을 고대할 때(롬 8:26-27) 그리고 그리스도와 함께 고난을 당함으로(롬 8:17) 하나님 사랑의 내러티브를 계속 이어갈 때, 하나님의 영이 임재하심을 체험한다. 그런 점에서, 바울의 고난 체험은 유대 묵시주의자들의 고난 체험보다 현세에 더 긍정적이다.[204]

그뿐만 아니라, 바울의 고난 체험은 스토아주의자들의 고난 체험보다 미래에 관하여 더 큰 소망이 있었다.

---

[202] Ibid., 516-17.
[203] Ibid., 517.
[204] Christiaan J. Beker, *Paul the apostle: The Triumph of God in Life and Thought* (Philadelphia: Fortress, 1980), 302.

바울이 "넉넉히 이기다"(롬 8:37)라는 동사를 사용하거나 만들어 냈다는 것은 그가 고난에 관한 자신의 체험과 이해를 스토아주의자들의 그것과 진지하게 대조하고 있음을 시사한다. 신자들은 스토아주의자들처럼 고난을 무시하지 않는다. 왜냐하면, 고난은 그리스도인이 된 참된 자아에 영향을 미치지 못하기 때문이다. 오히려 신자들은 그리스도의 고난 속에서 하나님과 그리스도가 당신 자신을 이 세상 속에 완전히 참여시키고 이 세상을 위해 완전히 헌신하고 계심을 본다(롬 8:32).[205]

동시에 신자들은 고난 중에, 하나님의 은사로 말미암아, 하나님의 보증을 발견한다. 하나님은 고난이 끝이 아님을, 죽음 뒤에 부활이 있고 고난 뒤에 영광이 있다는 것을 그리고 "모든 것", 곧 하나님이 결국에는 만물을 구속하신다는 것이 확실하다는 것을 보증하심을 믿는다.

이것은 바울에게 승리를 의미한다. 그것도 단순히 스토아주의자들이 체험하는 고난의 "극복" 정도가 아니라, 넘치는 승리다. 고난을 완전히 정복하는 것이다.

물론, 미래에 영광을 얻으리라는 확실한 소망이 고난을 제거하지는 않는다. 그러나 소망은 고난을 절대적인 것이 아닌 상대적인 것으로 만들어 버린다. 실제로 그 고난은 뒤집힐 것이기 때문이다.[206]

> 생각하건대 현재의 고난은 장차 우리에게 나타날 영광과 비교할 수 없도다(롬 8:18).

205　Gorman, 『삶으로 담아내는 십자가』, 518.
206　Ibid., 519.

비교할 상대조차 되지 못하는 고난이 십자가를 본받는 소망을 결코 꺾을 수 없다.

6) 십자가를 본받는 삶의 소망이 끌어내는 성숙

굴욕을 당함과 높이 들림이라는 그리스도의 내러티브 패턴을 닮아가는 체험을 표현한 언어는 빌립보서 3장에서도, 그리고 훨씬 더 뚜렷한 모습으로 등장한다. 신자들은 그리스도를 따라 낮아짐으로써, 결국 또 그분을 따라 높아질 것이다.[207]

바울은 빌립보서 3장 4-11절에서 자신의 삶을 이렇게 서로 연관되어 있는 패턴들의 본보기로 제시한다.

앞에서 계속 주장해 온 "[x]인데도 [y]하지 아니하고 [z]하다"라는 지위 포기 패턴은 누구나 예측할 수 있는 요소들을 갖고 있다. 지위, 결단 그리고 죽기까지 자기를 낮춤이다.

바울은 의로운 바리새인이라는 지위를 갖고 있다(4-6절). 그는 그 지위를 해로운 것이자 배설물로 여기기로 결단한다(빌 3:7-8; 참고. 2:6). 그리고 그는 그리스도를 얻고 그의 고난에 참여하며 그의 죽으심을 본받고자, 모든 것(그의 지위, 빌 3:8)을 잃어버린다.

이제 그리스도 안에 있는 바울은 그의 큰 소망을 이렇게 표현한다.

---

207 Dale B. Martin, *Slavery as Salvation: The Metaphor as Slavery in Pauline Christianity* (New Heaven and London: Yale University Press, 1990), 131.

> 내가 그리스도와 그 부활의 권능과 그 관에 참여함을 알고자 하여 그의 죽으심을 본받아 어떻게 해서든지 죽은 자 가운데서 부활에 이르려 하노니(빌 3:10-11).[208]

이것이 그의 믿는 바 소망이다. 바울은 "그리스도를 아는 것"이 이중 의미가 있다고 설명한다. "그의 부활의 권능을 아는 것"과 "그의 고난에 참여함을 아는 것"이 그것이다.

그리스도를 아는 것이 어떻게 이루어지는가에 관하여는 그다음 말, 곧 "그의 죽으심을 본받아"와 "어떻게 해서든지 죽은 자 가운데서 부활에 이르려 하노니"가 설명한다. 부활의 권능은 현재 그리스도의 죽음을 본받는 권능으로 작용하고 있으며, 이 권능은 다시 미래의 부활에 참여할 자리를 보장한다.[209]

굴욕을 당함-높이 들림이라는 소망 패턴은 빌립보서 3장에 두 번 등장한다(빌 3:21).

십자가의 벗으로 행하며 십자가를 본받음으로써 바울을 본받는 모든 사람(빌 3:17-21)에게는 장차 주 예수께서 다시 오실 때 부활하리라는 소망이 주어진다. 그리스도의 고난에, 다른 사람들을 위하여 자기 자신을 내어주는 죽음에 참여하는 모든 신자들의 소망은 부활하여 높이 들림을 받으신 그의 영광의 몸을 본받는 것, 즉 "우리 몸의 속량"(롬 8:23)이다.

변화라는 미래의 소망은 비단 인간에게 국한되는 것도 아니요, 오로지 미래에 국한되는 것도 아니다.[210] 모든 자연 만물에 해당되는 것, 이미 우

---

208 Gorman, 『삶으로 담아내는 십자가』, 520.
209 Ibid., 521-52.
210 Ibid., 522-23.

리에게 주어진 것이다. 현재의 십자가를 본받음은 미래의 소망, 영광의 결과로 나타나겠지만 현재의 소망도 이루어 이에 합당한 열매도 함께 맺어간다.

첫째, 그리스도의 십자가는 참을성 있는 인내를 고무시킨다. 예수님은 십자가를 참으셨고, 우리로 참으신 자를 생각하게 하신다(히 12:1-3).
둘째, 성숙한 거룩함으로 이끌어 간다. 많은 이를 이끌어 영광에 들어가게 하시는 일에 그들의 구원의 창시자를 고난으로 말미암아 온전케 하심이 합당하다고 말씀한다(히 2:10). 십자가를 본받는 삶의 소망은 신자들이 성숙을 끌어낸다. 그리스도에게 고난이 순종을 통해 성숙으로 이끌었던 것과 마찬가지로 그것은 그리스도인을 인내를 통해 성숙으로 이끈다.
셋째, 십자가를 본받음은 은과 금을 단련하는 것과 같이 믿음을 단련시킨다(벧전 1:6-7).
넷째, "자만하지 않게" 겸손함을 계발시킨다(고후 12:7-10).
다섯째, 호세아가 고멜에 대한 보수 없는 사랑의 고통을 통해 이스라엘에 대한 여호와의 사랑의 신실함과 인내를 알게 되었듯이, 통찰력을 심화시킨다(호 1-3장).[211]

십자가를 본받는 삶의 소망을 통해 다양한 영적 성숙을 이루어 간다.

---

[211] Stott, 『그리스도의 십자가』, 393-95.

7) 십자가를 본받는 삶의 결과로 장차 이루어질 영광

십자가를 본받는 삶의 미래는 곧 영광이라는 확신, 이것이 바울의 소망이다.

이런 소망은 언제 이루어지는가?

바울은 신자들이 사는 현재 시각을 "두 시대가 중첩되는 시기"(말세, 고전 10:11)로, 예수의 죽음 및 부활과 함께 시작되어 그의 재림과 함께 막을 내릴 시대로 인식한다. 따라서, 미래에 있을 주님의 강림은 바울이 품은 소망의 초점이다.[212]

바울이 예수님의 재림을 언급할 때, 로마 군인의 도착과 황제의 방문을 표현하는 말도 함께 빌려 쓴다. 그가 쓰는 말은 파루시아(*parousia*)인데, 이 말은 "임재, 현존" 또는 "도착"을 의미한다. 이 말은 황제나 중요한 장군의 도착을 가리키거나, 그런 인물의 도착에 따른 "구원"의 혜택 내지, 그런 인물이 오게 된 이유(이를테면, 전승)를 가리키는 말로 자주 사용되었다.

물론, 바울을 다룬 문헌들에서는 파루시아라는 말이 예수님의 재림이 임박했다고 믿은 바울의 믿음을 가리키는 표준 언어가 되어 왔다.

사실 바울은 이 용어를 다섯 번 사용할 뿐이지만(살전 2:19; 3:13; 4:15; 5:23; 고전 15:23), 예수님의 파루시아를 고대하는 바울의 소망은 은연중에 다른 파루시아들을 기다리는 소망을 거부한다. 황제의 파루시아든 장군의 파루시아든, 파루시아는 인간의 실존을 고양하거나 변화시키는 데 목적이 있기 때문이다.

---

[212] Gorman, 『삶으로 담아내는 십자가』, 524.

특히, 황제의 방문을 고대하던 로마인의 소망은 바울에 이르러 황제가 아니라 진정한 구원자요 주님이신 예수님 체험으로 옮겨가는 동시에, 그 체험으로 말미암아 소망의 내용도 (진정한 주님의 파루시아를 고대하는 것으로) 바뀐다.

따라서, 바울의 경우에는 그리스도의 날, 곧 그리스도의 파루시아(재림)가 소망의 초점이다. 그런데 예수님의 재림이 바울이 품은 소망의 전부는 아니다. 그의 소망의 범위가 넓기 때문이다. 예수님께서 오시면, 이 소망이 아우르는 범주가 모두 현실이 될 것이다.[213]

바울은 또한 영광을 누릴 수혜자들에 관해 설명한다. 고먼은 이렇게 말한다.

> 바울의 체험을 들여다보면, 장차 영광에 참여하리라는 소망이 큰 것만 따져도 최소한 네 갈래로 표현되어 있다.

개인적인 표현, 공동체적 표현, 보편적(유대인과 이방인) 표현 그리고 우주적(모든 피조물) 표현이 그것이다.

네 개의 표현을 살펴보기 전에 먼저 바울이 표현한 영광이라는 의미를 파악해야 한다. 영광이라는 말이 고난과 죽음을 뒤집는 패턴을 요약하고 있긴 하지만, 그렇다 해도 이 말은 평범하지 않고 의미를 포착하기 어렵기 때문이다.

---

213 Ibid., 524-25.

바울의 글 속에서 "영광"과 "영화롭게 하다"(영광을 돌리다)라는 말은 서로 다르면서도 연관된 두 가지 의미로 사용되고 있다.

첫째, "영예"(honor) 또는 "찬송"이라는 의미다. 복음을 널리 전파하고 복음에 합당한 삶과 공동체를 형성함으로써 하나님께 영광을 돌린다고 말하는 경우가 그 예다.

둘째, 우리 논지에 비추어 첫째 의미보다 더 큰 중요성을 갖고 있는데, 하나님의 "엄위"(또는 장엄함, splendor)를 의미한다. 다른 사람들과 더불어 하나님의 영광에 동참한다고 말할 때, 영광은 이 엄위(또는 장엄함)를 가리킨다.

바울은 이 엄위나 영광을 "하나님의 형상"과 결합한다. 인간은 하나님의 형상이지만 하나님을 영화롭게 하지 않음으로써(롬 1:21, 23) 하나님의 영광을 갖지 못하거나 그 영광에 이르지 못한다(롬 3:23).[214]

하지만, 그리스도는 하나님의 "형상"이시다. 그러기에 바울이 전하는 복음은 "하나님의 형상이신 그리스도의 영광의 복음"(고후 4:4)이다. "하나님의 영광"은 "예수 그리스도의 얼굴"에서 발견된다(고후 4:6). 그런데 그리스도 안에 있는 하나님의 형상 내지 영광은 부활로 말미암아 완성된다. 부활로 말미암아 그리스도의 몸은 이제 "영광"의 몸이 되었다(빌 3:21).

그러므로 그리스도께 속한 사람들은 이제 부분적이나마 이 영광에 참여하고 있으며, 장래에는 완전히 참여하게 될 것이다. 또한, 영광은 그 범위

---

214 Ibid., 526-27.

가 넓어져 피조물 전체가 영화를 누리는 범위에 포함된다.

결국, 바울이 볼 때에 하나님의 영광이라는 말은 미래에 실제로 지극히 장엄하게 구원이 이루어지고 만물이 새롭게 되어 하나님이 인간과 모든 피조물을 향해 본래 품으셨던 뜻들이 완성되는 것을 통틀어 가리키는 말이 된다.[215] 이런 영광에는 네 가지 의미가 있다.

첫째, 개인적인 차원에서 영광의 소망이다. 바울은 그가 당하는 고난이 그의 이야기의 끝이 아님을 분명히 확신한다. 만일 그 고난이 끝이라면, 자신은 부활을 믿는 많은 바보 중 으뜸일 것이라고 말한다(고전 15:30-32). 바울은 자기 삶의 끝이 새 삶의 시작이요, 새로운 하나님 체험의 시작이 되리라는 것을 알고, 위로와 기쁨을 발견한다(빌 1:21-23; 고후 5:1-8).

그래서 바울은 소망을 다양한 이미지로 표현한다. 어떤 이미지들은 일반적이지만, 더 구체적인 이미지들도 있다. 영생(롬 6:23), 의(갈 5:5), 구원(살전 5:8), 장래의 노하심을 피함(살전 1:10, 5:9), 죽은 자 가운데서 부활함(빌 3:11, 14), 우리 몸의 속량(롬 8:23), 그리스도와 함께 있는 것(빌 1:23), 하나님의 상속자요 그리스도와 함께하는 상속자가 되는 것(롬 8:17) 그리고 영광(롬 8:17; 고후 4:17) 등이다.[216]

물론, 그 과정은 현재로부터 그리스도의 형상을 본받는 것이며, 그 형상을 본받기 위해서는 십자가를 본받는 삶을 살아야 한다. 이는 그 영광이 바로 여기에서 지금부터 시작되었음을 의미한다(고후 3:18; 롬 8:29).

---

215 Ibid., 527.
216 Ibid., 529-30.

둘째, 공동체에 있어서 영광의 소망이다. 부활의 소망은, 바울 사도든 아니면 평범한 신자든, 단지 개인에게 보장된 차원으로 끝나지 않는다. 바울은 소망을 공동체의 체험으로 본다.

> 이는 소망 없는 다른 이처럼 슬퍼하지 않게 하려 함이라 … 그러므로 이런 말로 서로 위로하라(살전 4:13-18).

소망은 공동체의 체험으로서 삶으로 드려내는 실재이자 서로 권면하는 근거가 된다. 소망은 자라가야 하고 끊임없이 새로워져야 한다.[217] 그러므로 소망은 공동체를 하나로 묶어주고 세워주는 역할을 한다.

셋째, 이방인과 유대인에게 있어 영광의 소망이다. 바울의 종말론적 소망은 철저히 그리스도 중심이다. 그러나 이 소망을 형성하는 것은 하나님의 미래(여호와의 날)를 소망하는 비전이다.

> 모든 무릎을 꿇게 하시고 모든 입으로 예수 그리스도를 주라 시인하여 하나님 아버지께 영광을 돌리게 하셨느니라(빌 2:9-11).

하나님은 당신과 언약을 맺은 백성을 내치지도 포기하지도 않으신다. 이스라엘 백성은 여전히 하나님의 신실하심과 사랑의 대상으로 남아 있다. 그러므로 바울은 결국 "모든 이스라엘이 구원을 받으리라"(롬 11:26)고 확신한다. 그러므로 지극히 자비로우신 하나님을 아는 모든 사람에게는

---

217 Ibid., 530-32.

"장래에 하나님이 베푸실 구원, 곧 셀 수도 없고 통제할 수도 없으며 한계도 없는 구원의 문이 활짝 열려있는 게 틀림없다."[218]

그런 의미에서 바울의 소망은 보편성을 갖고 있다.

넷째, 모든 피조물에 있어 영광의 소망이다. 바울의 소망은 결국 우주적 소망이다. 바울의 소망 체험이 가진 우주적 차원은 로마서 8장 전체에서 가장 분명하게 나타나고 있다.

> 그 바라는 것은 피조물도 썩어짐의 종 노릇 한 데서 해방되어 하나님의 자녀들의 영광 자유에 이르는 것이니라 … (롬 8:19-22).

바울이 강조하는 소망의 우주적 측면은 그리스도의 부활과 그에 이은 신자들의 부활을 하나님이 적대 세력들을 격파하실 때 사용하시는 전략 일부로 보는 바울의 확신에서도 발견할 수 있다.

베커는 이렇게 말한다.

> 하나님의 영광은 이 우주를 존재론적 무로 만들기보다 이 우주를 변화시키는 것을 목표로 삼고 있다.[219]

---

218 John Paul, Heil, *Romans-Paul's Letter of Hope*. Analecta Biblica 112 (Rome: Biblical Institute Press, 1987), 81.
219 Christiaan J. Beker, *Paul the apostle: The Triumph of God in Life and Thought* (Philadelphia: Fortress, 1980), 149.

바울의 소망은 우주적인 의미가 있다. 결국, 이것이 하나님의 "영광"을 바라는 바울의 소망이다. 바울은 이 소망을 율법과 선지자들(히브리/구약 성경)로부터 빌려온 언어를 사용하여 "새로운 피조물"(갈 6:15; 고후 5:17)로 표현한다.

이 소망은 그리스도가 재림하셔서 그의 죽음과 부활 가능하게 하신 하나님의 영광스러운 미래를 완전히 체험하게 하실 때 온전히 성취될 것이다. 그때까지, 신자들은 십자가를 바라보면서 믿음과 사랑의 백성으로 살아가고, 부활과 높이 들림과 마지막 구속에 나타날 하나님의 영광을 내다보며 소망의 백성으로 살아간다.[220]

8) 공동체, 사회, 세상 속 매일 십자가의 삶을 표현하는 소망

고대에는 고난이 인격 형성에 기여하는 학교 역할을 할 수 있다는 생각이 널리 퍼져 있었다.

그러나 로마서 5장 1-5절에서 바울은 단순히 고난이 인격을 만들어 낸다고 말하지 않는다.

> … 우리가 환난 중에도 즐거워하나니 이는 환난은 인내를, 인내는 연단을, 연단은 소망을 이루는 줄 앎이로다(롬 5:3-4).

---

[220] Gorman, 『삶으로 담아내는 십자가』, 537.

오히려 그는 고난이 결국 소망을 만들어 냄을 강조한다. 고난은 그 본질상 소망의 보증이다.

또한, 고린도후서 1장 8-10절에서 바울은 고난이 신뢰 내지 믿음의 근원이 된다는 점에서 고난의 목적과 의미를 발견한다. 로마서 5장에서와 마찬가지로 고난을 소망을 가르치는 선생이요 보증인이라고 주장한다. 바울의 체험에 비춰볼 때, 현세의 고난들은 끊임없이 소망을 따라서 자기를 포기하도록 만들어 간다. 그러므로 바울은 데살로니가 사람들에게 그들이 품은 소망에 합당하게 살아가라고 일깨워 준다.

사도 바울은 데살로니가전서 5장 1-11절, 로마서 13장 11-14절, 고린도전서 6장 13-14절에서 몸을 입고 살아가는 현재의 삶은 미래를 내다보는 소망 속에서 깨어 있어 자기를 내려놓고 자기주장을 포기하고 주를 "위해" 살아가는 삶이요, 주와 "함께"하는 실존을 온몸으로 구현하는 것이라 말한다.[221]

이런 소망은 다른 신자들 그리고 모든 피조물과 연대하게 한다. 십자가를 본받는 삶의 소망은 공동체가 그리스도와의 연대를 체험하는 것이라는 점에서 다른 사람들과의 연대를 체험하는 것이기도 하다(고후 1:4-5).

실제로 바울은 그가 섬기는 공동체들이 고난과 소망 속에서 연대하는 공동체가 되기를 기대한다. 로마서 12장 12-15절에서 바울이 볼 때, 보복하지 않는 것이 신학이나 체험 면에서 의미가 있을 때는, 오직 십자가를 본받는 삶의 소망이라는 맥락 속에 들어 있을 때뿐이다.

---

[221] Ibid., 537-41.

그리고 고난과 소망은 모든 피조물이 갈망하며 탄식하는 것에 근거하고 있으며, 그런 갈망 섞인 탄식의 부분 집합이라고 말한다(롬 8:22-23). 이는 신자들의 공동체가 고통 중에 있는 사람들, 위기에 빠진 세계, 위험에 처한 환경 등등의 모든 피조물과 자신을 동일시하고 그들과 함께 고난을 겪어야 한다는 것을 의미한다.

그렇기에 십자가를 본받는 삶의 소망은 사명을 함축한다. 십자가를 본받는 삶의 소망은 단지 종말론적 백일몽이 아니다.[222] 신자들이 서로 연대하여 주님 오시는 그날까지 소망을 잃지 않으며 함께 고난을 극복하고 십자가의 능력으로 사랑을 견지하며 이루어 나가야 하는 믿음의 삶이다.

십자가를 본받는 소망은 제국의 종말론을 거부한다. 초기 신자들은 예수님이 아니라 황제를 구원자로 인정하라는 유혹을 끊임없이 받았다(참고, 빌 3:20). 팍스 로마나(Pax Romana), 곧 로마의 힘에 의한 평화 유지를 소망하라는 유혹이다.

이에 대해 바울은 데살로니가와 고린도와 빌립보와 로마에 있는 성도들에게 다른 소망, 곧 십자가를 본받는 소망을 받아들이라고 촉구한다. 그 소망은 폭력이 아니라 십자가를 본받는 삶의 사랑과 십자가를 본받는 삶의 능력에 그 근거를 둔 것, 황제가 아니라 예수님 안에서 하나님께 충성하는 이들에게 참된 평안과 안전을 제공해주는 것이었다(참고, 살전 5:3).

바울이 볼 때는 이것이 곧 확실한 소망, 현재의 고난이 신비롭게도 장차 임할 참된 영광, 로마의 영광이 아니라 하나님 영광의 첫 열매이자 보증인

---

222 Ibid., 542.

임을 확신케 해주는 것이다.[223]

그러나 이 소망의 시제는 "이미 그러나 아직 아니"(already but not yet)다. 그러므로 소망을 냉정하면서도 기쁘게 여겨야 한다. 거의 모든 바울 해석자들은 바울을 소위 "종말론적 유보"(eschatological reservation), 곧 "이미 그러나 아직 아니"(already but not yet)라는 그의 체험의 후반부(아직 아니)를 강조한다. 지금은 거울로 보는 것 같이 희미하지만, 그 때에는 얼굴과 얼굴에 대하여 보게 될 것이고 지금은 부분적으로 알지만, 그때에는 온전히 알게 될 것이다(고전 13:12).[224]

그러므로 십자가를 본받는 삶의 소망은 비록 그 영광이 멀리 있는 듯이 보이도록 만드는 바로 그 고난이 사실은 그 영광이 아주 가까이 있음을 보여주는 증거임을 의미한다. 고난은 두려움이 머무는 상태가 아니라 영광이 이르는 상태다. 그렇기에 십자가를 본받는 삶의 소망을 가진 이들의 태도는 분명히 드러나게 될 것이다. 데살로니가전서는 분명한 태도로써 소망을 가진 이들의 특징을 다섯 가지로 제시한다.

아래는 미래에 대한 확고한 소망을 가진 이들의 삶의 모습이다.

첫째, 그 미래를 준비할 것이며, 그들의 일상의 삶에서 그것을 미리 내다볼 것이다(살전 5:1-11).

둘째, 제국의 주 혹은 그의 친구들과 대리인들이 어려운 요구를 해오거나 위협을 가할 때에도 주 예수님께 끝까지 충성할 수 있다.

---

223 Ibid., 543.
224 Ibid., 544-45.

셋째, "힘이 없는 이에게 주어지는 새로운 사회적 정체성"을 자신의 것으로 수용할 수 있으며, 권력 기관이나 세상 권세를 두려워하지 않는다. **넷째**, 하나님께서 재판장이심을 알기에 보복하려는 마음을 다스릴 수 있다(살전 5:15). 그래서 소망 때문에 구별된 공간인 믿음의 공동체는 또한 평화의 공동체이자 평화를 존중하는 공동체다.

다섯째, 계속해서 기뻐하며, 기도할 때마다 감사할 수 있는 특권과 가능성을 가지고 있다(살전 5:16-18). 왜냐하면, 그들의 현재 삶과 미래의 운명이 사랑이 풍성하시며, 신실하시고, 구원을 베푸시는 하나님의 손에 달려있기 때문이다.[225]

십자가를 본받는 삶의 소망을 가진 이들은 포기하지 아니하고 예수님께서 보여주신 십자가의 능력으로 사랑을 견지하며 어떤 위협과 고난 속에서도 믿음으로 전진해 나갈 뿐만 아니라 공동체, 사회, 세상에 이르기까지 신앙생활 전반에 걸쳐 성숙한 영성의 결과를 나타낸다.

9) 네 번째 덕목의 결론

십자가를 본받는 삶의 소망 근거는 하나님이 뒤집으시는 반전 행위들에 있다. 이런 행위들은 성경이 계시하였고, 죽음-부활, 굴욕을 당함-높이 들림이라는 예수님의 체험이 가장 완전하게 알려주었다.

---

225 Gorman, 『삶으로 담아내는 복음』, 186.

따라서, 이것은 소망이 본래 십자가를 본받는 삶의 소망임을 의미한다. 바울은 신자들과 온 우주의 미래는 참으로 영광스러우리라는 확신을 품고 기쁘게 각 교회들에 보내는 편지를 쓸 수 있었다.

그래서 그리스도인들은 확신을 품고 기쁘게 십자가를 본받는 삶을 따를 수 있는 것이다.[226]

십자가는 우리에게 지금이나 마지막 날에는 정의가 실패하거나 사랑이 좌절될 가능성이 없음을 확신시켜 준다.[227] 이런 소망은 이미 구약성경에서부터 예언해 왔던 소망의 결과인 평화로 드러났고 또한 드러날 것이다.

이런 소망의 결과는 구약의 예레미야 선지자를 통해 새 언약(렘 31:31)을 통한 평화로 결부 지어 결과를 기대했고, 예수 그리스도를 통해 진행되었으며, 또 장차 완전히 이루어질 것이다.

그 소망은 또한 이미 구약의 이사야서와 에스겔서에서 나오는 대로 예수 그리스도의 십자가를 통해 성취되었고, 성취될 것이다.

고먼은 성취될 소망의 결과인 평화를 다음과 같이 정리한다.

(1) 기쁜 소식으로서 평화(사 52:7)
(2) 하나님 혹은 하나님의 아들/다윗 같은 왕/대리인의 평화로운 통치로서 평화(이를테면, 사 9:6-7; 11:1, 10; 32:1; 52:7)
(3) 사랑이 많으신 이스라엘의 하나님과 화해된 언약 관계로서 평화(사 54:10)

---

226 Gorman, 『삶으로 담아내는 십자가』, 545.
227 Stott, 『그리스도의 십자가』, 409

(4) 이스라엘의 적으로부터 구원되는 것으로서, 이스라엘의 적을 타도하는 것으로서의 평화(사 9:4-5; 11:4b, 14-16)

(5) 이스라엘의 속량/회복(이를테면, 사 9:2-3; 11:10-13, 16; 52:9; 65:18). 그리고 하나님의 구원에 이방인/열방/땅끝이 포함되는 것(이를테면, 사 2:2-3; 9:1-2; 52:10)으로서의 평화

(6) 자연의 적들/그동안 분열되어 있던 자들 사이의 화해로서 그리고 그 결과인 조화로서 평화(사 11:6-9, 13; 65:25)

(7) 폭력의 부재로서 평화(이를테면, 이사야 2:4a; 9:7; 11:3b-4a, 5; 32:1, 16-17; 60::17; 참조, 59:6-8)

(8) 의와 정의를 포함하는 평화(이를테면, 이사야 2:4a; 9:7; 11:3b-4a, 5; 32:1, 16-17; 60:17; 참조, 59:6-8)

(9) 안전/평안으로서 평화(이를 테면, 사 11:6-9; 32:18; 54:12; 65:19b-23, 25)

(10) 하나님/하나님의 영을 통해 가능해지고 하나님의 임재를 포함하는 실제로서 평화(이를테면, 사 11:2; 32:15; 52:8)

(11) 기쁨이 넘치는 번영과 풍요, 구원 그리고 나아가 새 창조로서 평화(이를테면, 사 52:8; 55:12-13; 60:18; 65:17-18, 21-24)[228]

이미 그리스도의 십자가를 통해 보여주셨듯이, 장차 하나님께서는 소망을 품고 십자가의 삶을 살아가는 모든 신자의 억울함을 푸시고, 최후에 심판하실 것이며, 온전한 하나님의 나라를 이루실 것이다.

---

228 Gorman, 『속죄와 새 언약』, 241-42. 이사야서와 에스겔서의 소망으로서 평화를 이루는 것을 신약 바울 본문과 누가 본문(누가복음, 사도행전)에서 어떻게 언급하고 있는지는 『속죄와 새 언약』 6장 평화의 (새)언약 부분에 잘 나타나 있다.

그뿐만 아니라, 그리스도의 십자가를 통한 하나님의 사랑에 겨워 감사하며 합당한 헌신과 충성을 드릴 것이다. 그 소망을 따라 인내와 오래 참음이라는 열매를 거두며 심지어 아픔과 고통을 감내하고 이겨내어 정복하는 능력의 삶을 살게 될 것이다. 그렇게 하나님의 영광을 보게 될 것이며 영광에 참여하게 될 것이다. 이것이 십자가를 본받는 소망의 삶이다.

십자가를 본받는 삶의 소망은 억울함을 참지 못하며 분내며 현재에 모든 것을 해결해야 한다는 소송이 넘쳐나는 한국 교회에 경종을 울린다. 여전히 갈 길이 먼 상태다.

정말 억울한 일이 있고 그것을 도무지 참을 수 없으며 교회의 치리를 신뢰할 수 없다면, 검증된 기독 법조인들로 구성된 한국 '기독교화해중재원'에 의뢰하도록 하는 제도를 두었다. 한국 '기독교화해중재원'은 교회와 성도들의 소송을 안타깝게 여긴 기독 법조인들이 만든 공적 기구로서, 대법원의 위임을 받아 화해 조정을 진행한다.

그러나 2020년 한 해, 한국기독교화해중재원의 활동 실적은 법원에서 의뢰한 사건 20건, 교회에서 의뢰한 사건 2건 정도로 매우 저조했다[229]고 한다. 서로 간에 화해와 존중이 없었다.

이런 현실은 그리스도인들이 얼마나 소망 없이 살아가는지를 스스로 인정하는 셈이다. 현재에 집착하고, 억울함을 참지 못하고, 뒤엎으실 하나님의 역사를 기대하지 않기 때문에 믿음이 없는 것이다.

십자가를 본받는 삶의 소망은 스스로 신뢰를 무너뜨리며 그리스도의 사랑을 저버리는 교회를 향해 참 믿음이 무엇인지, 참 능력이 무엇인지를 보

---

[229] 한기채, 『한국 교회 7가지 죄』, 140.

여주고 설득한다.

성령 하나님은 그의 백성을 화해와 화목으로 이끄신다. 소망함으로 사랑을 이뤄내도록 하신다. 그렇게 사랑하시도록 능력을 베푸신다.

제5장

십자가를 본받는 삶과 공동체

하나님은 그리스도의 십자가를 통해 거룩한 민족을 뛰어넘는 공동체를 창조하셨다. 유대인과 이방인이 어우러지고, 빈부 격차를 초월하고, 남녀노소를 불문하고 모두가 예수 그리스도를 주라 고백하며 한 형제자매로 불리는 영적 가족으로 부르셨다.

모든 믿는 이가 "이미와 아직"의 긴장 속에서, 여전히 부족함을 느끼지만 주님께서 주신 은사를 따라 서로를 사랑하면서 세워가고 하나님께서 기뻐하시는 공동체, 하나님의 대안 사회,[1] 하나님의 새로운 사회, 하나님의 나라를 이루어간다.

안타까운 것은 오늘날 한국 교회에 기독교인의 정체성은 가지고 있지만 교회에 출석하지 않는, 소위 가나안 성도가 늘어가고 있다. 십자가를 본받는 삶으로서의 신앙이 아닌 세상적 가치관에 따른 이기적인 신앙이 되니

---

[1] David Watson, 『제자도』, 문동학 역 (서울: 두란노, 1998), 40. David는 교회공동체를 하나님의 대안 사회로 본다.

교회에 대한 지식적인 이상은 높지만 자기에게 맞지 않는다며 배척하고 교회를 떠나면서, 서로에게 원인이 있다고 비난하다보니 신뢰가 무너지고 교회의 신뢰가 상실되는 결과들이 발생하고 있다.

필자는 미국에서 목사 안수를 받아 교회를 세우고 사역하다가 교회를 접고 식당을 운영하는 목사의 사모를 만나 신앙 상담을 한 적이 있다.

그분은 남편의 신학에 필적할 만한 신앙적 지식을 가지고 있었다. 대화를 시작함과 동시에 예수님의 가르침의 핵심을 자랑하듯 늘어놓았다. 그러나 교회는 다니지 않는다. 주님의 몸 된 공동체를 찾을 노력을 포기한지도 오래된 것 같았다.

본인이 남편과 함께 교회를 세우고, 잘 운영해 보려고 했다가 큰 상처를 받고 남편과도, 성도들과도 불화만 일어나서 교회를 접었을 뿐만 아니라 교회를 나가지 않는다고 강변하였다.

그분의 말씀을 가만히 들으면서 결국 말씀과 괴리된 삶과 공동체 의식이 그러한 결과를 낳았다는 생각을 하게 되었다. 그분에게 있어 복음은 듣고 배우기는 했지만 순종하고 실천해야 할 태도보다는 머릿속에서 사유화를 거쳐 자기 행동을 합리화하기 위해 지식화된 느낌이었다.

하나님께서 세우신 교회가 어떤 곳인지, 교회를 세우기 위해서 어떤 대가를 치르셨는지 그리고 그의 백성이 되면 왜 교회에 속해야 하고, 그의 백성이 더불어 하나님께서 기뻐하시는 교회를 세워나가야 하는지를 생각해 보게 된다.

헨리 나우웬의 말처럼 십자가를 본받는 삶을 통해 하나님께서 원하시는 새로운 인류, 새로운 사회를 이루어 가야 한다.

우리는 서로에게 속해 있다. 우리는 자신의 십자가를 지고 그분을 따라야 하며, 그리하여 우리가 마음이 온유하고 겸손한 분으로부터 배우는 진정한 형제임을 발견해야 한다. 이것이 바로 새로운 인류가 탄생할 수 있는 유일한 길이다.[2]

교회가 새롭게 되고 하나님의 말씀을 따라 십자가를 본받는 삶을 살아가는 공동체를 세우는 것은 한국 교회의 신뢰 회복을 위한 필수 조건이다.

1. 십자가공동체

예수 그리스도께서 십자가에 못 박혀 죽으심으로 자신을 주심은 모든 불법에서 우리를 구속하시고 우리를 깨끗하게 하사 선한 일에 힘쓰는 친 백성이 되게 하기 위해서다(갈 2:20, 딛 2:14, 행 2:40-41).

따라서, 그가 십자가에서 자신을 주신 목적은 단지 고립된 개개인을 구원함으로써 그들을 영원토록 고독하게 하려는 것이 아니라, 그 구성원들이 그분께 속하고, 서로 사랑하며, 열심히 세상에 봉사하는 하나의 새로운 공동체를 만들어 내는 것이었다.[3]

십자가의 삶을 본받는 공동체, 곧 믿음과 사랑, 능력과 소망이라는 덕목을 실천하는 공동체의 모습이다. 그러므로 그리스도의 공동체는 곧 십자

---

2 Nouwen, 『예수님과 함께 걷는 삶』, 30.
3 Stott, 『그리스도의 십자가』, 318.

가공동체다. 그것은 십자가에 의해 생겨났으므로, 계속해서 십자가에 의해, 십자가 아래에서 살아간다.[4]

수직적으로는 오직 하나님만을 사랑하고 수평적으로는 모든 사람, 심지어 원수까지도 사랑한다. 십자가의 은혜는 인종과 성별, 사회적, 법적 지위와는 상관없이 사람들을 결합시킨다(고전 12:13).

하나님의 은혜는 각 구성원이 그리스도의 사랑으로 인해 일치된 가치를 가지는 공동체, 옛 분열을 뛰어넘어 새로운 형태의 명예와 지지가 활성화된 공동체를 창조한다.[5]

그렇기에 자기네끼리, 자기들의 목적을 위해 모여 성과를 얻고 누리는 회사나 동호회와 같은 단체가 아니라 일반적으로 잘 드러나지 않거나 가치 없이 여겨진 사람, 곧 가난한 자들과 약한 자들에게 특별한 관심을 갖고 그들을 도우며 함께 어우러지는 공동체다.

1) 공동체적 영성인 십자가를 본받는 삶

바울은 물론 개인으로 존재한다. 그러므로 그는 신자 한 사람 한 사람이 그리스도 이야기를 온몸으로 살아내기 기대했다. 그렇지만 십자가를 본받는 삶이라는 말로 대변되는 그의 영성은 근본적으로 공동체 영성이라는 특징을 갖고 있다.

---

4 Ibid., 319.
5 Barclay, 『바울과 은혜의 능력』, 287.

바울의 사명은 단지 십자가를 본받는 삶을 사는 개인들을 만들어 내는 메시지를 전하는 것만이 아니었다. 오히려 그의 사명은 만유의 참되신 주님인 예수 그리스도, 이스라엘의 하나님과 동일하신 분이요, 사이비 주인 로마 황제와 대조되는 그분의 복음을 선포함으로써, 만인이 보는 가운데 십자가를 본받는 삶을 살아가는 대안적 공동체들을, 이 참되신 주님이 생명을 주시고 다스리시는 공동체를 형성하는 것이었다. 따라서, 이 공동체들은 이스라엘과 연계하여 존재할 수밖에 없었고, 로마제국 및 문화와 대척점에 있을 수밖에 없었다.

결국, 십자가를 본받는 삶은 본래 공동체적 영성이요 심지어 정치적 영성이다. 서로 사랑하여 상호간의 이해를 조정하고 서로의 질서를 바로 잡아 나간다는 의미에서 그렇다.

그래서 십자가를 본받는 삶은 로마의 힘과 소망을 담은 이데올로기들과 현실들에 도전을 던진다.[6]

십자가공동체의 삶 전체, 즉 예수님 안에서의 삶 그리고 그들 안에 내주하시는 예수님(요 15:1-10)과 함께하는 삶 전체가 자신을 내준 예수님의 죽음, 그 사랑의 죽음에 계속해서 동참하는 것임을 알 수 있다.

누군가에게 자신의 발을 씻도록 맡긴 행위는 실은 참여의 사건으로, 예수님의 사랑과 섬김의 죽음 안으로 세례 받는 것이다. 이 죽음에 참여하는 것이 제자들이 그들의 친구와 원수를 사랑하는 방식이며, 그들이 죄 용서를 받고 또한 타인을 용서하는 방식이다.

---

6 Gorman, 『삶으로 담아내는 십자가』, 549-50.

그뿐만 아니라, 선교와 복음 전파를 행하는 방식, 선한 행위의 열매를 맺는 방식, 증인이 되고 박해를 견디는 방식이며 기도하는 방식이다. 한마디로 그분을 따라 그들이 사는 방식이다.

만약 예수님께서 제자들을 향해 불렀던 것처럼 "친구들"(요 15:13-15)이 그 우정을 계속해서 지켜나간다면, 급진적 종 됨의 전형인 예수님의 사랑의 행위가 틀림없이 각 개인과 공동체의 삶을 형성하는 틀이 될 것이다.[7]

예수 그리스도를 통한 친구들, 곧 새 언약에 속한 사람들은, 근본적인 의미에서 볼 때, 그들이 살고 있는 시대에 속하지 않은 사람들이다(롬 12:1-2). 그들의 정체성, 가치관 그리고 행동들은 이미 현존하고 있는 미래로부터 온 것이다. 바울이 체험한 교회 모습, 바울이 꿈꾸는 교회상은 이런 종말론적 실재, 마지막 때의 실재에 근거한다. 미래가 현존하고 있다. 이 실재를 시작한 사건이 십자가다(갈 1:4; 고후 5:11-21).

그러므로 새 창조를 구현한 세상에 사는 것은 곧 십자가를 구현한 세상에 사는 것이다.[8] 아직 완전하지는 않지만 그 그림자를 보여주는 곳이 교회이고, 곧 십자가를 본받는 공동체다. 이런 믿음과 소망을 바탕으로 한 사랑을 추구하는 것이 십자가를 본받는 공동체의 영성이다.

---

7   Gorman, 『속죄와 새 언약』, 215.
8   Gorman, 『삶으로 담아내는 십자가』, 557.

2) 변혁적인 결과를 가져오는 공동체성

바울은 "그리스도 안에" 있음이 공동체적 성격을 갖고 있음을 발견했다. "그리스도 안에" 있다는 것은 인격 대 인격의 개인적 관계지만, 그렇다해도 이 관계는 개인의 사사로운 소유물이 아니다.

"그리스도 안에" 있다는 것은 그리스도 이야기가 만들어 낸 공동체 안에서 살아간다는 것이지, 단순히 그리스도와 "개인적 관계/사귐"을 갖는다는 말이 아니다.

예수님을 믿고 회심을 경험하게 되면 그에 따른 즉각적인 행동이 나타나는데 그것은 바로 교회공동체에 가입한다는 것이다. 바울이 다메섹 도상에서 예수님을 만나고 눈이 멀어 환상에 빠진 상태였을 때 그는 아나니아를 만난다(행 9:10-16). 그때 아나니아는 바울을 기독교공동체에 받아들이게 된다. 며칠 전까지만 해도 교회의 악독한 원수로 알려진 이 사람을 가리켜 아나니아는 '형제 사울'로 소개했다. '형제'라는 말은 물론 기독교인들이 서로를 부르는 말이다. 아나니아는 바울을 예수님의 제자 중 한 명으로 환대했다.[9]

예수님을 믿고 따르는 출발점에는 성경적으로 볼 때 언제나 공동체가 함께 있다. 그때와 마찬가지로 오늘날도 공동체는 함께 있어야 한다.

그런데 서론에서 지적했듯이 오늘날 한국 교회가 신뢰를 잃어버린 탓에 소위 가나안 성도라 불리는 이가 많아지고 있다. 특히, 젊은이들에게서 이런 일이 더 많이 발생하고 있다.

---

9 Peace, 『신약이 말하는 회심』, 137.

이것이 한국 교회의 비극적인 현실이다. 어그러진 교회상이 회복되어야 한다.

십자가의 은혜는 세상과의 관계와 달리, 인간의 관계 속으로 들어가서, 성령의 역사에 의한 God's New Society의 새로운 관계를 준비시킨다. 그리하여 사람들은 더 이상 세상적인 계층 구조에 따른 가치에 근거해서 취급 당하지 않고, 권력이나 명예를 쟁취하기 위한 경쟁적인 다툼에 의해서도 취급 당하지 않는다.

그러므로 교회는 세상 속 일반적인 모습과는 전혀 다른 하나님에 의해서 세워진 공동체다.

그리스도 안에 있음이 갖는 이런 공동체적 성격은 십자가를 본받는 삶이 본래 관계라는 특성을 갖고 있다는 점과 부합하는 것이기도 하다. 십자가를 본받는 믿음은 다른 사람들을 향하여 십자가를 본받는 사랑으로 표현될 때에 비로소 완전해진다.

십자가를 본받는 사랑과 십자가를 본받는 삶의 능력은 다른 사람들을 위하여 존재하는 방식들이요, 약한 자들, 더 큰 몸인 공동체 그리고 원수들에게까지도 헌신을 표현하는 것들이다. 심지어 십자가를 본받는 삶의 소망은 자기 한 사람의 운명보다 훨씬 더 광대한 미래상을 요구한다.[10]

철저히 공동체적인 것이다. 그렇기에 바클레이는 이를 "비상응적 은혜 공동체"라고 제시한다. 이것은 십자가를 본받는 그리스도 공동체의 모습과 연결된다.

10　Gorman, 『삶으로 담아내는 십자가』, 550-51.

(그리스도의 십자가) 은혜의 선물은 인간의 관계 속으로 들어가서, 성령의 역사에 의한 사회적 관계의 새로운 양식을 준비시킨다. 그리하여 사람들은 더 이상 가치에 대한 (그리스도의 선물에 의해서 이미 그 효력이 무시된) 이전의 계층 구조에 근거해서 취급 당하지 않고, 명예를 쟁취하기 위한 경쟁적인 다툼에 의해서도 취급 당하지 않는다. 이들은 일반적인 모습과는 다르게 세워진 공동체다. 차별적으로 가치를 부여 받고 평가받는, 전형적인 가치 표준으로부터 해방되었기 때문이다. 바울의 지침들이 새로운 공동체 정신의 개요만을 제공하고 있음에도 불구하고, 이는 그리스도 사건이 변혁적인 결과를 가져온 공동체들의 형성과 잘 어울린다.

여기서 "믿음의 가정"(갈 6:10)은 "율법 아래에"(갈 5:18) 있지도 않고, 주변의 문화를 지배하던 경쟁적인 정신에 종속되지도 않는, 새로운 규범을 가진 가정을 가리킨다. 원칙적으로는 모든 사람에게 열려 있지만(갈 6:10), 각각의 새로운 회중에게 이 새로운 사회적 실험을 수행할 영감과 강건함을 준 것은 새롭게 선물 받은 삶-비상응성이라는 사회적 용어로 표현되는-이었다. 만약 "성령과 함께 걸어가는 것"(갈 5:25)이 새로운 세계를 개척한 것이라면, 그것은 반드시 그리스도-선물이 기존의 문화와는 완전히 다른 공동체들의 형성으로 표현될 수밖에 없는 새로운 체제(regime)를 시연해 주었기 때문이다.[11]

바울의 영성은 항상 공동체를 지향하고 있었는데, 이는 그가 목회 서신을 쓰는 방식에 잘 나타난다. 바울은 그의 서신들을 개인이 아니라 공동체에 써 보낸다. 빌레몬서조차도 "우리의 사랑을 받는 자요 동역자인 빌레몬

---

11 Barclay, 『바울과 은혜의 능력』, 174.

과 자매 압비아와 우리와 함께 병사 된 아킵보와 네 집에 있는 교회에"(몬 1:1하-2) 써 보낸 서신이다.

바울은 그의 편지에서 신자들을 염두에 두고 서술하거나 명령한 말들을 거의 모두 2인칭 복수 인칭 대명사인 "너희"로 표현한다. 결국, 내용이나 문법 표현으로 볼 때, 바울의 영성은 확실히 공동체성 또는 집단성을 띤다.[12]

바울은 자신과 다른 사도들이 세운 공동체들이나 종말의 때에 세워질 하나님의 이스라엘(갈 6:16), 선지자들이 약속하고(렘 31:31-34; 겔 11:14-21; 36:22-32; 고전 11:25; 고후 3:6), 특히 묵시주의 사상을 가진 모든 유대인이 고대했던 "새 언약" 공동체들의 일부를 이루고 있다고 확신했다.

바울이 볼 때, 그 교회는 "새 시대를 여는 새벽"이요 "하나님 나라의 청사진이자 교두보"이며 "하나님이 통치하실 미래를 내다보며 마지막 때를 예비하는 잠정적 공동체"였다.[13]

처음 이스라엘이 닻을 올릴 때와 마찬가지로, 하나님은 이 새 시대의 공동체에게 세상에서 독특하고 특이한 소수로 존재하라고, 하나님을 향하여 거룩히 구별되고 그 거룩함과 내부 통일 때문에 다른 문화 및 다른 시대와 구별되는 공동체로 존재하라고 요구하셨다.[14]

바울은 이 공동체가 지녀야 할 모든 특징을 고스란히 보여주는 것이 십자가를 본받는 삶이라고 본다. 십자가를 본받는 삶은 그 공동체의 독특성

---

12 Gorman, 『삶으로 담아내는 십자가』, 551.
13 Beker, *Paul the Apostle: The Triumph of God in Life and Thought,* 303, 326.
14 Wayne A. Meeks, *The Moral World of the First Christians* (Philadelphia: Westminster, 1986), 130.

과 하나님을 향한 헌신을 형성한다. 그뿐만 아니라, 십자가를 본받는 삶은 그 공동체 내에서 공동체 존립에 필요한 통일(화해)을 만들어 낸다.[15]

하나님을 사랑하고 이웃을 사랑하는 그 통치 원리가 이루어지기 때문이다. 이 공동체는 서로 하나가 되는 화해를 중심으로 하고 있다.

그래서 라이트는 바울의 교회론, 즉 교회에 대한 비전의 중심에 화해의 신학이 있다고 주장한다.

> 나는 (1) 바울의 실천적 목표가 특정한 유형의 공동체를 창조하고 유지하는데 있었고, (2) 그 공동체를 창조하고 유지하는 수단이 다름 아닌 화해라는 핵심 개념이었으며, (3) 그가 성령이 거주하는 메시아 백성으로 간주한 이 공동체들이, 적어도 그의 마음속에서는 그리고 아마도 또한 역사적 현실에서도, 새로운 유형의 실체를 구성했다고, 그래서 새로운 유형의 철학과 종교와 정치 그리고 이들을 조합한 새로운 유형의 실제를 … 새로운 유형의 유대인다움을, 새 언약 공동체를, 새로운 유형의 기도에 뿌리 내린 공동체를 구현했다고 주장하고 싶다.[16]

바울의 복음과 영성은 집단성, 곧 공동체성을 띠고 있다. 바울이 교회에서 체험하는 이 교회가 한 몸이라는 사실이다. 이 사실은 당대 정치 질서에 도전을 던지는 것이기에, 정치적인 면이 있고, 또한 정치적 언어 내지

---

15 Gorman, 『삶으로 담아내는 십자가』, 552.
16 N. T. Wright, *Paul and the Faithfulness of God*, Vol. 4 of Christian Origins and the Question of God (Minneapolis: Fortress, 2013), 1476.

신정(神政) 언어로 표현할 수 있다.[17]

교회는 하나님의 의해 세상적 가치를 따르지 아니하고 이를 뒤집는 새로운 God's New Society로 세워진 변혁적인 공동체다.

2. 십자가를 본받는 삶을 살아가는 공동체들

1) 가정으로서의 공동체

바울은 단순히 개인을 구원하거나 복음으로 인도하는 데 그치지 않고 복음을 통해 십자가를 본받아 살아감으로써 대안을 제시하는 공동체들을 만들어 내기 시작했다. 초대 교회 시절 이런 공동체들은 겉으로 보기에는 아무런 해도 끼치지 않는 "가정교회" 형태를 띠고 있었다.

이 가정교회들은 기도와 성경 읽기, 사도의 보고와 서신 접수, 가르침과 격려, "주님의 만찬"에 참여하고 함께 식사하기, 가난한 이들을 돕기 위한 연보 및 이와 관련된 활동을 포함한 여러 가지 목적을 이루고자, 공동주택이나 이보다 큰 가정에 모인 그룹들이었다.

따라서, 바울이 이런 공동체 체험을 묘사할 때 사용하는 핵심 용어들은 본질상 종교적인 뿐 아니라, 사회적 심지어 정치적 성격을 지닌다. 바울에게 특히 중요한 것은 교회를 "새로운 피조물"로, 예수를 주로 고백하고 예배하는 공동체로, 에클레시아(모임, 총회, 집회; assembly)이자 폴리스(도시;

---

17 Gorman, 『삶으로 담아내는 십자가』, 554.

city)로, "몸"으로 그리고 "가정"으로 체험하고 있다는 점이다.[18]

이 공동체는 새 창조, 곧 새로운 피조물이다. 하나님은 그리스도 안에서 범상치 않게 역사 속으로 뚫고 들어오셨다. 덕분에 바울과 그의 형제 신자들은 이 시대와 장차 임할 시대가 "이어지는 시기" 또는 "중첩되는 시기"에 살고 있는데(고전 10:11) 이들에게 새 언약이 수립되었다.

그리고 이 새 언약은 하나님의 옛 백성들이 예수의 신실하심에서 분명히 나타난 하나님의 신실하심에 믿음으로 응답할 경우, 이 옛 백성들을 새롭게 한다. 이와 똑같은 특권들이 이방인들에게까지 주어졌다. 누구든지 그리스도 안에 있으면 새로운 피조물이다(고후 5:17).[19]

십자가를 본받는 공동체는 가족공동체다. 바울은 평등과 상호 관심 체험을 가족이라는 언어로도 이야기한다. 그는 그리스도 안에서 이루어지는 공동체의 삶을 가족의 삶으로 체험했다. 그는 그와 같은 신자들에게 교회를 대행 가족 내지 대안 가족으로 "피붙이가 아닌 형제 자매들로 이루어진 사회"로 이해하도록 권면한다.[20]

바울은 그들에게 서로 먼저 존경함으로써(롬 12:10) 서로 피붙이 가족처럼 대하라고 요구한다. 신자들은 가족 구성원으로서 "형제간의 가치에서 핵심이 되는 강한 성실과 상호 존경"을 체험하곤 했다. 피붙이가 아니면서도 형제가 된 이 신자들은 십자가를 본받는 삶을 실천한다.

---

18 Ibid., 554.
19 Ibid., 556.
20 S. Scott Bartchy, "undermining Ancient Patriarchy: The Apostle Paul's Vision of a Society of Siblings, "Biblical Theology Bulletin 29(1999): 68-78을 보라. "대행 가정" 그리고 특히 "대안 가정"은 사회과학자들이 자주 사용하는 "유사 가정"(fictive Family) 이라는 명칭보다 오히려 더 바람직한 명칭이다.

바울의 교회는 개인주의자들의 공동체가 아니라, 밖으로 밀려난 사람들 (사회적 상식과 달리 행동하는 사람들)의 공동체다. 교회는 십자가와 십자가가 상징하는 모든 것을 거부하는 문화 속에서 도리어 십자가를 본받는 삶을 살아가는 공동체다.[21]

교회는 가족이기에 궁핍한 자를 향한 환대와 사랑을 가능케 한다. 가족 공동체를 형성하는 이런 영성은 참여적 영성으로서, 상호 내주의 영성 혹은 상호 거주의 영성이라 할 수 있다(요일 3:24; 4:16).[22]

예수 그리스도께서 내주하시는 사람들이 서로 연결되어 서로 거주하는 형태의 새로운 가정의 모습이다.

2) 신(우상)들을 향해서는 배타적이고 이웃을 향해서는 포용적인 공동체

이 공동체는 예수님을 주로 고백하고 예배하는 공동체다. 많은 신과 많은 주가(고전 8:5) 존재하던 고대 세계에서 유일신을 섬기는 바울의 유대교는 바울이 회심시킨 이방 세계 사람들도 공유해야 하는 것이다.

> 우리가 우상은 세상에 아무것도 아니며 또한 하나님은 한 분밖에 없는 줄 아노라 (고전 8:4).

21　Gorman, 『삶으로 담아내는 십자가』, 568-69.
22　Gorman, 『속죄와 새 언약』, 187-88.

이 하나님은 십자가에 못 박히신 메시아 속에서 계시되었기 때문에 바울과 그가 섬기는 공동체들 그리고 모든 초기 그리스도인은 "예수가 주님이시다"라고 고백한다(고전 12:3; 롬 10:9; 빌 2:11).[23]

> 우리에게는 한 하나님 곧 아버지가 계시니 … 또한 한 주 예수 그리스도께서 계시니(고전 8:6).

위의 본문을 바탕으로 톰 라이트(N. T. Wright)는 이것을 "기독론적 유일신론"(christological monotheism)[24]이라고 묘사했다.

바울이 성령을 체험했다는 것은 바울이 이 기독론적 유일신론을 오직 "삼위일체를 표현하는"(Trinitarian) 언어로 묘사하도록 인도한 권능이 그에게 이 유일신론을 주입했다는 것을 의미한다. 반면, 다른 신들과 다른 주들을 섬기는 제의 속에 역사하는 능력은 귀신의 능력이다(고전 10:20-21).[25] 그러므로 하나님 외에 그 어떤 것도 신으로 받아들여지는 것에는 철저히 배타적이었다.

바울이 초기 그리스도인들의 예배를 가장 완벽하게 묘사한 대목(고전 8-14장)에 따르면, 공동체는 함께 모여 그들 자신이 통일체임을 표현하고 체험한다. 이런 통일성을 만들어 내는 것은 모든 사람, 즉 이방인과 유대인, 남자와 여자, 노예와 자유인, 부자와 가난한 자, 강한 자와 약한 자들

---

23 Gorman, 『삶으로 담아내는 십자가』, 557.
24 N. T. Wright, *"Monotheism, Christology, and Ethics: 1 Corinthians 8," in The Climax of the Covenant: Christ and the Law in Pauline Theology* (Edinburgh: T&T Clark, 1991; Minneapolis: Fortress, 1993), 129.
25 Gorman, 『삶으로 담아내는 십자가』, 558.

을 향하여 하나님이 사랑을 드러내 보이신 표지인 십자가다.

떡과 잔으로 이루어진 식사, 곧 "주의 만찬"(고전 11:20)은 몇 가지 기능을 한다. 이 만찬은 주님이 십자가에서 자신을 내어주신 사건을 기념하고 선포하는 것이다. 그 사건이 공동체를 세우고, 규정하고, 하나로 묶어준다(고전 11:23-26).

주의 만찬은 지위에 근거한 모든 분열을 초월하여 유일하신 하나님을 표현하는 것이다(고전 11:17-22, 27-34). 주의 만찬은 예배를 구성하는 한 행위로서 그리스도와 그분의 죽음에 참여하는(koinonia, 고전 10:16) 체험이다.

따라서, 이런 공동체에 참여하려면 오직 삼위일체 하나님 외에 주인 삼은 다른 모든 것을 배척해야 한다.[26] 주의 만찬을 통해 공동체는 유일하신 하나님을 고백한다.

"포용성"(여러 제의/종교 의식에 참여할 수 있다는 입장)이 규범이 되었던 문화 속에서, 이런 배타성은 사람들의 신경을 거슬리게 하는 반문화적 태도였다.

바울에게 있어서 "교회"는 다른 종교 집단들과 달랐다. 교회는 모이면 주의 만찬을 행하고, 노래하고, 기도하고, 찬송했으며(고전 14:15-17, 26), 특히 예언(고전 14장의 주된 주제이자 십자가를 본받는 사랑의 영으로 해주는 말로서, 덕을 세우고 격려하며 위로하는 말)을 들었다.

그 모임은 만나서 영예와 지위를 내세우는 고대 문화를 배우는 게 아니라, 한 분 하나님을 예배하고 그리스도의 십자가를 기초로 삼으며 십자가를 본받게 하는 성령이 그 안에 거하는 유일무이한 공동체, 당대의 여러

---

[26] Ibid., 558.

공동체와 다른 공동체로서 존재한다는 것이 무슨 의미인가를 배운다.

다시 말해, 그들은 하나님이 "밖으로 불러내신 공동체"(called-out community), 곧 하나님의 교회(ekklêsia)로서 만난다.[27] '에클레시아'라는 말의 어원은 바로 '밖으로 불러내었다'라는 의미다.

오늘날의 포스트모더니즘적인 사고 방식에 따른 종교 다원주의사상 속에서도 이런 문제가 발생한다. 종교 다원주의는 모든 종교에 구원이 있고, 그것을 상호 인정해야 한다고 강요하고 있다. 놀랍게도 기독교만 모든 사상과 종교들의 정반대편에 놓여있으며, 다른 사람들과 종교들은 연합 전선을 펴고 있다.[28]

불교나 힌두교, 또는 무속 종교와 같은 다신론 혹은 범신론적 사고 속에서는 다양한 신을 인정하고, 구원관에 따른 상호 인정을 받아들일 수 있겠지만, 하나님만이 유일한 신이시고, 예수 그리스도를 통한 구원 외에 다른 구원이 없음(행 4:12)을 성경을 통해 명확히 하는 기독교의 입장에서는 곤혹스러운 상황이다.

그들은 이를 진리가 아닌 관용의 문제로 몰아가고 있기 때문이다. 그들은 관용의 탈을 쓰고 다원주의를 받아들이라고 강요하고 있다.

이런 상황에서, 십자가를 본받는 공동체는 명확한 태도를 취할 필요가 있다. 신들에 대해서는 배타적이지만, 사람에 대해서는 포용적이어야 한다.

---

27 Gorman, 『삶으로 담아내는 십자가』, 559.
28 안점식, 『세계관과 영적 전쟁』 (서울: 죠이선교회출판부. 2016), 365.

이것을 구분하지 못하면 기독교는 관용이 없는, 독단적이고 폭압적인 종교로 오해 받을 여지가 생긴다. 하나님의 공동체는 신들에 대해서는 배타적이지만, 사람들에 대해서는 포용적이어야 한다.

그런데 아이러니하게도, 고린도 교인들은 주의 만찬이 지닌 배타적인(즉 수직적인) 차원을 포용적으로, 포용적인(즉 수평적인) 차원을 배타적으로 변질시켜 이 만찬을 의미 없는 식사로 만들어 버렸다.

향연을 베풀 때, 신에게는 포용적인 태도(화요일에는 세라피스, 수요일에는 아스클레피우스 등)를 보이고, 사람에게는 배타적인 태도(귀족은 통과, 천한 노예들은 불가)를 보이는 것이 당시의 규준이었다. 그런데 이런 모습은 연회의 주최자이신 십자가에 못 박히신 주님의 방식이 아니었다.[29]

사회적 지위와 인기를 이용하여 절이나 성당에 가서 교묘히 종교 다원주의를 용인하는 일부 목사가 있고, 한국 교회 안에 존재하는 끼리끼리 문화를 형성하는 신자들은 당시 고린도 교회의 배타성과 포용성을 혼동하여 교회의 정체성을 상실하고 사회로부터 독단적이고, 이기적이며, 배려가 없는 자기들만의 사회라고 그 신뢰성을 의심 받게 만든다.

십자가를 본받는 공동체는 신(우상)들에 대해서는 배타적이지만, 사람들을 향해서는 포용적인 하나님 사랑, 이웃 사랑의 공동체다.

---

29 Gorman, 『속죄와 새 언약』, 99.

3) 그리스도께서 사랑으로 통치하시는 공동체

십자가를 본받는 공동체는 교회(ekklêsia)인데, 도시(polis)로 표현되기도 한다. 대다수 성경 역본은 '에클레시아'라는 말을 '교회'로 번역한다.

바울은 이 말을 예수를 십자가에 못 박히셨다가 높이 들림을 받으신 하나님의 메시아로 고백하고 예배하는 하나님의 백성들의 총회(집회, 모임 assembly)를 가리키는 말로 쓴다.

바울은 교회를 "주님의 총회", "하나님의 총회"(가령 갈 1:13; 고전 1:2; 고후 1:1)로 본다. 이스라엘 백성들이 "하나님의 총회" 또는 "이스라엘의 총회"로 회집한 것과 마찬가지였다.[30]

도시의 민회와 마찬가지로, 교회는 모일 때마다 그에 속한 시민들에게 열린 광장을 제공하는 동시에, 선포("예언", "교훈", "해석", "계시": 고전 14장), 토론, 로마 법정과 별도로 적절한 "사법"활동이 이루어지는 마당을 제공했다.[31]

이 교회의 "시민들"은 모든 민족, 성, 사회·경제적 지위에 속한 사람들로 이루어져 있다. 누구나 자유롭게 토론하고, 존중하고, 보호 받는 민주적인 공동체의 모습이다.

물론, 교회는 사람들 사이에서는 민주적이지만 하나님의 말씀의 원리를 따른 사랑이 지배하는 신본(神本)주의적 공동체다.

30　Gorman, 『삶으로 담아내는 십자가』, 559.
31　Beker, *Paul the Apostle: The Triumph of God in Life and Thought*, 317, 320.

바울은 제국에 반대하는 관점에서 그리스도 이야기를 전개하면서(빌 2:6-11), 특히 빌립보서를 도시에 반대하는 언어로 서술한다. 그는 (교회라는 도시의) 시민들에게 그들의 국가가 "하늘에"(빌 3:20) 있고, 로마에 있지 않음(하늘에 그들의 국가가 있다는 것은 로마가 그들의 국가가 아님을 암시하는 것이다)을 알려준다. 케어드는 이렇게 말한다.

> 각 지역 교회는 하늘의 식민지이며, 교회 지체들은 하늘에 있는 도시 시민으로서 완전한 시민권을 누린다. 그런 이 지체들은 세상으로 하여금 그리스도의 주권을 인정하게 할 책임을 지고 있다.[32]

신자들이 체험하는 "국가"나 "제국의 통치"는 십자가에 못 박히시고 십자가의 삶을 사신 주 예수님의 국가요 통치다. 신자들이 말하는 도시 헌장은 그리스도 이야기(빌 2:6-11)다. 이 신자들은 그리스도를 전하는 좋은 소식(빌 1:27)인 이 그리스도 이야기에 합당하게 "시민으로서 삶을 살아가라"는 요구를 받는다.

빌립보서의 메시지를 이 서신이 제시한 모든 정치적 언어를 사용하여 요약한다면, 이렇게 정리할 수 있다.

---

32 G. B. Caird, *Paul's Letters from Prison in the Revised Standard Version*, NCB (Oxford: Oxford University Press, 1976), 148. 이에 반해, Fee는 하늘의 "식민지"와 "전초기지"라는 말을 사용하면서, 이 식민지에서 살아가는 삶이 "십자가를 본받는 삶"이라는 특성을 갖고 있음을 강조한다. Gordon D. Fee, *Paul's Letter to the Philippians*, NICNT (Grand Rapids: Eerdmans, 1995), 379.

이제는 이 로마의 식민지 안에서도 하늘에 있는 제국 시민들로 이루어진 식민지 시민으로서 신실하게 살아가라. 너희 주님이시자 구원자, 곧 너희 "황제"는 예수님이시다.

그분이 십자가에서 보여주신 믿음과 사랑과 능력과 소망 패턴은 너희가 사는 식민지 도시의 헌장이다. 너희는 이 헌장을 따라 살아갈 때, 한 몸으로 단합하여 살아갈 것이다. 옥에 갇힌(물론 우리가 노래하고 설교하며 그대로 살아가는 복음은 갇혀 있지 않다) 나 바울과 마찬가지로, 너희가 그리스도를 섬기다가 함께 핍박을 받을 때는 너희가 하나가 되어야 하기 때문이다.[33]

이와 관련하여 본다면 로마서 13장 1-7절 "각 사람은 위에 있는 권세들에게 복종하라 권세는 하나님으로부터 나지 않음이 없나니 모든 권세는 다 하나님께서 정하신 바라…"의 본문은 혁명을 지향하던 1세기 유대인들의 경향과 달리, 교회가 정치적 혁명을 지향한다는 어떤 인식도 거부한다.

오히려, 문맥에 비춰보건대, 교회 밖의 모든 사람에게 마땅히 보여야 할 반응은 복수가 아니라 평화(평강)와 사랑과 선이다. 바울의 비전은 로마에 반대하고, 로마를 제거하고, 로마를 대체하는 것이 아니라 로마의 대안을 만들어 내는 것이다.[34]

그러므로 십자가를 본받는 공동체는 세상을 반대하는 것이 아니라 예수 그리스도의 통치를 통한 대안을 만들어 내는 하나님의 백성이다. 십자가를 통해 보여주신 하나님의 통치 원리인 "사랑"을 통하여 세상을 정복해

---

33 Gorman, 『삶으로 담아내는 십자가』, 562-63.
34 Ibid., 564.

나가는 것이다.

결국, 혁명이나 전쟁이 아닌 그리스도의 사랑이 로마를 정복했다.[35] 예수님의 통치 원리는 사랑이기 때문이다.

4) 차별 없는 참여를 통해 서로를 세워주는 몸공동체

십자가를 본받는 공동체는 그리스도의 몸이다.

바울은 교회를 그리스도의 몸(롬 12:4-8; 고전 11:29; 고전 12장)으로서 십자가에 못 박히셨다가 높이 들림을 받으신 주님이 이 세상에 현존하고 계신 것으로 체험하고 묘사한다.

"몸"이라는 이미지는 고대에 정치적, 사회적 실체를 묘사하는 이미지로 널리 사용되었으며, 오늘날까지 널리 사용되고 있다.

교회라는 몸의 시민들은 자신들의 교회가 로마 및 로마가 표방하는 문화 가치들에 충성하게 하려고 만들어진 것이 아니라, 예수에게 그리고 십자가를 본받는 믿음과 사랑, 십자가를 본받는 삶의 능력과 소망에 충성하게 하려고 하나님에 의해 만들어진 것임을 알고 있다.[36]

교회가 진정 그리스도의 몸임을 보여주는 인증서는 다음과 같다.

첫째, 지체들이 "서로 계발해 주고(세워주고, οἰκοδομή) 서로 도와주는 것"이다. 교회는 부활하신 주님의 공동체로서 주님의 능력을 오로지 약함 속

---

35 4장 각주 69의 내용을 보라. 그리스는 철학과 미학을 낳았고, 로마는 권력을 낳았는데, 기독교는 사랑을 낳았다는 내용이다.
36 Gorman, 『삶으로 담아내는 십자가』, 565.

에 있는 능력으로, 사랑의 능력으로 체험한다.

이런 종류의 정치적 실체, 곧 교회가 갖는 독특성은 십자가가 요구하는 가치관의 뒤집음(a reversal of values)이 그 안에 존재한다는 것이다(고전 12:22-26).

둘째, "차별 없는 참여", "모든 이가 동등하게 그리스도의 제자 됨"이다. 약함과 사랑의 능력은 지위 내지 명예나 권력에 근거한 세상적인 문화를 뒤집어 버린다.[37] 교회는 하나님의 복음을 믿고, 성령을 체험하며, 세례를 받아 그리스도와 한 몸이 된 모든 사람에게 그 문을 활짝 열어놓았다.

이를 통해, 교회는 그곳에 오는 모든 사람들에게 하나님 앞에서 그리고 그리스도의 몸 안에서(고전 12:13, 갈 3:28) 서로 동등한 지위를 부여해 주었다.

십자가를 본받는 공동체는 머리되신 그리스도의 서로 지체가 됨으로써 몸을 이루는 교회다. 또한, 십자가를 본받는 공동체는 차별 없는 참여를 통해 서로를 세워주는 그리스도의 몸이다

---

[37] Ibid., 567.

3. 복음을 증거하는 선교사로서의 교회

1) 빛과 사랑을 전하는 사신(使臣)으로서의 공동체

복음에 합당한 삶은 공동체 안에서만 아니라 공적 영역에서도 십자가를 본받는 사랑의 삶이다. 사랑이 그리스도로 하여금 인간이 되고 또 로마인들의 손에 죽기까지 신실하게 순종하도록 만들었듯이, 그리스도 안에 있는 공동체 역시 말과 행동으로 복음을 신실하게 전하게 될 것이다. 왜냐하면, 사랑이 그들을 그렇게 하도록 만들기 때문이다.[38]

바울은 교회를 "세상의 맹공에 맞서 장벽을 쌓고 외딴 곳에 숨어 있는 수도원"으로 치부하지 않는다.[39]

바울은 자기들만의 집단 영성이라는 형태를 거부한다(물론, 사해 사본을 만들었던 쿰란공동체처럼, 그가 본받을 수 있었던 모델들이 존재했지만, 그래도 그는 이런 공동체 영성을 거부한다). 뿐만 아니라, 사도 바울은 자신과 자신이 섬기는 공동체들이 열방(이방인들)의 빛이 되어야 할 이스라엘의 사명을 구현하길 꿈꾼다.[40]

교회는 복음을 구현하고 복음이 되기를 기대하기 때문에 교회의 정체성은 본질적으로 선교적이다.[41]

---

38 Gorman, 『삶으로 담아내는 복음』, 224.
39 Beker, *Paul the Apostle: The Triumph of God in Life and Thought*, 318.
40 Gorman, 『삶으로 담아내는 십자가』, 569.
41 Gorman, 『삶으로 담아내는 복음』, 42.

교회의 역할을 포괄적으로 "목회적"(pastoral)과 "선교적"(missional)으로 구분하기도 하는데, 만약 넓은 의미에서 "구원"이 모든 기독교 활동의 맥락이자 목표라면, 근본적인 의미에서의 "목회" 활동과 "선교" 활동 간의 보편적인 구분은 사라지고 만다.

왜냐하면, 타인의 궁극적인 유익이 모든 활동의 초점, 즉 인류를 구원하시려는 하나님의 구원 프로젝트라는 실체 안으로 들어오거나 혹은 그 안에서 자라나는 것이 되기 때문이다. 따라서, 바울에게 모든 기독교적 실천은 본질적으로 선교적이다.[42]

바울은 고린도후서에서 자신과 자신의 동역자들을 "그리스도를 대신하는 사신들"(고후 5:18-20)로 규정한다. 사신이라는 언어는 은유 내지 서로 다른 종류의 대리인들(사도들과 사신들)이 가진 공동 요소를 표현하는 말 정도가 아니다. 바울은 자신의 사명을 원수가 점령하고 다스리는 세계 속에 온 우주의 주님이신 예수님의 통치를 확산시키는 수단으로 본다.

그가 쓴 서신들과 그의 "목회 심방"은 로마제국의 질서에 맞서 대안이 되는 사회를 구성하는 이 교회들이 그들의 참된 구주가 재림하시고 하나님 나라가 세워질 때까지 온전하게 유지되도록 돌보려는 그의 책임감을 실증해 준다.[43]

빌립보서에는, 빌립보 사람들의 교회를 주님의 식민지로 언급하는 내용(빌 1:27; 3:20)을 포함하여 정치적 언어들로 가득하다. 사도는 핵심 이야기(빌 2:6-11)를 자세히 이야기 한 뒤에, 교회의 사명을 "흠이 없고 순전하여

---

42 Ibid., 81.
43 Gorman, 『삶으로 담아내는 십자가』, 570.

어그러지고 거스르는 세대 가운데서 하나님의 흠 없는 자녀로 세상에서 그들 가운데 빛들로 나타나는 것"(빌 2:15)이라고 묘사한다.

바울은 교회, 예수님을 하나님이 기름 부으신 그리스도요 하나님이 세우신 주로 인정하는 사람들, 종의 처지에서 구원 받아 "패역한 세대"에게 증언하는 사람들이 이방인의 빛(사 42:6; 49:6)이라고 생각한다.[44]

그리스도의 십자가는 선교적이며, 의롭게 하고 정의를 실현하시는 하나님을 드러내며, 의롭게 되고, 정의를 실천하는 사람들을 창조한다.[45]

교회가 복음을 구현하고 복음이 되기를 기대하기 때문에 교회의 정체성은 본질적으로 선교적이고 공동체의 구성원들은 사신(使臣)이라는 것이다.[46]

2) 평안과 안전을 전하는 왕의 전사(戰士)로서의 공동체

하나님이 열방에게 주시는 구원은 로마제국이 제공하는 거짓 "평안과 안전"(살전 5:3)과 철저히 다른 것이다. 하늘에 계신 주 예수의 식민지들 곧, 교회들 안에 있을 때에만 지금 진정한 평안과 안전을 체험할 수 있고 종말론적 미래를 보장받을 수 있다.

역설적으로, 이 평안과 안전 체험은 교회공동체를 하나님의 군대로 바꿔 버린다. 이 군인들은 황제들의 군대가 아니라 진정한 왕의 전사들이며, 이들의 힘은 믿음과 사랑과 소망이라는 갑주에서 나온다(살전 5:8).

---

[44] Ibid., 571.
[45] Gorman, 『삶으로 담아내는 복음』, 28.
[46] Ibid., 42.

군인의 이미지는 바울과 같은 마지막 때의 인물에게 잘 어울린다. 그러나 바울이 상상하는 전투는 이미 이긴 전투다. 하나님이 십자가에 못 박히신 메시아를 부활시킴으로써 그 승리를 이미 확보하셨다. 따라서, 군인들이 하는 전투는 미래에 확실하게 승리하리라는 메시지를 전파하는 것이요, 세상에 그리고 온 우주에(롬 8:18-25) 마지막 승리를 알리는 표지 역할을 하는 것이다.[47]

하나님의 공동체는 그리스도의 십자가를 통한 선물을 그리스도의 용사로서 계속적으로 실천하는 곳이다. 그 약속의 소망을 계속적으로 이루어 나가는 공동체다. 공동체의 평화의 사역은 이미 이루어졌지만 아직 종결되지 않았다.

교회는 은혜를 통해 현재적으로 늘 샬롬의 선물을 받고 있다. 동시에 바울에게 평화로움(peaceableness)과 평화 조성(peacemaking)은 교회의 실천이었으며, 나아가 교회의 의무였다.[48]

평화 조성은 교회의 통상적이고 계속적인 실천 사항으로서, 이 공동체가 평화 새 언약의 일부라는 증거이자, 평화의 주님의 현존을 그들이 실천하고 있다는 증거다. 이 공동체는 그런 존재가 되고 그런 행위를 함으로써 예수님뿐만 아니라 바울의 본을 따른다.[49]

십자가를 본받는 공동체는 십자가를 본받는다는 증거를 보여주는 공동체다. 십자가에 못 박히신 주님의 공동체는, 엥스트가 말한대로 "폭력이

47　Gorman, 『삶으로 담아내는 십자가』, 571.
48　Gorman, 『속죄와 새 언약』, 300.
49　Ibid., 308.

난무하는 세상 속에서 폭력이 중단된 영역"이다.⁵⁰

평화가 가득하고 십자가를 본받는 교회의 삶은 교회가 세상에 전하는 메시지를 구성한다. 칼과 방패로 무장한 로마의 황제의 전사로서가 아닌 평화와 안전으로 무장한 그리스도 우리 왕의 전사로서 교회공동체는 세상과 싸워 나간다.

3) 복음을 주해하는 공동체

바울이 쓴 서신들은 주로 교회들 내부 문제들을 다루면서, 그룹 내의 연대와 단결을 특별히 강조한다. 교회는 그 안에서 십자가를 본받는 믿음과 사랑, 십자가를 본받는 삶의 소망과 능력이라는 이야기를 따라 살아갈 수 있다.

이를 통해 교회는 그 이야기, 곧 복음의 메시지를 세상에 들려주고 그 이야기대로 세상에서 살아가며, 성령의 능력으로 말미암아 사람들을 믿게 하고, 나아가 심지어 십자가의 원수들의 반대 속에서도 소망하기에 사랑으로 살아갈 준비가 된 것이다.⁵¹

교회는 그리스도의 핵심 이야기를 삶으로 주해하는 공동체다. 교회는 바울에게 있어 하나님의 복음에 대한 살아 있는 석의(living exegesis)다. 교회는 "교회에 대한 살아 있는 해설"로서 복음을 실행한다. 교회는 그 이야기를 삶으로 살아내고 그 이야기를 구현하며 그 이야기를 전한다. 그리고 그

---

50 Klaus. Wengst, *Pax Romana and the Peace of Jesus Christ*. Trans. John Bowden (Philadelphia: Fortress, 1987), 88.
51 Gorman, 『삶으로 담아내는 십자가』, 572-73.

렇게 하는 이유는 교회가 그 복음의 근원이자 내용이신 삼위 하나님의 생명에 참여하기 때문이다.[52]

교회가 믿음과 사랑, 소망 또한 샬롬으로써 모든 사람과 모든 창조 세계를 향한 평화, 정의, 온전함을 실천하며 살 때, 교회는 십자가라는 현세적인 실제를 설명하는 살아 있는 주해가 되는 것이다.[53]

다린 W. 벨루세크는 이렇게 표현했다.

> 이 세상을 속량하려는 하나님의 목적은 그리스도의 삶과 죽음과 부활 안에서 그리고 이들을 통해서 작동되었고, 교회의 선교 안에서 그리고 선교를 통해 계속된다.[54]

바울이 볼 때, 그리스도와 함께 죽는 체험은, 비록 강렬한 개인적 체험이긴 하지만, 결코 한 개인의 사유물일 수 없다. 십자가를 본받는 삶은 근본적으로 공동체를 의미하며, 공동체는 십자가를 본받는 삶을 의미한다.

바울은 단순히 개인들을 "구하는 것"뿐만 아니라, 공동체들을 만들어내는 것을 목적으로 삼았다. 이 공동체들은 특히 "이타주의자-포용주의자" 공동체라고 부를 수 있는 것으로서 십자가를 본받는 믿음과 사랑, 십자가를 본받는 삶의 능력과 소망으로 대안을 제시하는 공동체들이었다.[55]

---

52 Gorman, 『삶으로 담아내는 복음』, 86.
53 Gorman, 『속죄와 새 언약』, 351.
54 Belousek, Darrin W. Snyder. *Atonement, Justice, and Peace: The message of the Cross and the Mission of the Church*(Grand Rapids: Eerdmans, 2012), 608.
55 Gorman, 『삶으로 담아내는 십자가』, 573.

이야기와 주해라는 언어 대신 예술에서 쓰는 언어를 사용한다면, 교회는 십자가를, 십자가에 못 박히신 메시아를 삶으로 보여주는 아이콘이다. 또 드라마 언어를 사용하여 표현한다면, 교회는 하나님의 대서사극(고전 4:9)이요, 생명을 주는 하나님의 능력인 십자가를 주제로 하나님이 만드신 "연극"이다.[56]

교회는 복음을 그 삶으로 주석하며 복음을 펼쳐 보인다.[57]

그러므로 복음을 전하는 기회는 복음을 구현해 나가는 과정, 곧 십자가를 본받는 삶의 과정에서 얻는 것이다.

교회는 하나님께서 세상 속에 세워 놓으신 것이다. 한 몸으로 살아가는 삶으로 메시아의 죽음과 부활이 말하는 것이 무엇인가를 세상에 이야기하는 사람들을 하나님이 재창조해 놓으신 것이 바로 교회다.

이 사람들, 곧 "교회"는 하나님께서 말씀하시는 핵심 이야기대로 살고, 그 이야기를 온몸으로 실천하며, 그 이야기를 전한다. 그것이 바로 믿음과 사랑과 능력과 소망을 전하는 하나님의 핵심 이야기를 삶으로 주해하는 것이다.[58]

존 스토트는 오늘날 가장 긴급한 일은 교회가 하나님의 복음을 주해하는 주체로서 하나 됨, 화해의 사역이라고 말한다.

---

56 Basil Davis는 바울의 사역과 하나님의 "연극"을 연결 짓는다. Basil S. Davis, *"the Meaning of proegranphe in the Context of Galatians 3:1,"* New Testament Studies 45(1999), 210-11.
57 Gorman은 바울의 사역과 하나님의 연극의 관계를 전체 교회의 삶까지 아우르는 것으로 확대한다. Gorman, 『삶으로 담아내는 십자가』, 574.
58 Gorman, 『삶으로 담아내는 십자가』, 575.

나는 오늘날 그리스도의 영예와 복음의 보급을 위하여 교회가 하나님의 목적과 그리스도의 성취에 의하여 이미 이루어진 교회의 모습, 즉 하나의 새로운 인류, 인간공동체의 모델, 그들의 아버지를 사랑하고 서로를 사랑하는 화목한 형제자매들의 가족, 성령에 의한 하나님의 분명한 거처가 된 교회의 모습을 갖추는 것 이상으로 더 긴급한 일은 아무것도 없다고 생각한다.

그래야만 세상은 그리스도가 화평케 하는 분이심을 믿게 된다. 그래야만 하나님께서는 그의 이름에 합당한 영광을 받으시게 된다.[59]

예수님을 전하는 교회는 십자가를 본받는 사랑의 삶을 구현하는 것과 예수님을 주님으로 선포하는 것 가운데 하나를 택일할 수 없다. 교회의 십자가를 본받는 삶은 바로 그 선포에 근거를 두고 있으며, 그 선포는 바로 그 십자가를 본받는 삶으로 표현되기 때문이다.[60]

예수님의 십자가 죽음은 죄 용서를 가져올 뿐만 아니라, 훨씬 더 거대한 실제로서 성령에 힘입어 평화롭게 신실함과 사랑을 실천함으로써 예수님의 삶과 죽음 안에 구현된 하나님의 선교에 동참하는 공동체를 창조한다.

요한복음에 나타나듯이 "그 아들의 죽음을 수용한다는 것은 곧 세상을 향한 하나님의 선교를 수용한다는 의미인 동시에, 이 세상 안에서 하나님의 사랑을 구현한다는 의미다."[61]

그러므로 예수님의 죽음은 그 공동체, 즉 십자가를 본받는 공동체의 형태도 결정한다. 그들은 예수님의 구원하는 죽음에서 혜택을 입고, 그 죽음

---

59 Stott, 『하나님의 새로운 사회』, 140.
60 Gorman, 『삶으로 담아내는 복음』, 238.
61 Gorman, 『속죄와 새 언약』, 331.

에 참여하는 존재이기 때문이다. 그 참여는 변혁적(transformative)일 뿐만 아니라 기대적(anticipatory)이기도 하다.

십자가를 본받는 공동체는 단지 그리스도의 속죄하는 죽음의 수혜자에 그치지 않고 그 죽음에 참여하는 자이며, 따라서 속죄를 삶으로 살아내는 자(연기하는 자, 재연하는 자)[62]다.

이런 변혁적이고 기대적인 사랑의 구현이 바로 하나님의 은혜의 복음을 세상에 주해하는 교회의 모습이다. 한국 교회가 복음을 한국 사회에 주해하길 바란다.

십자가를 본받는 삶은 복음의 사회 참여를 부정하지 않는다. 교회는 소금과 빛이다. 교회의 십자가를 본받는 외침은 선지자들의 외침처럼 양날의 검이어서, 비판과 소망, 심판과 구원을 제시할 것인데, 그 메시지의 양날은 십자가 형태일 것이다. 수직적 하나님 사랑과 수평적 이웃 사랑으로 휘둘러져야 하는 것이다.

교회는 자신을 고립된 종파로 분리하고 도피할 게 아니라 증언 활동을 통해 대안 폴리스(alternative polis)로 살아야 한다. 그 목적은 저주가 아니라 속량이다. 생명나무의 잎사귀들(계 22:2)이 존재하는 목적은 만국을 치료하기 위함이며, 그 문은 열려 있어 땅의 왕들이 그들의 보화를 가지고 거기로 들어온다.

---

[62] "연기하는 자"는 Vanhoozer의 표현이다. 그는 Drama라는 관점으로 그리스도인들이 삶을 연기하듯이 살아내야 한다는 것을 강조한다. 그러나 이런 표현은 오해를 불러낼 수 있다. 왜냐하면, 연기자들의 연기는 실제 인격과 달라서 가식 또는 외식적인 의미로 받아들여질 수 있기 때문이다. 그러므로 연기라는 단어보다는 삶, 또는 체화라는 단어가 좋겠다. Rutledge는 하나님의 일하심으로 말미암아 우리가 그리스도의 삶에 동화되는 것에 대해 말한다. 그러니까 그녀는 재연이라는 단어로 설명하고 있는 것이다. Rutledge,『예수와 십자가 처형』, 907.

그런데 이 증언에는 큰 대가가 따를 수도 있다. 사회 참여에는 권력의 구조를 필요로 하고, "권력은 부패하기 마련이며, 교회는 그 부패에 반대하여 비판을 통해, 비협조를 통해, 증언을 통해 그리고 필요하다면 순교를 통해 증언해야 하기" 때문이다.[63]

따라서, 크리스천의 정치적 판단(교회가 공적인 영역에서 어떻게 살아야 할 것인가에 대한 분별과 결정)은 새 언약의 공동체 내부에서 십자가를 본받는 해석학을 통해 내려지고, 십자가에 못 박히고 부활하신 예수님의 성령에 의해 신실한 증언과 사랑, 화해라는 생명을 불러일으키는 현존으로 구현되어야 한다.[64]

현재 한국 교회의 사회 참여 모습이 복음을 주해하는 측면에서 이루어지고 있는가를 돌아보아야 한다.

4. 십자가를 본받는 공동체의 결론

교회는 하나님이 세상 속에 세워 놓으신 것이다. 한 몸으로 살아가는 삶으로 메시아의 십자가 죽음과 부활이 말하는 것이 무엇인가를 세상에 이야기하는 사람들을 하나님이 재창조해 놓으신 것이 바로 교회다.

---

63 Wright, N. T. *"Revelation and Christian Hope." In Revelation and the Politics of Apocalyptic Interpretation*, edited by Richard B. Hays and Stefan Alkier, 105-24 (Waco: Baylor University Press, 2012), 121.
64 Gorman, 『속죄와 새 언약』, 358.

교회는 십자가공동체다. 십자가공동체는 십자가를 본받는 삶의 영성을 서로 나눈다. 이 영성은 하나님을 사랑하고 서로를 사랑하는 수직적이고도 수평적인 공동체 영성이다.

이 공동체는 세상과 구별되기에 세상에 있지만 세상에 속하지 아니하는 특징을 갖는다. 세상에 물드는 것이 아니라, 오히려 그들의 가치관을 뒤집어 하나님의 은혜의 원리에 따른 가치관으로 변혁하는 역할을 한다. 그것은 약육강식, 적자생존이라는 경쟁적 사회의 가치 현상에 사랑과 화해, 화목이라는 새로운 가치를 던짐으로써 뒤집어 엎는다.

십자가공동체는 그리스도께서 보여주신 원리를 따라 십자가를 본받는 공동체가 된다. 피붙이가 아님에도 한 분 하나님 아버지를 모시고 형제 자매가 되어 그리스도 가정의 형태를 이룬다. 이 공동체는 삼위 하나님을 제외하고는 누구도 주로 인정하지 않기에 배타적인 형태를 띠고, 이웃에 대해서는 누구도 사랑하며, 심지어 원수라 할지라도 용서하고 화해하여 화목하는 포용적인 형태를 띤다. 이 공동체는 그리스도의 몸으로써 차별없는 참여를 통해 경쟁하는 것이 아니라 서로를 세워준다. 이를 통해, 교회는 하나님의 선교사 역할을 충실히 감당한다. 하나님의 빛과 소금을 전하는 사신으로서, 평안과 안전을 지키는 왕의 전사로서의 역할을 담당한다.

교회공동체의 십자가를 본받는 삶은 결국 복음을 주해하는 역할을 한다. 주님이 다스리는 나라 안에서 핵심 메시지인 믿음이 무엇인지, 사랑이 무엇인지, 능력이 무엇인지, 소망이 무엇인지를 삶으로 해석한다.

> 하나님의 나라는 말에 있지 아니하고 오직 능력에 있음이라(고전 4:20).

제6장

십자가를 본받는 삶의 현대적 적용

지금까지 한국 교회의 신뢰 상실의 원인을 진단하고, 이에 대한 대안으로 "십자가를 본받는 삶"(Cruciformity)이 무엇을 의미하는지 그리고 이에 따른 삼위일체 신앙이 무엇인지, 또한 믿음, 사랑, 소망, 능력에 나타나는 실제적인 신앙인의 덕목과 가치에 관해서 살펴보았다.

이제 필자는 한 사람의 목회자로서 교회 안에서 실제로 성도들이 가져야 할 마음가짐과 태도가 어떠한 것인지를 한국 교회의 적용적 차원에서 살펴보려고 한다.

목회적인 관점에서 십자가를 본받는 삶이 현대의 그리스도인의 실제적인 생활 속에서 어떻게 적용될 수 있는지에 대해 나눠 보도록 하겠다.

1. 십자가를 본받는 삶은 종이 되는 것이다

1) 그리스도의 종이 됨

바울에게 있어서 다메섹으로 가는 길은 코페르니쿠스적 혁명이 일어난 장소다. 그곳에서 그는 예수님을 처음 만났고, 이를 통해 사도로 세움을 받고 그가 전할 복음을 받았다.

바울은 자신의 사역의 경험 속에서 예수님의 정체성을 발견했다. 바울은 이 정체성을 하나님이 계시해 주셨다고 말한다. 예수님은 하나님의 아들이시고(갈 1:16), 메시아시며(고전 15:3; 갈 1:12), 주님(고전 9:1)이시다. 그리고 예수님은 지금도 살아 계신다.

이런 예수님을 만난 것은 그의 인생을 송두리째 바꾸는 계기가 되었다. 하나님께서 이렇게 바울에게 계시하신 목적은 바울 자신의 유익, 만족, 성공, 복에 있는 것이 아니라 예수님과 연합하고, 예수님을 위하고, 예수님을 본받는 것에 있었다.

바울은 처음에는 예수님을 부정하고 그를 추종하던 사람을 잡으려고 했었는데, 이제 자기가 부정하고 핍박하려고 했던 십자가에 못 박혀 죽으신 분이 하나님의 아들이시고, 메시아이며, 주님이시라는 사실을 인정하게 되었다. 그로 인해 회심, 곧 방향을 선회하게 되었고, 이제는 도리어 예수님의 부르심을 받고 사명을 받아 감당하는 사역자의 역할을 하게 되었다.

하나님 아들의 복음, 다시 말해 예수님의 진짜 정체를 밝혀주는 복음 제시자의 삶을 살아가게 된 것이다. 바울은 기독교를 핍박하는 자에서 기독교를 변호하다 도리어 핍박 받는 자로 바뀌었다.

바울은 자신을 사도이자, 하나님의 종이신 주님의 종으로 여긴다. 바울은 주님의 권위로 말미암아 "하나님의 복음"을 전할 사명을 부여 받은 주님의 사도로 보았다(롬 1:1; 15:16; 고후 11:17; 살전 2:2, 8, 9). 그러나 동시에 바울은 주님의 종 또는 노예로 보았다.

그는 "예수 그리스도의 종이요 사도로 부르심을 받은 자"(롬 1:1)였다. 종으로서 그의 인생 목표는 그의 주인이신 그리스도를 기쁘게 해 드리는 것이었다(갈 1:10). 주님이신 예수님은 "종의 형체를"(빌 2:7) 가지신 십자가에 못 박히셨다가 부활하셔서 높이 들리신 분이시다.

바울은 자신의 삶과 사역이 "십자가 이야기"에 일치하는 이야기, 자신이 전하는 복음에 일치하는 이야기를 말하는 것이 되길 원했다. 그런 점에서, 바울의 영성은 내러티브 영성이요, 삶이라는 형태로 십자가에 관한 말씀을 다시 제시하는 체험이었다(갈 1:15-16).[1]

그래서 바울은 갈라디아서 6장 17절에서 자신의 삶이 예수의 흔적을 가진 삶임을 증거한다. 이 본문에서 "흔적들"(stigmata)은 다음을 의미한다.

첫째, 노예의 몸에 찍는 표지
둘째, 몸에 난 상처 자국들

바울에게는 아마도 두 번째 채찍질이나 다른 여러 핍박으로 말미암아 생긴 상처 자국을 지칭할 것이다. 그의 몸에 난 상처 자국들은 바로 예수

---

1 Gorman, 『삶으로 담아내는 십자가』, 61.

님이 당하신 십자가형의 현현이다.[2] 바울의 이런 흔적들이 그가 예수님의 종임을 인증하는 것이고, 바울 또한 예수님의 종으로서 예수님의 십자가 흔적들을 가지고 있음을 강조한다.

그래서 바울은 예수님과 마찬가지로 명예와 영광을 추구하는 "통상적인" 인간의 모습을 거부하고, 대신 그 자리에 실천적이고 참여적인 십자가 신학을 배치한다.

십자가 신학에서 권세가 행사되는 것은 반체제적이게도, 역설적이게도, 또한 멋지게도 지배를 통해서가 아닌 섬김을 통해서인데, 그 모습을 본보기로 보이신 섬김의 종이 바로 예수님이시다.[3]

종이신 예수님을 본받아 종이 되는 것이다.

종이라는 단어에 해당하는 헬라어에는 두 가지 종류가 있다.

첫째, 둘로스(δοῦλος)

둘째, 디아코노스(διάκονος)

전자는 타인에 의해 억지로 된 경우지만, 후자는 종에서 자유인이 되었음에도 불구하고 자발적으로 종을 선택한 경우다.

종이 일곱째 해에 자유인이 되었지만, "분명히 말하기를 내가 상전과 내 처자를 사랑하니 나가서 자유인이 되지 않겠노라"(출 21:5)고 함으로써 송곳으로 귀를 뚫고 스스로 종신토록 종이 되는 경우와 마찬가지다.

---

2 Ibid., 62.
3 Gorman, 『속죄와 새 언약』, 197.

예수님은 세상을 사랑하셔서 자발적인 종이 되셨다. 사도 바울도 사람들을 사랑하여서 예수님의 십자가 복음을 증거 하기 위하여 자발적인 종이 되었다(고전 9:19).[4]

그러므로 그리스도인이 된다는 것은 단지 지적인 동의만으로 예수님을 주인으로 인정하는 것이 아니라, 자발적으로 예수 그리스도의 종이 되어 삶으로써 실천함을 의미한다.

십자가를 본받는 삶의 시작은 성령의 인도하심을 따라 자신이 예수님의 종이 되었다고 인식하고 의지적으로 결단을 드리는 것이다. 종이 되어 주인 되신 그리스도를 기쁘시게 하는 삶을 살고, 그분의 뜻을 실천하는 삶을 살아가는 것이다.

2) 서로의 종이 됨

그리스도의 종이 된다는 것은 또한 그의 몸 된 교회를 통해 서로 지체된 사람들에게 종이 된다는 것을 의미한다.

바울은 자신의 삶을 그리스도의 종이자, 그리스도를 본받는 삶을 통해 사람들의 종이 된 "종의 삶"으로 본다. 이제는 예수님의 종일뿐만 아니라 서로에게 종이 된다.

> 형제들아 너희가 자유를 위하여 부르심을 입었으나 그러나 그 자유로 육체의 기회를 삼지 말고 오직 사랑으로 서로 종 노릇 하라(갈 5:13).

---

[4] [고전 9:19] 내가 모든 사람에게서 자유로우나 스스로 모든 사람에게 종이 된 것은 더 많은 사람을 얻고자 함이라.

바울은 명시적으로 동사 '둘류오'(δουλεύω, 섬기다, ~에게 노예가 되다)를 사용한다. 게다가 바울이 자신을 노예의 모범으로 제시하는 맥락(고전 9:19; 11:1)을 보면, 고린도 교회의 강한 자들을 향해 약한 자들을 대할 때, 바울 자신 같이 타인의 유익을 위해 자기 권리를 포기하는 모습으로써 노예 역할을 수용하라고 책망한다.

이는 마가복음 10장에서 예수님께서 설명한 종의 실천에 관한 이해와 일치한다.

> 인자가 온 것은 섬김을 받으려 함이 아니라 도리어 섬기려 하고 자기 목숨을 많은 사람의 대속물로 주려 함이니라(막 10:45).

그리고 바울은 오직 그 종이니 그리스도를 본받는 자로서만, 아니 더 나은 표현으로 그리스도에 참여하는 자로서만 다른 사람에게 본보기가 된다.[5] 그리고 이것은 이웃 사랑 명령의 성취(갈 5:14)로 연결된다.

서로에게 종이 되어주는 것은 마치 부모가 자녀를 위해 자발적으로 희생하는 의미와 같을 것이다. 서로에게 종이 된다는 것은 상대방으로 하여금 그리스도 안에서 성공하는 인생을 살도록 도와주는 것을 의미한다.

이 표현은 본질적인 상하 계층적 관계를, 그 관계를 취소함으로써가 아니라, 상호적으로 만듦으로써 양방향으로 교회되는 구조로 변화시키고 있기 때문에 놀랍게 다가온다.

---

5 Gorman, 『속죄와 새 언약』, 207.

"서로서로"는 권력과 우월성의 일방적인 관계를 서로 존중해 주는 상호 관계로 바꾸어 주는데, 이 새로운 관계 속에서 각 사람은 다른 사람의 유익 증진을 추구한다(참조, 고전 7:4).

교회는 서로를 조종하려고 하지 않고 상호 존중한다. 다른 사람들의 유익을 위해 양보해 주는 것은 약한 사람들을 억압하기 위한 어떤 과시가 아니다. 이것은 양방향적인 것이며, 그 결과 섬김과 명예는 연속적으로 교환된다.[6]

바울은 자유인이었지만, 그보다 더 중요했던 것은 그리스도의 종이라는 정체성이었다(갈 1:10). 몸은 남성이었고 할례를 받았지만, 그보다 더 중요한 것은 자신의 몸에 새겨진 예수님의 흔적을 통해서 그리스도의 십자가와 연합되는 것이다(갈 6:17; 참조, 갈 5:11).

따라서, 그리스도에 속하는 것으로부터 나오지 않은 모든 형태의 상징 자본들, 곧 자기의 자랑들은 궁극적 중요성을 상실했다.[7] 자랑할 것이 없고, 그리스도만 자랑하니 그리스도께서 모범을 보이신 대로 남을 나보다 낮게 여김으로 서로 사랑으로 종 노릇하는 것이다.

교회는 서로를 섬기는, 서로의 종이 되는 장이 되어야 한다. 결단코 교회를 이용하여 자신의 권력이나 명예를 드러내거나 교인들을 자기 목적 성취의 도구로 만드는 장이 되어서는 안 된다. 교회 안에서의 직분이 어떤 계급이나 권위에 있는 것으로 인식되어 그 자리에 가고 싶어 하는 교인이 있는 교회라고 한다면 예수님이 다스리는 교회로서, 예수님의 제자로서의

---

6 Barclay, 『바울과 은혜의 능력』, 173.
7 Ibid., 147.

십자가를 본받는 삶을 상실한 것이다.

　정말 하나님의 사랑에 감격하고 감사해서 그 비상응적인 선물에 조금이나마 상응적인 반응을 드리고 싶어서, 감사함으로 기꺼이, 말 그대로 헌신함으로 더욱 섬기려는 의도로 직분자가 되어야 한다. 직분자는 다른 것들로써가 아닌 섬김으로 존경을 받는 교회가 되어야 한다.

　이런 성도와 교회는 그 신뢰성을 회복할 것이고, 견고할 것이다. 하나님께서 기뻐하시는 주님의 종 된 그리고 서로의 종 된 교회의 모습이다.

2. 십자가를 본받는 삶은 그리스도와 함께 죽는 것이다

　『내가 죽어야 예수가 산다』, 『목사가 죽어야 예수가 산다』, 『교회가 죽어야 예수가 산다』는 죽어야 산다 시리즈로 출판된 다양한 책의 제목이다. '죽어야 산다'라는 시리즈가 판을 치는 것을 보면 교회도, 교인도, 목사도 죽지 않는다는 반증일 것이다.

　교회가 자기를 드러내고 세상을 향해 살려고 고개를 쳐들고 방법을 찾을 때 예수님은 다시금 십자가에 못 박혀 죽으신다.

　열왕기서를 통해서 전체적으로 왜 이스라엘이 망할 수밖에 없었는지 알 수 있다. 그 중에 그나마 선군이었던 히스기야왕이 살아보겠다고 앗수르왕에게 하나님의 전과 왕궁에서 금과 은을 다 빼주며 비위를 맞추려고 하는 모습을 통해 그의 권위도, 유다의 권위도, 하나님의 권위도 무너져 내려버렸다. 그의 단기 보장을 위한 단행은 결국 장기 파산의 결과로 이어질 뿐이다. 다행히 정신을 차려서 이사야 선지자를 통해 하나님의 말씀을 듣고 비로소 순종하며 죽을 때 비로소 하나님은 적군들을 죽이신다(왕하 18-19장). 그러나 그것도 잠깐, 후대 왕들은 안타깝게도 장기 파산의 길로 가고 만다.

그리스도인이 되었다는 것은 그리스도의 죽음에 참여한 것을 의미한다. 그리스도인들은 세례를 받음으로써 교회 앞에 공적으로 자신의 믿음을 고백한다. 바울은 세례를 그리스도로 옷 입는 것으로(갈 3:27) 묘사할 뿐만 아니라 그의 죽으심과 합하는 것(롬 6:3)으로 설명한다. 그러므로 신자가 신앙을 고백하고 세례를 받음으로 그리스도와 하나가 된다는 것은 그리스도의 죽음과 하나가 된다는 것을 의미하기도 하다.

바울은 예수의 죽음을 자기 죽음과 동일시하고 예수의 죽음에 참여하는 것을 신자의 근본적 그리스도 체험으로 인식한다. 바울이 볼 때, 세례가 상징하는 신자와 그리스도의 이런 친밀한 동일성은 일회성 이벤트에 그치지 않고, 계속하여 죽음을 체험하는 것이요 계속하여 십자가에 못 박히는 체험을 하는 것이다.

바울은 그리스도와 더불어 자신이 겪은 신앙 체험 전체를 "함께 십자가에 못 박힘"(갈 2:20; 롬 6:6), 또는 그의 "죽으심"과 "연합함"(롬 6:5)이라는 패러다임으로 제시한다.[8]

십자가를 본받는 삶은 죽는 것으로 시작하지만 영원한 생명의 결과로 이어진다.

---

8   Gorman, 『삶으로 담아내는 십자가』, 64.

1) 다른 권능(죄와 세상)에 대하여 죽음

바울에게 있어서 죽음 체험은 충성을 요구할 수 있는 세상의 다른 권위와 권능에 대하여 죽는 것처럼 결별한다는 의미다. "세상"(갈 6:14), "자신의 육체" 또는 하나님께 맞서려는 성향을 보이는 자아(갈 5:24) 그리고 죄 자체의 권능(롬 6:1, 6-7, 10-11)이 포함된다.

십자가를 본받는 삶은 세상에 대하여 죽는 것을 의미한다.[9] 세상의 가치관, 무신론적 물질주의, 허영심과 위선, 약육강식, 적자생존의 치열한 경쟁을 뜻하는 세상에 대하여 십자가에 못 박혔다.

예수님과 바울 당시의 시대든 오늘날이든 명예가 극성스럽게 추구되고, 열광적으로 유지되는 사회 속에서 본인의 가치를 유지하기 위해서는, 다른 사람들이 언제라도 자신의 가치를 깎아 내리거나 압도하는 주장을 할 수 있음을 항상 인식하면서 자신의 가치를 주장하고 변호하는 일을 계속해야 한다.

오늘날은 에스엔에스(SNS, 소셜 네트워크 서비스)지만 당시는 항간의 입소문이 다른 사람들의 것과 비교되어 이런저런 기준으로 재산, 부모, 교육, 법적 지위, 체격, 인종, 혹은 성격, 명예가 확실히 세워지는 것에 노심초사하는 세상에 대해 죽는 것이다.[10]

이런 경쟁적인 분위기 속에서는 교만, 적대심, 시기, 복수와 같은 것들이 사회적 상호 관계의 주요한 특징일 수밖에 없다.

---

9 Stott, 『그리스도의 십자가』, 436.
10 Barclay, 『바울과 은혜의 능력』, 166-67.

세상에 대하여 죽는 것은 악한 세상에 대한 가장 극렬한 저항이다. 버림 받음 속에는 죽음으로만 표현되고 드러날 수 있는 하나님의 고통, 아들의 고통, 인간의 고통이 있다. 예수님이 짊어지신 십자가는 고난의 십자가다.

또한, 십자가에서 예수님은 가장 이해할 수 없는 방법으로 인간의 고난과 죽음과 악의 세력과 버림 받기까지 싸우며 죽으셨다. 죽기까지 인간의 고난이 되어서 그 고난과 치열하고 극렬하게 싸우셨지만, 죽기까지 그 모든 고난과 죽음과 사탄을 자신이 품으시고 죽으셨다. 가장 극렬한 저항이 가장 비폭력적인 방식으로 실행된 것이다.[11]

팀 켈러는 마가복음의 클라이맥스인 8장을 해석하면서 그 가운데 예수님의 이야기를 두 가지로 정리한다.

> 나는 왕이지만 십자가로 갈 것이다.
> 나를 따르려면 너희도 십자가로 가야 한다. 나는 십자가의 왕이니 나를 따르려면 너희도 십자가로 가야 한다.[12]

왕이신 예수님을 따르는 삶은 바로 십자가 앞으로 가는 삶, 곧 십자가에 못 박혀 죽는 삶인 것이다.

---

11 차재승, 『십자가, 그 신비와 역설』, 108.
12 Tim Keller, 『왕의 십자가』, 정성묵 역 (서울: 두란노, 2013), 165.

2) 자기(이전의 삶)에 대하여 죽음

십자가를 지고 예수님을 따르는 것은 무엇일까?

> 자신을 형장으로 가는 사형 선고 받은 사람의 입장에 놓는 것이다. 왜냐하면 만일 우리가 어깨에 십자가를 메고 그리스도를 따르고 있다면, 우리가 가고 있는 곳은 단 한 곳, 십자가 처형장 밖에 없기 때문이다.[13]

본회퍼는 말한다.

> 그리스도께서 어떤 사람을 부르실 때, 그는 그 사람에게 와서 죽으라고 명하신다.[14]

빌립보서 3장은 바울의 그리스도 체험을 특히 잘 요약한다.

바울은 그리스도와 하나가 된 자신의 삶을 이전의 자기 삶과 대조한다. 바울은 12절에서 이제 자신이 그리스도께 붙잡히게 된 이유인 그것을 붙잡고 싶어 한다.

다시 말해, "그리스도를 얻고"(8절), 결국에는 죽은 자들이 부활하는 그 때 그리스도와 더불어 완전함에 이르고 싶어 한다.

---

13 Stott, 『그리스도의 십자가』, 347-48.
14 Bonhoeffer, *Cost of Discipleship*, 79.

로마서 6장 1-11절에서 바울은 십자가를 본받는 삶을 우리 몸의 부활의 전주곡으로 여기며 이 삶을 살고 싶어 한다. 고린도후서 3장 18절에서 영광에 이르는 변화는 지금 시작되며, 이 변화는 종말론이 말하는 미래까지 차츰차츰 이루어져 간다고 분명하게 주장한다.

여기에는 역설이 존재한다. 예수님을 믿고 죽은 자들이 부활하는 그때 그리스도와 더불어 완전함에 이르게 되는 변화 내지 영화는 철저히 약함과 죽음을 체험하는 데서 비롯된다는 것이다. 결코 계시를 더 받고 분명한 능력을 더 체험하는 데서 비롯되지 않는다(고전 12:6-10).

부활을 통해 영광스러운 형상으로 변하는 것은 그리스도의 죽음을 본받음으로써 이뤄진다(빌 3:10). 그러므로 영광은 죽음에서 나오는 역설이다. 십자가를 본받는 삶은 죽음으로써 부활과 영광을 소망하는 삶인 것이다.

부활과 영광은 십자가에서 죽은 자들의 것이다. 만약 우리의 중심에 십자가가 있지 않다면 우리는 모든 묘사 중 가장 무시무시한 진술인 "그리스도의 십자가의 원수"(빌 3:18)라는 말을 우리 자신에게 적용시켜 마땅하다. 십자가의 원수가 되는 것은 그 목적에 대항하는 것이다.[15]

죽지 않는 것은 십자가에 대항하는 것이다. 그러므로 죽는다는 의미는 결론적으로 로마서 6장에서 말하는 "죄에 대해서 죽고", "하나님께 대해서 사는" 것을 의미한다.

죽음과 삶의 용어는 예수님의 십자가 죽음과 부활의 내러티브로부터 유래하지만, 신자들에게 단지 유비(analogy)로서만이 아니라 유대(solidarity)의 형식으로, 더 나아가 참여(participation)의 형식으로 적용된다.

---

15 Stott, 『그리스도의 십자가』, 437.

신자들은 단지 예수님처럼 죽는 것이 아니라, 그분과 함께 죽는다.[16]

> 형제들아 내가 그리스도 예수 우리 주 안에서 가진 바 너희에 대한 나의 자랑을 두고 단언하노니 나는 날마다 죽노라(고전 15:31).

날마다 주님과 함께 죽음으로 주님과 유대하여 죽음에 참여하는 참 의미를 깨닫고 십자가를 본받는 삶을 살게 된다. 십자가를 본받는 삶은 "나는 죽고 예수로 사는 삶"이다.

3. 십자가를 본받는 삶은 그리스도와 연합하는 것이다

1) 의지적이고 자발적인 연합

"십자가를 본받는 삶"은 그리스도와의 연합을 전제한다. 그리스도와의 연합은 바울과 바울서신을 통해 온전히 조명하고 있다.[17]

---

16 Barclay, 『바울과 은혜의 능력』, 213.
17 Schweitzer는 "믿음으로 말미암는 의/믿음으로 말미암아 의롭다 함을 얻음"(이신칭의)이 아니라 이 "그리스도 안에서 신비주의"가 바울의 신학과 체험의 중심이었다는 것을 논증한다. "이신칭의 교리는 큰 분화구인 그리스도 안에 있음으로써 구원을 받는다는 신비주의적 교리 안에서 형성된 작은 분화구다." Sanders는 바울신학의 중심이 이신칭의가 아니라 "그리스도에 참여함"이라고 주장하였다. "그리스도 안에" 있다는 말은 무엇보다 그리스도가 주님이심을 인정하는 공동체에 참여함으로써 그리스도의 능력, 특히 그리스도와 그분의 십자가를 본받게 하는 능력의 영향을 받으며 살아간다는 뜻이다. Gorman, 『삶으로 담아내는 십자가』, 69.

사도 바울은 자신의 정체성을 "그리스도께 잡혀 그분을 본받는 자가 되다"라고 정의할 수 있다고 고백한다. 그가 그리스도께 잡혔다는 것은 그리스도와 연합했다는 의미이고, 그리스도와의 연합은 하나님과의 연합을 의미하기도 한다.

차재승은 그리스도와의 연합의 전제를 하나님과 예수 그리스도의 연합에서부터 출발한다.

하나님과 그리스도의 연합은 존재 그 자체로서의 연합을 넘어 의지의 연합이라는 의미가 강조된다. 의지의 연합(아버지의 뜻을 따른 아들의 뜻)은 존재의 연합보다 강력하다. 존재의 연합은 그 본성 속에 연합을 포함하고 있지만, 의지의 연합은 존재적인 특성을 넘어서기 때문이다.

의지의 연합은 자발적인 연합이자 역동적인 연합이다. 하나님은 예수님에 대해, '기뻐하는 자'라고 선언하셨다. 그리스도 안에서 하나님의 모든 충만이 거하시어 그리스도의 피로 만물과 하나님이 그리스도 안에서 화해되기를 기뻐하셨다. 하나님은 우리의 아버지가 되시어 우리를 가장 약한 부분인 눈동자처럼 지키시고(신 32:6, 10; 시 17:8; 슥 2:8), 우리를 사랑하시어 그 기쁨을 이기지 못하신다(습 3:17).

이 기쁨과 사랑의 관계 속에 계시는 아들은 죽음으로 그 사랑을 드러내셨다(요 10:15-18; 15:13). 아버지가 아들을 사랑하시는 이유는 목숨을 버림으로써 목숨을 얻었기 때문이다(요 10:17).

그리스도의 죽음은 하나님이 아들을 얼마나 사랑하고 기뻐하시는지, 또한 그 아들을 통해서 우리를 얼마나 사랑하고 기뻐하시는지를 가장 충격

적으로 드러내시는 우주적 선포다.[18]

그리스도는 우리를 사랑하셔서 회복하시고 연합하시고자 하는 그의 순종이셨다. 하나님의 강력한 연합의 의지시다.

이제 그리스도께서는 그의 자녀들과 적극적으로 연합하기를 원하신다. 그의 십자가 사역을 통해 보내신 그의 영, 곧 성령께서 내주하심이 그 증거다(고전 3:16).

그리스도의 적극적인 연합 앞에 이제 상응적인 보답, 곧 적극적인 응답으로써의 연합에 순종해야 한다. 문밖에 서서 두드리시는 그리스도의 음성을 듣고 기꺼이 문을 열어드려야 한다. 그리하면 그와 더불어 먹고 동행하며 연합하는 삶을 살게 된다(계 3:20).

자발적이고 의지적으로 연합에 순종해야 한다. 십자가를 본받는 삶은 그리스도와 연합한 삶이다.

2) 상호 내주 연합

자발적인 순종에 따른 연합은 역설적인 연합이 발생한다. 역설적인 연합은 하나님이 자신을 희생함으로 인간을 심판하심으로 발생한 것이다. 그리스도 안에서 심판자이신 하나님과 심판받은 자로서 인간이 연합되어 있다. 그런데 이 모든 일은 하나님과 그리스도의 의지가 하나로 연합되었기 때문에 일어났다. 하나님은 자신을 버려서 인간의 죄악을 심판하시기를 기뻐하셨다. 따라서, 십자가는 우주적 심판인 동시에 하나님의 기쁨과

---

[18] 차재승, 『십자가, 그 신비와 역설』, 95-96.

사랑이다.[19]

아돌프 다이스만은 바울과 "그리스도의 친근한 관계"를 우리와 호흡하는 공기의 관계에 비유했다.

> 우리가 호흡하는 생명의 공기가 우리 "안에" 들어와 우리를 채우지만 동시에 우리가 이 공기 안에 살고 이 공기를 호흡하듯이, 사도 바울과 그리스도의 친근한 관계도 역시 마찬가지다. 그리스도는 바울 안에 계시며, 바울은 그리스도 안에 있다.

이 관계를 달리 묘사한 표현이 그리스도와 신자들이 서로 상대방 안에 들어가 산다는 상호 내주 개념이다.[20] 그리스도와의 연합, 곧 상호 내주는 두 가지 측면으로 설명될 수 있다.

첫째, 예수님이 우리에게로: 우리가 되심으로써 우리와 버림 받음(고통의 인간 실존)을 나누신다.

둘째, 우리를 예수님에게로: 우리를 자신에게로 끌어안으심으로써 우리의 버림 받음을 짊어지신다.

예수님의 신비와 역설은 인간이 '되심'으로써 인간을 '품으심' 속에서 찾아볼 수 있다. 그가 우리를 향해 오셨고, 우리를 그 자신에게로 품으셨다.

---

19 차재승, 『십자가, 그 신비와 역설』, 96.
20 Adolf Deissmann, *Paul: A study in Social and Religious History* (New York: Harper, 1957; orig. 1912, rev. 1926), 140.

그런데 그의 이런 되심과 품으심의 방향만이 아니라 그 내용 또한 중요하다.[21] 그 내용의 중심에 바로 십자가가 있다. 십자가를 지기 위해서 인간이 되셨고, 또한 십자가를 통해 인간을 품으셨기 때문이다.

그리스도와 연합, 곧 상호 내주가 바울 영성의 중심이자 생명임을 생생히 보여주는 두 본문은 갈라디아서 2장 20절과 빌립보서 2장 5절이다. '내가 그리스도와 함께 십자가에 못 박힘으로써 주님과 더불어 사는 삶'을 살게 되고, '주님께서 십자가에 못 박혀 죽으심으로 자신을 비워 종의 형제를 가지신 예수님의 마음을 품는 것'으로 연합이 이루어진다.

십자가에 못 박혔다가 높이 들린 그리스도 내러티브는 삶의 규범을 제시하는 내러티브다.

상호 내주 연합에는 그리스도인의 정체성과 사역에의 참여적인 의미가 담겨 있다.

예수님과 바울 사이에 존재하는 유사점 가운데 가장 의미심장한 내용이지만 일반적으로 무시되어 왔던 요소가 바로 "고난"과 "종 됨으로의 부름"에 포함된 참여적 차원이다.

통상적으로 인정되는바, 참여는 바울신학과 영성의 핵심에 자리 잡고 있으며, 이를 알려주는 요소로는 "그리스도 안에", 그리스도 및 성령과의 (안에서의) 코이노니아(κοινωνία, 예를 들면, 고전 10:16; 빌 2:1), 접두사 쉰(σὺν-, "co-")으로 시작하는 단어 같은 핵심 용어와 구절이 있다.

여기서 특별히 중요한 것은 바울의 "함께 십자가에 못 박힘"(co-crucifixion) 개념(롬 6:6; 갈 2:19)이다.

---

21   차재승, 『십자가, 그 신비와 역설』, 107-8.

이 개념은 다음을 의미한다.

첫째, 세례에서 표현되듯이 믿음을 통해 그리스도에게로 편입되는 것
둘째, 그리스도 안에서 계속되는 실존

두 가지 모두를 가리키는 것으로 보인다.[22]

그리스도인은 상호 내주와 연합을 통해서 예수님의 인격적 열매와 사역적인 열매를 공유하고 맺어갈 수 있다. 곧 인격적인 열매인 성령의 열매(갈 5:22)를 맺게 되고, 또한 예수님의 사역에 동참하여 복음을 전파하고, 고통 당하는 사람을 위로하고 치유하며, 하나님의 나라를 선포하는 사역을 담당하여 사역적인 열매를 맺게 된다.

3) 공동체와의 연합

연합이라는 내러티브 안에서 공동체에 특유한 삶이라는 내러티브가 전개되고 이 내러티브로 말미암아 그 공동체에 특유한 삶이라는 내러티브가 형성된다.

그러므로 "그리스도 안에" 있다는 말은 무엇보다 그리스도가 주님이심을 인정하는 공동체에 참여함으로써 그리스도의 능력, 특히 그리스도와

22　Gorman, 『속죄와 새 언약』, 205.

그분의 십자가를 본받게 하는 능력의 영향을 받으며 살아간다는 뜻이다.[23]

콘스탄틴 R. 캠벨은 그리스도인은 그리스도 안에 있다는 것으로 그리스도와의 연합을 설명한다. 그리스도 "안에"가 갖는 세 가지 의미가 있다.

첫째, 그리스도와 "함께"
둘째, 그리스도를 "따라"
셋째, 그리스도를 "위하여"

이런 연합의 의미를 통해서 바울은 그리스도 안에 있다는 것을 십자가를 본받는 삶을 사는 것으로 본다.

바울의 영성은 내러티브 영성이다. 신자의 삶은 그리스도와 함께 사는 삶이다. 신자의 삶의 그리스도의 이야기를 이루는 모든 중요한 순간순간을 그대로 따라갈 뿐만 아니라, 모든 순간에 나아가 그리스도의 삶 전체에 참여한다. 이 참여는 현재 그리스도와 함께 고난과 죽음에 초점을 맞추면서, 미래의 부활과 영광에도 초점을 맞춘다.

그리스도 안에서 살고 그리스도와 함께 사는 것은 결국 그리스도를 위하여 사는 것이기도 하다. 그리스도를 "위하여" 또는 그리스도를 "지향하는" 적절한 삶은 십자가를 본받는 삶이다.[24]

---

23 Gorman, 『삶으로 담아내는 십자가』, 70.
24 Campbell은 더욱 구원의 개념의 연장선상에서 구원을 하나님과의 연합이라고 정의할 수 있다고 말한다. 인간은 자신의 힘으로 결코 구원에 이를 수 없다. '자기 힘으로'라는 개념 자체가 죄의 속성에 속하는 것이기 때문이다. 그렇다면 이런 의문이 제기될 수 있다.
인간의 자기 힘이 단지 아무것도 없다고 답한다면 인간에게 인간됨이 남아있을까? 어떤 것이 있다면 그것이 죄가 되는 것이라 여겨야 하는가?'

하지만, 그리스도와 연합하여 그리스도를 "위한" 삶은 동시에 다른 사람들을 "위한" 삶이기도 하다. 그리스도인으로서 서로에게 종 노릇하라는 의미와 연결된다.

이는 십자가와 부활이 예수 그리스도 자신을 위한 것이 아니라 다른 사람들을 위한 것이었기 때문이다. 여기에서 하나 됨(연합)이라는 비전이 나타나는데, 특히 유대인과 이방인이 연합을 이루고 모든 회중이 연합을 이루며 나아가 결국에는 온 세계가 하나 됨을 이룰 것이라는 비전이다(롬 15:1-6).

하나님은 인간을 사랑하셔서 그 사랑을 표현하기로 하셨고, 예수님은 하나님의 그 뜻에 순종하셔서 십자가를 지셨다. 그리고 성령님은 예수님의 십자가 사역을 온전히 적용하시기 위해서 오셨다. 서로가 서로를 위함으로써 하나 됨이라는 비전을 온전히 이루셨다.

따라서, 십자가를 본받는 삶은 서로가 서로를 위함으로써 하나 됨이라는 비전, 곧 하나님의 나라, 교회를 온전히 이루는 방향이다.

이 신비스러운 연합은 십자가에서 발생한다. 그리스도의 죽음으로 우리는 그리스도의 죽음에 초대되고 함께 죽음으로써 그리스도와 연합된다.

떠난 이는 우리요, 함께하신 이는 그리스도다. 버린 이는 우리요, 찾고 부르신 이는 그리스도다. 버림 받은 이는 우리요, 버림 받은 이와 함께하

그러나 그리스도인의 삶에서 성령으로부터 독립된, 자율적 영역이 있으리라는 생각은 근거를 찾을 수 없다. 성령께서 우리를 이끄셔서 그리스도께로 인도하셨기 때문에 '인간 자신의 힘'은 설 곳이 없다. 만약 알미니안 주의에서 주장하는 대로 내적 평형 상태에서 인간이 하나님을 따르기로 결정한다고 하면, 여기서 결정이란 움직임의 동인은 "성령"이 아니라 "자신"이 되기 때문이다. Campbell, 『바울이 본 그리스도와의 연합』, 113-14.

신 이는 그리스도다. 죄와 죽음과 사탄과 무지와 고난에 묶여서 살아가는 이들은 우리요, 이들과 함께하시며 자신의 몸과 피로 우리의 고난과 함께하시면 우리의 한계를 짊어지시고 죽음으로 우리를 그 속박에서 구원해내시는 이는 그리스도다.

이 점에서 그리스도만이 우리를 대신하신 분이요 우리는 철저히 대신당하는 이들이다. 예수는 홀로 십자가에서 돌아가셨다.[25]

그리스도와의 연합의 의미에서 그리스도인이 십자가에서 그리스도와 함께 죽었다는 사실이 어떻게 가능한가?
상상과 믿음 속에서만 가능한가?
함께 죽음은 비유와 상징일 뿐인가, 혹은 참여에 의해 비로소 현실화되는가?
십자가를 본받는 사람들은 그것을 어떻게 실현할 수 있는가?

이런 의문에 대한 실마리는 오직 그리스도에게서 찾아야 한다. 그리스도의 몸과 피가 우리에게 나누어졌고, 그리스도는 그렇게 나누심으로써 인간을 끌어안으시기 때문이다.[26]

예수님은 결코 우리를 떠나지 않으신다는 것을 죽음으로 약속하셨다. 그 약속을 따라 우리 또한 십자가에서 죽었다. 예수님이 자신을 우리와 나누셨기 때문에 우리는 그분의 죽음을 나눈다. 이 십자가는 믿음과 삶으로

---

25 차재승, 『십자가, 그 신비와 역설』, 120.
26 Ibid., 121.

우리에게로 흘러넘친다. 예수님이 우리와 함께하셨기 때문에 우리가 십자가에 함께 참여한 자들이고, 십자가에 함께 참여한 자들이기 때문에 지금 여기서 십자가에 참여한다.

이런 성경적 '대신', 그리스도의 '대신'은 인간과 그리스도가 배타적으로나 기계적으로 교환되는 것이 아니라 시간과 공간의 제약을 넘어서 죽음으로 그리스도와 우리가 하나 되는 것을 의미한다.[27]

십자가 때문에 그리스도인은 이 세상에서도 정의로워야 하며, 십자가 때문에 죽기까지 세상을 돌보며 섬기며 나누며 짊어져야 한다.

그래서 십자가를 통한 새 언약 안에서의 삶은 우리 자신과 하나님 자신의 친밀한 연합을 포함한다. 그 삶은 참여적이며, 신약에서 하나님의 성령은 또한 예수님의 성령이기도 하기에 새 언약 영성은 새 언약을 탄생시키고 새 언약 백성을 창조한 사건에 참여하는 것이다.

그 사건은 바로 메시아의 죽음이다. 고난의 잔과 섬김, 자기희생과 평화조성에 동참하는 특권이 우리에게 주어진 것이다.[28] 그러므로 기독교의 진리는 그리스도와의 연합이라는 참여를 통해 이해된다. 이 이해는 적절한 참여를 통해, 말하자면 신적 드라마의 의로운 실천에 동참하는 활동을 통해 입증된다.[29]

이 모든 활동은 그의 가족이자, 그의 몸인 교회공동체의 연합된 사역과 열매로써 실행된다.

27　Ibid., 123.
28　Gorman, 『속죄와 새 언약』, 250.
29　Kevin J. Vanhoozer, *The Drama of Doctrine: A Canonical Linguistic Approach to Christian Doctrine* (Westminster John Knox Press; 0035th edition [August 2, 2005]), 428.

4. 십자가를 본받는 삶은 그리스도를 본받음(닮음)이다

1) 당신의 형상을 만드시는 "본받음"

"십자가를 본받는 삶"은 "그리스도를 본받는 삶"이라고 할 수 있다. 바울서신을 통해서 알 수 있겠지만 바울이 십자가를 본받는 삶을 살게 된 것은 상호 내주, 즉 바울이 그리스도 안에 있고 그리스도가 바울 안에 계심으로써 나타난 결과다.

그러나 사실 "본받는 삶"이라는 표현은 주의가 필요하다. 자칫 "본받음"을 특히 인간이 노력하는 과정으로 이해될 수 있기 때문이다. 만약 그렇게 이해한다면, "본받음"이란 말은 상호 내주 체험이나 자신에게 역사하는 능력을 체험한 일을 묘사하는 데 적절한 낱말이 아닐 수 있다.

왜냐하면, 십자가를 본받음으로써 그리스도를 본받는 자가 되는 것은 "사람이 의식적으로 본받는 차원의 문제라기보다 복음의 능력이 신자들의 삶 속에 역사함으로써, 곧 성령께서 역사하심으로 어떤 패턴을 만들어 낸 결과이기 때문에 그렇다."[30]

철저히 하나님께서 당신의 형상을 만드시는 은혜, 선물의 차원이다. 따라서, "본받음"이라는 과정은 그리스도가 당신의 형상을 신자들 속에서 만드시는 것(formation, 갈 4:19)[31]이다.

---

30 Gorman, 『삶으로 담아내는 십자가』, 89.
31 한글 개역개정 성경에는 "그리스도의 형상을 이루기까지"라고 표현되어 있다. 영어 NIV 성경에서는 "Christ is formed in you"로 표현한다. 그리스도께서 우리 안에 형성되신다.

그리고 그 결과로써 신자들이 그리스도, 특히 그분의 십자가를 그대로 닮는 것(conformity, 빌 3:10)이다.

십자가를 본받는 삶은 계속하여 그리스도 안에서 살아가고 그리스도와 함께 죽는 삶의 패턴이다. 그러므로 십자가를 본받는 삶은 인간의 노력으로 될 수 있는 게 아니다. 바울 안에서 그리고 그가 섬기는 공동체들 안에서 역사하는 능력이 있다. 이 능력은 하나님의 영이다. 그리스도의 영이기도 하신 성령님이시다. 이 능력 덕분에 십자가를 전하는 내러티브는 다시 이야기되고 다시 살아날 수 있게 된다.

그러므로 십자가를 본받는 삶은 철저히 삼위 하나님의 역사이지 결코 우리 노력의 결과가 아니다. 우리가 그리스도를 본받는 것이 아니라 하나님께서 당신의 형상에 만들어 가시는 것에 감사함으로 순종하는 것이다. 그런 의미에서 우리는 당신의 형상을 만드시는 것에 순종함으로써 그리스도를 본받는다.

그리스도를 본받는다는 의미는 크게 두 가지 측면으로 이해해 볼 수 있겠다. 인격적 측면과 사역적 측면이다.

첫째, 인격적 측면은 예수님께서 보여주신 성품을 닮는 것이다. 성령으로 충만하셨던 예수님은 자신의 전 생애를 통해 성령의 아홉가지 열매를 맺으셨다. 사랑과 희락과 화평과 오래 참음과 자비와 양선과 충성과 온유와 절제(갈 5:22)와 같은 열매들이다.

이런 열매들은 예수님의 신적인 차원이 아닌, 그를 따르며 닮아가려는 제자들을 통해서 함께 맺어지는 사람으로서의 열매를 맺는 것이다.

너희는 성령을 따라 행하라 그리하면 육체의 욕심을 이루지 아니하리라(갈 5:16).

둘째, 사역적 측면은 복음서 내내 보여주신 예수님의 사역이다. 예수님께서 보여주신 사역을 핵심적으로 세 가지로 정리하자면 말씀을 가르치시고, 치유하시고, 하나님의 나라를 선포하신 것이다.

이런 사역들은 제자들을 통해 승계되었으며 제자들은 예수님의 사역을 감당하면서 교회를 세우고 하나님의 나라를 이루어 나갔다. 이제는 현대의 그리스도인들에게 전승되어 계승을 바라고 있다.

그렇게 신자들은 십자가를 본받는 삶을 통해 예수님을 닮는다.

2) 하나님의 거룩을 본받음

하나님께서는 자기 백성에게 거룩을 요청하셨다(레 19:2). 하나님께서 거룩하시기 때문이다. 이제 신약의 신자들은 예수 그리스도의 십자가를 통해서 거룩을 입었다(행 20:32).

사람이 거룩을 입는 것은 하나님을 닮음이고 본받음을 의미한다. 바울은 예수님의 죽음과 하나가 되고 그 죽음에 참여하는 것을 그리스도에 대한 신자의 근본적인 경험으로 생각한다.

캠벨은 그의 책에서 고면에 대해서 평가하면서 그의 이론은 바울의 탄탄한 삼위일체론에 근거한다고 말하면서 하나님의 거룩을 본받음을 논증한다. "그리스도안에 있는 것은 하나님 안에 있다"는 것이다.

따라서, 최소한 바울에게 십자가를 본받음이란 "하나님을 본받음 혹은 신성화"[32]를 의미한다.

바울이 즐겨 사용하는 '그리스도 안에'라는 어구는 '하나님 안에/그리스도 안에/성령 안에'의 약칭이라고 주장한다. 그러므로 바울의 그리스도 중심 사상은 일종의 암묵적 삼위일체론이다. 그에게 신성화란 '인간이 하나님과 같이 되는 것'을 의미한다.

고먼은 신성화를 성령의 능력을 통해 육신의 몸을 입으시고 십자가에 죽으시고 부활하신(영화롭게 되신) 그리스도를 본받아 자기 자신을 비우고 십자가를 본받는, 즉 하나님의 성품으로 변화하는 데 참여하는 것으로 묘사한다.

신성화를 이와 같이 이해한다면 칭의는 그리스도의 부활에 참여하는 것에 기인하며 이는 그분과 함께 십자가에 못 박힘으로써 가능하다는 것으로 이해할 수 있다. 또한, 성결은 다름 아닌 하나님의 생명 자체에 참여하는 것이다. 그러므로 이것은 본질적인 의미에서보다 관계적, 참여적인 의미에서 봐야 한다.

그리고 폭력 행사로부터의 자유는 하나님의 종말론적 심판에 대한 확신을 가질 때 비로소 가능하다.[33]

---

32 Gorman은 그리스도와의 연합적인 측면에서 "신성화"라는 용어를 사용하고 있지만, Barclay는 이는 하나님께로의 동화(assimilation)라는 그리스 철학적 개념에서 영향을 받은 신학적 전통에서는 이런 바울의 언어를 신자들이 그리스도의 '본성' 혹은 '본질'을 공유하는 것으로 해석해 왔고, 이는 종종 '테오시스'(theosis, "신성화")라는 말로 묘사되어 왔다고 설명한다. 그러나 이를 본성이나 본질이라는 관점에서 보기보다는 관계의 관점에서 보는 것이 더 좋을 것이라고 말한다. 이것은 지적하기보다는 보완하는 것으로 보인다. Barclay, 『바울과 은혜의 능력』, 274.
33 Campbell, 『바울이 본 그리스도와의 연합』, 67-68.

일반적으로 '신성화'라는 용어는 익숙하지 않다. 그러므로 바클레이의 지적을 따라 신성화라는 용어보다는 하나님을 본받는(본질적 측면이 아니라 관계적 측면에서) 거룩성이라는 용어를 사용하는 것이 좋을 것 같다. 인간은 결코 하나님과 본질적으로 같을 수 없기 때문이다.

더불어 생각해 보아야 할 것은 이와 같은 참여에 대한 강조를 인간의 노력을 통한 구원론과 혼동하면 안 된다는 점이다. 오히려 참여의 의미가 통하게 해주는 틀은 성경에서 하나님과 인류의 관계가 지닌 특성이다. 즉, 하나님이 사람과 맺기 원하시는 관계, 하나님이 사람들 사이에 이루어지길 원하시는 관계의 모습이다.[34]

이런 관계의 모습을 속죄에 따른 결혼 관계의 창조로 보는 것도 유용하겠다. 당연히 결혼은 친밀하고 사적인 관계로, 자신을 관여시키는 충성과 사랑의 관계다.[35] 신랑되신 거룩하신 예수님을 본받아 신부로서 순결함을 유지하는 것이다.

하나님의 거룩성을 본받는 의미에서, 존 번연은 『천로역정』을 통해 크리스천의 삶 속에서 구원의 여정을 설명한다. 그리스도를 만나는 좁은 문을 통과할 때 구원의 인침을 받아 구원의 확신을 가지고, 여행하며 꺼내 읽고 힘을 얻으라고 주신 두루마리, 즉 성경을 가지고 있다고 말한다.[36]

구원의 여정을 통과하면서, 말씀을 통해, 그리스도를 닮아가는 과정을 설명하는 것이다.

---

34 Gorman, 『속죄와 새 언약』, 339.
35 Ibid., 339.
36 John Bunyan, 『천로역정』, 최종훈 역 (서울: 포이에마, 2011), 85.

그러나 그리스도로부터 이탈하여 본받음 없이 거저 구원을 얻으려는 허울과 위선을 경계한다. 허울과 위선은 좁은 문으로 들어오지 않고 담을 넘어 구원의 길에 들어선다. 그들은 좁은 문을 통과하지 않았기에 구원의 확신도 가지고 있지 않으며 말씀에 관해서도 관심이 없다.

십자가를 통과하지 않았기에 십자가를 본받는 삶에는 더더욱 관심이 없고 그들이 태어난 허영(Vain-Glory)이란 지방의 이름처럼, 다만 찬양과 영광을 한 몸에 받으려는 목적만을 가지고 있다.[37] 이들은 하나님이 정하신 길을 따라가는 것이 아니라 마음 내키는 대로 걷는다.

그들은 그리스도를 본받으려는 의도가 전혀 없다. 그렇기에 십자가를 본받는 삶에는 관심이 없고, 그곳에서 얻는 구원과 영광에만 집착한다. 그렇기에 혹 여행을 마치고 목적지에 도착한다 해도 진실한 사람이라는 평가를 받을 수 있을지 지극히 의심스럽다. 주님의 가르침을 좇지 않고 제멋대로 끼어들었으니, 결국 그분의 사랑을 입지 못하고 제풀에 밀려나고 말 것이다.[38]

결국, 그들은 거룩을 입지 아니하였기에 그리스도를 닮으려고도, 하나님의 거룩을 본받으려고도 하지 않고, 다만 구원에만 목적이 있었던 것이다. 구원은 하나님과의 관계의 결과이지, 구원 자체가 목적이 될 수는 없다.

구원을 설명할 수는 있겠으나 구원을 목적으로 예수님을 믿으라는 전도의 방향은 바람직하지 않다. 십자가를 본받는 삶은 예수님과의 연합으로

---

37 Ibid., 85-86.
38 Ibid., 87.

말미암아 하나님의 거룩을 본받고 구원을 얻고 누리게 한다.

그러므로 십자가는 새 언약의 모델이다. 속죄에 관한 다른 많은 해석에는 예수님의 죽음이 가져온 "혜택"과 그의 죽음이 가능케 하고 동시에 요구하는 "제자도의 실천" 사이에 내재적인 균열이 존재하는 반면, 십자가를 본받는 삶의 모델은 그러한 균열을 극복한다. 신약이 예수님의 죽음, 곧 십자가를 단지 구원의 원천일 뿐만 아니라 구원의 형태로도 이야기하고 있기 때문이다.

말하자면, 십자가는 관계적인 측면에서 가장 온전한 인간, 가장 그리스도 같은 인간, 가장 하나님 같은 인간이 되는 수단이자 패턴이다. 십자가는 그리스도의 사역일 뿐만 아니라 궁극적으로는 하나님의 사역으로 그리고 이제는 성령에 힘입어 계속되는 교회의 사역으로 기억되고 기려지고 재연[39]될 것이다.

십자가를 본받는 삶은 하나님의 거룩을 따르는 삶과 괴리된 사유화된 신앙, 자기 입맛에 맞게 영광과 구원만 취하는 신앙을 철저히 경계한다.

> 하나님의 말씀과 기도로 거룩하여짐이라(딤전 4:5).

---

[39] Gorman, 『속죄와 새 언약』, 381. 여기서 사용된 용어는 '연기'지만 Rutlege가 주장한 '재연'이라는 단어를 사용한다. 왠지 '연기'라고 하면 바리새인처럼 외식하는 모습으로 비춰질 위험이 있기 때문이다.

5. 십자가를 본받는 삶은 은혜의 응답으로써 열매를 맺는 삶이다

1) 영원한 생명을 주신 은혜의 관계 속에서의 필연적 응답

하나님께서 독생하신 아들 예수 그리스도를 통해 우리에게 베푸신 은혜의 십자가는 비상응적이지만 순환적이다.

은혜는 '불경건한' 사람들에게 주어지며, 가치의 부재 속에서 성별, 인종, 지위, 성공 같은 사전에 이미 형성된 어떤 가치와도 상관없이 모두에게 주어지기에 비상응적이다. 거기에는 어떠한 '목록'이 없으며, '누가 나쁘고, 착한지'에 의해서 결정되는 선택도 없다.

그것은 인간 수신자들을 변화시키기 위해서 주어지고, 영원한 관계를 세운다. 이런 영원한 관계는 영원한 생명을 얻게 하고 누리게 한다. 영원한 생명을 얻는다는 것은 하나님과 인간의 하나 됨 가운데 있음을 말한다.

영원한 생명은 하나님의 의지와 일치하며, 하나님의 의지가 다스리는 현실 속에서 이루어진다. 그뿐만 아니라, 영원한 생명은 단순히 하나님에 관한 명상에 있는 것이 아니라 진실과 사랑 가운데서 이웃과 교통하며 이웃을 섬기는 삶에 있다. 이웃을 사랑하는 자는 영원한 생명 안에 있고, 자기만 알고 자기만 추구하는 사람은 죽음 안에 있다. 영원한 생명 안에서 모든 존재가 자기를 위하여 살지 않고, 오히려 모두를 위하여 살며 "서로 위함의 존재 구조"를 가진다.[40]

---

[40] 김균진, 『죽음과 부활의 신학』(서울: 새물결플러스, 2015), 458-59.

영원한 생명을 얻고 누리는 관계 속에서 이 선물의 수신자는 삶을 통해서 필연적으로 감사, 순종, 변화된 행위를 표현해야 한다. 이 은혜는 사전 조건이 없기에 값없는 것이지만, 기대나 아무런 의미가 없는 값싼 것은 아니다.

이 선물을 받는 사람들은 관계 속에 머무르게 되고, 그들의 삶은 새로운 습관, 새로운 성향 그리고 새로운 은혜의 실천에 의해서 변화되는데,[41] 바로 십자가를 본받는 삶을 따르게 된다.

예수 그리스도는 십자가를 본받아 용서받은 사람에게는 용서할 것을 기대하셨고(마 6:12), 무화과나무에는 열매를 맺을 것을 기대하셨고(눅 13:6-9), 섬김을 위해 제자들을 부르셨고(막 10:41-45), 부자에게는 나누어 줄 것을 기대하셨고(눅 19:1-10), 사랑받은 사람들에게는 사랑하라고 명령하셨다(요 13:34-35).

십자가를 통해 영원한 생명을 주신 은혜의 관계 속에서 십자가의 삶을 사는 것을 통해 필연적 응답이 감사와 감격을 통해 드러난다.

2) 추가적인 선물을 얻기 위한 것이 아닌 성령께서 불러일으키시는 합당한 반응

십자가를 본받는 삶은 추가적인 선물을 얻기 위한 것이 아니라, "십자가를 통한 구원이 집에 이르렀을 때"(눅 19:9) 나오는 자연스러운 반응이다.

41　Barclay, 『바울과 은혜의 능력』, 328.

은혜의 구원을 경험하고 성령께서 인도하심으로 예수님을 따를 때 자연스럽게 자기 십자가를 본받는 삶이 이어진다.

이것은 성령의 주도하심으로 나오는 반응이기에 결코 은혜의 복음으로부터 나와서 '도덕주의'로 빠지지 않는다. 이 은혜와 사랑은 신자들의 공동체 속에서 순환되고, 그들로부터 나와서 다른 사람들에게 흘러가는 긍휼과 상호 지지의 행위다. 다시 말해, 나눔과 베풂으로 세워가는 공동체 속에서의 은혜의 실천이다.[42]

그러므로 십자가를 본받는 삶은 가치의 모든 표준을 재조정하는 은혜의 신학이다. "더 우월한 가치"(빌 3:8)로 새롭게 방향 설정을 이루어 나가는 기독교의 핵심적인 가치이다.

『바울과 은혜의 능력』 추천 단평에서 박영돈은 이렇게 말한다.

> 바울에게 있어 은혜는 우리 자아를 온전히 새롭게 형성하여 복음에 합당한 삶의 반응을 불러일으키는 능력이라는 메시지가 우리 가슴에 큰 울림과 확신으로 다가온다.[43]

십자가의 은혜로 말미암은 복음은 우리로 새로운 자아를 형성하게 하여 복음에 합당한 삶의 반응을 이끌어 내어 십자가를 본받는 삶을 살게 한다. 우리 자아에 역사하시는 그의 능력은 십자가를 본받음으로 역사하시는 성령님의 열매이며 결과다.

---

42 Ibid., 329-30.
43 Ibid., 375.

결론

십자가를 본받는 삶으로의 결단

한국 교회의 성장은 1907년 평양대부흥 운동에서 출발한다고 볼 수 있다. 이 부흥 운동은 회개를 통해 일어났다.

사경회를 통해 말씀을 알아가는 가운데 성령께서 역사하시는 것에 대한 순종이었고, 죄에 대한 통감이었으며, 서로에게 대한 고백과 용서와 화해의 장이었다. 예수님을 믿고 나니 영적으로 각성되어 더 이상 죄의 상태에 머물러 있을 수 없었기에 그 자리에서 자기 죄를 고백하고 새로운 삶을 시작하는 역사가 일어났다. 이것이 한국 교회의 사회에 대한 신뢰가 되어, 한국 교회는 급격히 성장하게 되었다.

그런데 오늘날 한국 교회는 신뢰를 상실해 버렸다.

복음을 알지 못하기 때문인가?
아니면 복음을 오해하기 때문인가?
그렇지 않다!

사실 오늘의 한국 사회는 복음에 대한 인식이 없지 않다. 예수님에 관해 들어보지 못한 사람은 거의 없을 것이다. 공교육 시간에도 각 종교를 비교하며 기본 교리를 가르쳐 준다.

그러므로 복음을 듣지 못해 믿지 못하는 사람은 한국 사회에서 찾아보기 힘들 정도다.

그러면 한국 교회가 신뢰를 상실하고 신자 수가 줄어들고 있는 이유는 무엇인가?

오늘날의 한국 교회는 물질 만능주의와 개인주의, 왜곡된 칭의에 따른 잘못된 구원관, 이에 대한 결과로 나타나는 실천론적 무신론에 의해 잠식당하고 있다.

이런 현상의 당연한 귀결은 한국 교회의 신뢰성 상실이다. 예수님의 인격과 가르침이 보이지 않는 교회에 대한 실망에 따른 신뢰성 상실이다.

> 당신의 인격이 너무 크게 소리치고 있어서 당신의 말이 들리지 않는다.

위의 말처럼 한국 교회의 행태가 너무 크게 소리치고 있어서 우리가 전하는 복음이 그들의 귀에 들리지 않는 모양이다. 한국 교회의 대 사회적 이미지가 근본적으로 쇄신되지 않는 한 진정한 의미에서 세상 속에서의 교회의 사명, 즉 전도와 선교는 불가능하다.[1]

그렇다면 한국 교회가 신뢰를 회복하고 믿지 않는 자들에게 복음을 증거할 수 있는 방법은 무엇인가?

---

1 박영돈, 『한국 교회의 일그러진 얼굴』 (서울: IVP, 2013), 25.

> 누구든지 나를 따라오려거든 자기를 부인하고 자기 십자가를 지고 나를 따를 것이니 (마 16:24).

이 말씀에 순종해야 한다. 예수님의 가르침을 듣고 바울서신 등 말씀의 원리를 따른 것이 "십자가를 본받는 삶"(Crucifotmity)이다.

말로써가 아니라 예수님께서 본을 보여주신 대로 십자가를 지는 삶으로 복음을 증거하는 것이다.

십자가를 통해 삼위 하나님을 볼 때, 우리는 점진적 계시를 통해 나타내신 성부, 성자, 성령 하나님을 선명히 보게 되고, 우리 신앙을 공고히 하게 된다.

삼위일체적 신앙고백에 따른 신앙생활을 잘하기 위해서는 날마다 십자가 앞으로 나아가야 한다.

십자가를 통해 친히 우리의 아버지가 되신 성부 하나님을 만나고, 십자가에 못 박혀 죽으심으로 우리를 구원하시고, 모든 관계에서 회복하고 화해하게 하신 성자 예수 그리스도의 사랑을 만난다. 그리고 그리스도의 사랑을 본받아 십자가를 본받는 삶을 살게 하심으로 믿음의 합당한 열매를 맺게 하시는 성령 하나님의 인도하심을 받는다.

십자가를 통해 삼위 하나님을 만날 때 기독교의 핵심 가치이자 그리스도인의 실천적 덕목인 믿음과 사랑과 능력과 소망의 진정한 의미를 알게 된다. 십자가를 본받는 믿음, 사랑, 능력, 소망은 그리스도인의 삶에 구체적인 실천을 제시해 준다.

그리고 십자가를 본받는 삶으로의 믿음의 결단을 드리도록 한다. 이 또한 하나님께서 베푸신 은혜를 따라 응답하는 근본적 선택이자 순종이기에 우리의 믿음은 전적 하나님의 은혜로 말미암은 것임을 잊지 않는다.

 은혜를 따른 응답은 성령 하나님의 역사하심의 결과로, 십자가를 본받는 삶의 사랑으로 나타난다. 그 사랑은 그리스도께서 본을 보이신 패턴으로 나타나는데, 그리스도의 사랑의 본의 패턴을 따라 우리의 신앙생활과 삶 속에 구체적으로 적용할 수 있다.

 그것은 철저히 자기중심이 아닌 하나님 사랑과 이웃 사랑이다. 이런 십자가를 본받는 삶의 사랑을 실천하도록 하나님께서는 능력을 베푸신다. 분명히 말하지만 능력의 목적은 사랑이다.

 십자가를 본받는 삶의 능력은 한국 교회가 그동안 보여 왔던 카리스마나, 은사의 차원이 아니라 십자가에 못 박히신 그리스도, 즉 약함을 통해 나타나는 역설의 능력이다. 그 속에서 비로소 자기 자랑이 아닌 하나님의 능력이 드러나고 그 능력은 철저히 온유하며 겸손하게 만든다.

 능력으로써 사랑을 실천할 때, 우리 삶에 발생하는 모든 고난과 환난은 인내와 연단을 낳는데, 이는 곧 십자가를 본받는 삶의 소망으로 연결된다. 이 소망은 하나님의 역사하심이다. 죽음-부활이라는 패턴과 굴욕을 당함-높이 들림이라는 패턴으로 하나님께서 역사하실 것이라는 현재적 믿음과 미래에 대한 확신이다.

 이런 소망은 결국 믿음과 사랑과 능력의 삶의 동력이 되고, 현세에서 앙갚음하거나 보상받으려는 반신앙적인 행태를 상쇄하고 화해와 화목을 이끌어 낸다.

 십자가를 본받는 삶의 순종을 통해 믿음, 사랑, 능력, 소망 속에서 역사하시는 하나님을 체험하게 된다.

믿음, 사랑, 능력, 소망 속에서 하나님의 역사를 체험하며 십자가를 본받는 삶을 살아가는 개인들이 모여 십자가를 본받는 삶의 공동체를 이룬다.

십자가를 본받는 삶은 참여적, 실천적 영성으로써 공동체성을 띠기 때문에 선택이 아니라, 하나님께서 부르신 자들이라고 한다면 당연히 연합되는 것이다.

십자가를 본받는 삶의 공동체는 그리스도의 몸으로서 가족을 이루고 선교사로서의 역할을 감당한다. 하나님을 유일한 주인으로 모시기에 우상들을 향해서는 배타적이지만 이웃에 대해서는 심지어 원수라 할지라도 사랑으로 대함으로 포용적이다. 그리스도께서 주인되셔서 다스리시기에 누구나 차별이 없고 참여를 통해 서로를 세워주는 공동체다.

또한, 빛과 사랑을 전하는 사신으로, 평안과 안전을 전하는 왕의 전사로서의 역할을 감당한다.

그러므로 교회공동체는 십자가를 본받는 삶으로 복음을 주해하여, 말이 아닌 삶으로 세상에게 보여준다.

한국 교회의 신뢰 회복을 위해서 다시 복음으로, 다시 말씀으로, 다시 십자가로 돌아간다. 십자가를 본받는 삶으로의 결단을 통해 개인적으로 하나님을 향한 믿음을 점검하고, 이웃을 향한 사랑을 돌아본다. 그뿐만 아니라, 공동체적으로 함께 꿈꾸며 소망하며 협력하여 그 사랑을 실천하기로 결단한다. 우리의 결단에 하나님은 능력을 더하신다.

신뢰 회복과 전도는 불가분의 관계다.

이제 한국 교회가 십자가를 본받는 삶을 통해 신뢰를 회복하고 다시 부흥을 꿈꾸게 되기를 소원해 본다.

> 나와 같이 모든 일에 모든 사람을 기쁘게 하여 자신의 유익을 구하지 아니하고 많은 사람의 유익을 구하여 그들로 구원을 받게 하라(고전 10:33).

전도의 비결은 바로 여기에 있다.
십자가를 본받는 삶, 곧 믿음, 사랑, 능력, 소망이다.

참고 문헌

1. 국문 단행본

강영안. 『십계명 강의』. 서울: IVP, 2017.

강창희. 『고린도후서』. 한국성경주석총서. 서울: 도서출판횃불, 2007.

길성남. 『에베소서를 어떻게 읽을 것인가』. 서울: 성서유니온, 2016.

김균진. 『죽음과 부활의 신학』. 서울: 새물결플러스, 2015.

김도현. 『나의 사랑하는 책 로마서』. 서울: 성서유니온, 2014.

김세윤. 『칭의와 성화』. 서울: 두란노, 2018.

김지찬. 『데칼로그: 십계명, 어떻게 이해할 것인가』. 서울: 생명의말씀사, 2018.

목회와신학 편집부. 『갈라디아서 어떻게 설교할 것인가』. 서울: 두란노아카데미, 2009.

_____. 『고린도전서 어떻게 설교할 것인가』. 서울: 두란노아카데미, 2009.

_____. 『고린도후서 어떻게 설교할 것인가』. 서울: 두란노아카데미, 2009.

_____. 『데살로니가전후서 어떻게 설교할 것인가』. 서울: 두란노아카데미, 2009.

_____. 『로마서 어떻게 설교할 것인가』. 서울: 두란노아카데미, 2009.

_____. 『빌립보서 빌레몬서 어떻게 설교할 것인가』. 서울: 두란노아카데미, 2010.

_____. 『에베소서 골로새서 어떻게 설교할 것인가』. 서울: 두란노아카데미, 2009.

박영돈. 『밥심으로 사는 나라』. 서울: IVP, 2020.

_____. 『일그러진 성령의 얼굴』. 서울: IVP, 2011.

_____. 『톰 라이트 칭의론 다시 읽기』. 서울: IVP, 2016.

_____. 『한국 교회의 일그러진 얼굴』. 서울: IVP, 2013.

손봉호, 『주변으로 밀려난 기독교』. 서울: CUP, 2014.

신광은. 『천하무적 아르뱅주의』. 서울: 포이에마, 2014.

안점식. 『세계관과 영적 전쟁』. 서울: 죠이선교회출판부, 2016.

_____. 『세계관·종교·문화』. 서울: 죠이선교회출판부, 2016.

원종천. 『성화의 부진과 칭의의 고민』. 용인: 킹덤북스, 2017.

이성호. 『성찬 천국잔치 맛보기』. 전남: 그라티아출판사, 2016.

차재승. 『십자가, 그 신비와 역설』. 서울: 새물결플러스, 2015.

최갑종. 『갈라디아서』. 서울: 도서출판이레서원, 2016.

한기채. 『한국 교회 7가지 죄』. 서울: 두란노, 2016.

2. 영문 단행본

Bartchy, S. Scott. *"undermining Ancient Patriarchy: The Apostle Paul's Vision of a Society of Siblings."* Biblical Theology Bulletin 29, 1999

Basil S. Davis. "the Meaning of proegranphe in the Context of Galatians 3:1." New Testament Studies 45, 1999.

Beker, J. Christaan. *Paul the Apostle: The Triumph of God in Life and Thought*. Philadelphia: Fortress, 1980.

Belousek, Darrin W. Snyder. *Atonement, Justice, and Peace: The message of the Cross and the Mission of the Church*. Grand Rapids: Eerdmans, 2012.

Best Ernest. *Following Jesus*. T&T Clark, 1981.

Bonhoeffer, Dietrich. *The Cost of Discipleship*. rev.ed., trans. R. H. Fuller. New York:Macmillan, 1959.

Brown, Raymond E. *An Introduction to the New Testament* . New York: Doubleday, 1997.

Brunner. Emil. *Man in Revolt: A Christian anthropology*. tr. Olive Wyon. 1937; Lutterworth, 1939.

_____. *The Mediator*. tr. Olive Wyon. 1927; Westminster Press, 1947.

Bultmann, Rudolf. *Theology of the New Testament*. trans, Kendrick Grobel. New York: Charles Scribner's Sons, 1951.

Caird, G. B. *Paul's Letters from Prison in the Revised Standard Version*. NCB. Oxford: Oxford University Press, 1976.

Dale B. Martin *Slavery as Salvation: The Metaphor as Slavery in Pauline Christianity*. New Heaven and London: Yale University Press, 1990.

Deissmann, Adolf. *Paul: A study in Social and Religious History*. New York: Harper, 1957; orig. 1912, rev. 1926.

Dunn, James, D. G. *Jesus and the Spirit: A Study of the Religious and Charismatic Experience of Jesus and the First Christians and Reflected in the New Testament*. London: S. C.M., 1975. Reprinted Grand Rapids: Eedermnas, 1997.

_____. *Jesus, Paul, and the Gospel*, Grand Rapids; Eerdmans, 2011.

James R, Edwards. *Romans*, NIBC. Peabody, Mass; Hendrickson, 1992.

Fee, Gordon D. *First Epistle to the Corinthians*. Grand Rapids: Wm. B. Eerdmans Publishing Co., 1987.

_____. *God's Empowering Presence*. Grand Rapids: Baker. 1994.

Feldmeier, Reinhard and Herman Spieckermann. *God of th living: A Biblical Theology*. trans, Mark E. Biddle. Waco, TX: Baylor University Press, 2011.

Fuchs, Joseph. "Basic Freedom and Morality." New York, Paulist, 1989.

Georgi, Dieter. *Theocracy in Paul's Praxis and Theololgy*. Minneapolis, MN: Fortress, 1991.

Hays, Richard B. *Faith of Jesus Christ; An Investigation of the Narrative Substructure of Galatioans 3:1-4:11*. SBLDS 56. Chico, Calif.;Scholars Press, 1983.

_____. the Moral Vision of the New Testament: A Contemporary Introduction to

New Testament Ethics. San Francisco: HarperCollins, 1996.

Heil, John Paul. *Romans-Paul's Letter of Hope*. Analecta Biblica 112. Rome: Biblical Institute Press, 1987.

Hock, Ronald F. *The Social Context of Paul's Ministry: Tentmaking and Apostleship* .Philadelphia: Fortress, 1980.

Johnson, Luke Timothy. *Living Jesus : Learning the Heart of the Gospel*. New York:HarperSanFrancisco, 1999.

Luther, Martin. *The Freedom of a Christian*, in John Dillenberger, ed., *Martin Luther: Selections from His Writings*. Garden City, NY:Doubleday, 1961.

King, Martin Luther. *Strength to Love*. 1963; Hodder & Stoughton, 1964.

Martyn, J. Louis. *Galatians: A New Translation with Introduction and Commentary*, Anchor Bible 33A. New York: Doubleday, 1997.

Meeks, Wayne A. *The Moral World of the First Christians*. Philadelphia: Westminster, 1986.

Moloney, Francis J. *Love in the Gospel of John*. Grand Rapids: Baker Academic, 2013.

Moltmann, Jürgen. *The Crucified God: The Cross of Christ as the Foundation and Criticism of Christian thelolgy*. Trans. R, A. Wilson and John Bowden. New York: Harper & Row, 1974.

Neyrey, Jerome H. *Paul, In Other Words: A Cultural Reading of His Letters*. Louisville: Westminster/John Knox, 1990.

Sam, K. Williams. "Again Pistis Christou." *Catholic Biblical Quarterly* 49. 1987.

Sanders, E. P. *Paul and Palestinian Judaism*. Philadelphia: Fortress, 1977.

Simposn, E. K. and Bruce, F. F. *Commentary on the Epistles to the Ephesians and the Colossians, New London Commentary* (Marshalls, 1957); *New International Commentary on the New Testament*. Eerdmans, 1957.

Tannehill, Robert C. *Dying and Rising with Christ: A Study in Pauline Theology*. Berlin: Alfred Topelmann, 1966.

Vanhoozer, Kevin J. *The Drama of Doctrine: A Canonical Linguistic Approach to Christian Doctrine*. Westminster John Knox Press; 0035th edition. August 2, 2005.

Wengst, Klaus. *Pax Romana and the Peace of Jesus Christ*. Trans. John Bowden. Philadelphia: Fortress, 1987.

Wright, N.T. "Monotheism, Christology, and Ethics: 1 Corinthians 8." *in The Climax of the Covenant: Christ and the Law in Pauline Theology*. Edinburgh: T&T Clark, 1991; Minneapolis: Fortress, 1993.

_____. *Paul and the Faithfulness of God*. Vol. 4 of Christian Origins and the Question of God. Minneapolis: Fortress, 2013.

_____. "Revelation and Christian Hope." In Revelation and the Politics of Apocalyptic Interpretation, edited by Richard B. Hays and Stefan Alkier, 105-24. Waco: Baylor University Press, 2012.

3. 번역 단행본

Barclay, John, M. G. 『바울과 선물』. 송일 역. 서울: 새물결플러스, 2019.

_____. 『바울과 은혜의 능력』. 김형태 역. 서울: 감은사, 2021.

Bauckham, Richard. Hart, Trevor. 『십자가에서』. 김동규 역. 서울: 터치북스, 2021.

Billings, J. Todd. 『그리스도와의 연합』. 김요한 역. 서울: CLC, 2014.

Blackaby, Henry T. 『십자가를 경험하는 삶』. 조계광 역. 서울: 두란노, 2018.

Bunyan, John. 『천로역정』. 최종훈 역. 서울: 포이에마, 2011.

Campbell, Constantine R. 『바울이 본 그리스도와의 연합』. 김규섭, 장성우 역. 서울: 새물결플러스, 2018.

Clowney, Edmund P. 『교회』. 황영철 역. 서울: IVP, 2016.

Furguson, Sinclair B. 『성령』. 김재성 역. 서울: IVP, 2017.

Hodon, Gerald. 『WBC 빌립보서』. 채천석 역. 서울: 솔로몬, 1999.

Horton, Michael S. Bird. Michael F. Dunn James D. G. Kärkkäinen Veli-matti. Rafferty, Oliver P. s.j. O'Collins, Gerald, s.j. 『칭의논쟁』. 문현인 역. 서울: 새물결플러스, 2015.

Gorman, Michael. 『삶으로 담아내는 십자가』. 박규태 역. 서울: 새물결플러스, 2016.

_____. 『삶으로 담아내는 복음』. 홍승민 역. 서울: 새물결플러스, 2019.

_____. 『속죄와 새언약』. 최현만 역. 서울: 에클레시아북스, 2016.

Dunn, James. 『WBC 로마서 1-8』. 김철, 채천석 역. 서울: 솔로몬, 2003.

_____. 『WBC 로마서 9-16』. 김철, 채천석 역. 서울: 솔로몬, 2005.

Keller, Timothy. 『왕의 십자가』. 정성묵 역. 서울: 두란노, 2013.

Lincon, T. Andrew. 『WBC 에베소서』. 배용덕 역. 서울: 솔로몬, 2006.

Longeneker N. Richard. 『WBC 갈라디아서』. 이덕신 역. 서울: 솔로몬, 2009.

Martin, P. Ralph. 『WBC 고린도후서』. 김철 역. 서울: 솔로몬, 2013

McGrath, Alister Edger. 『십자가란 무엇인가』. 김소영 역. 서울: IVP, 2016.

Moore, Russell. 『십자가를 통과한 용기』. 정성묵 역. 서울: 두란노, 2021.

Moltman, Jürgen. 『십자가에 달리신 하나님』. 김균진 역. 서울: 대한기독교서회, 2017.

Nouwen, J. M. Henri. 『예수님과 함께 걷는 삶』. 김명희 역. 서울: IVP, 2020.

Obryan, Peter T. 『WBC 골로새서, 빌레몬서』. 정일오 역. 서울: 솔로몬, 2008.

Osborne, Grant. 『LAB 주석-적용을 도와주는 고린도후서』. 김진선 역. 서울: 한국성서유니온선교회, 2013.

Packer, James I. 『성령을 아는 지식』. 홍종락 역. 서울: 홍성사, 2014.

_____. 『하나님을 아는 지식』. 정옥배 역. 서울: IVP, 2008.

Peace, Richard. 『신약이 말하는 회심』. 김태곤 역. 서울: 좋은씨앗, 2021.

Rutledge, Fleming. 『예수와 십자가 처형』. 노동래, 송일, 오광만 역. 서울: 새물결플러스, 2021.

Stott, John. 『갈라디아서 강해』. 정옥배 역. 서울: 한국기독학생회출판부, 2007
_____. 『그리스도의 십자가』. 황영철, 정옥배 역. 서울: IVP, 1993.
_____. 『로마서 강해』. 정옥배 역. 서울: IVP, 1996.
_____. 『산상수훈』. 정옥배 역. 서울: 생명의말씀사, 2018,
_____. 『하나님의 새로운 사회』. 박상혁 역. 서울: 아가페출판사, 1999.
Tripp, Paul David. 『소망 묵상』. 오현미 역. 서울: 생명의말씀사, 2021.
Walsh, Brian J. 『세상을 뒤집는 기독교』. 강봉재 역. 서울: 새물결플러스, 2020.
Watson, David. Watson, David. 『제자도』. 문동학 역. 서울: 두란노, 1998.
White, Thomas. Duesing, Jason G. Yarnell III, Malcolm B., 『21세기 교회의 순전함 회복』. 조동선 역. 서울: 누가, 2016.
Willard, Dallas. 『하나님의 모략』. 윤종석 역. 서울: 복있는사람, 2000.
Wright, Tom. 『톰 라이트 칭의를 말하다』. 최현만 역. 서울: 에클레시아북스, 2011.

4. 학술지와 학위 논문

김창선. "바울의 십자가 신학." 「장신논단」. 서울: 장로회신학대학교기독교사상과문화연구원, 2003.
이윤석. "그리스도와의 연합 관점으로 본 조나단 에드워즈의 성화론." 박사학위 논문 총신대학교 일반대학원, 2017.
이창하. "톰 라이트 칭의론에 대한 개혁주의적 비판." 석사학위 논문. 백석대 대학원, 2017.
정희선. "구원론에 있어 자유의지의 역할 : 칼빈과 웨슬리의 칭의론과 성화론 중심으로." 박사학위 논문. 웨스트민스터신학대학원대학교, 2020.
차재승. "캘빈의 포괄적 십자가 사상의 가치와 한계1." 「신앙과 학문」, 2011, vol.16.no.2, 통권 47호.
최영태. "그리스도인의 윤리적 삶의 방법에 대한 통전적, 구조적 이해에 대한 연

구 : 바울 윤리의 구조적 분석을 중심으로." 박사학위 논문. 연세대학교 대학원, 2007.

최철영. "평신도를 위한 이신칭의 교리 교재 개발" 박사학위 논문. 침례신학대학교 목회대학원, 2017.

황보용. "'그리스도와의 연합'과 '성령 사역'의 관계에 대한 연구 : '구원의 서정' 안에서의 '그리스도와의 신비적 연합'을 중심으로." 박사학위 논문. 광신대학교 대학원, 2007.

5. 기타 자료

성신형. "칭의에서 정의로 이신칭의에 대한 사회윤리적 접근." https://www.puts.ac.kr/js_nondan/chulpan_haksulji_sub_preview.asp?hsm_seq=103&hss_seq=1245 2022년 2월 1일 접속

이승구. "종교개혁 구원론 뒤집는 '새 관점'은 과연 새로운가." 입력: 크리스챤투데이 2010-04-13.

6. 인터넷 자료

엠브레인트랜드모니터. 2020년 7월 17일자 설문.

온라인 자료. "한국 교회의 사회적 신뢰도 여론 조사 결과 분석." https://cemk.org/15736/ 2021년 8월 18일 접속

온라인 자료. "세계 50대 교회에 한국 23개 … 여의도순복음 신도 60만 명 1위." https://www.hankyung.com/news/article/1993020800751 2022년 6월 24일 접속

온라인 자료. "알박기는 승리한다." https://www.mbn.co.kr/news/society/4826572